DUCHESSE D'UZÈS

LE VOYAGE DE MON FILS

AU

CONGO

ILLUSTRATIONS DE RIOU

PARIS
LIBRAIRIE PLON
E. PLON, NOURRIT et Cie, IMPRIMEURS-ÉDITEURS
RUE GARANCIÈRE, 10

LE
VOYAGE DE MON FILS

AU

CONGO

L'auteur et les éditeurs déclarent réserver leurs droits de reproduction et de traduction en France et dans tous les pays étrangers, y compris la Suède et la Norvège.

Ce volume a été déposé au ministère de l'intérieur (section de la librairie) en novembre 1894.

Jacques de Crussol d'Uzès
Duc d'Uzès

DUCHESSE D'UZÈS

LE
VOYAGE DE MON FILS
AU
CONGO

ILLUSTRATIONS DE RIOU

PARIS
LIBRAIRIE PLON
E. PLON, NOURRIT et Cie, IMPRIMEURS-ÉDITEURS
RUE GARANCIÈRE, 10

Lorsque mon fils Jacques eut accompli le devoir militaire que la patrie impose aujourd'hui à tous ses enfants et lorsqu'il rentra dans sa famille, après avoir servi dans un régiment de dragons, il se trouva en face des difficultés politiques et sociales qui barrent, à notre époque, l'entrée de presque toutes les grandes carrières aux fils de l'ancienne aristocratie française.

Mais la vie privée, avec son oisiveté et ses entraînements, ne pouvait suffire à ses goûts pour l'action.

L'oisiveté lui pesait. Il ne se résignait pas à mener une existence inutile, et, un jour, il me déclara qu'il voulait jouer un rôle, ici-bas, et continuer, sous une forme quelconque, les traditions de sa race, dont les représentants ont, tous, consacré leurs forces au service du pays.

Je n'avais pas le droit de m'opposer à un pareil dessein et, si je l'avais eu, je n'en aurais point fait usage, car, comme mon fils bien-aimé, j'estimais que Dieu nous a mis ici-bas non pas pour nous, mais pour aider les autres. J'estimais aussi que l'égalité des droits peut parfaitement se concilier avec l'inégalité des devoirs, et que la France peut exiger davantage de ceux de ses fils qui portent un nom, auquel elle a fait plus d'une fois les honneurs de ses annales.

Il trouva donc auprès de moi acquiescement, appui et concours pour ses généreux projets.

La vieille Europe a commencé sur l'Afrique un travail de rapide dépècement qui suscite les plus nobles émulations. C'est à qui augmentera le domaine national; c'est à qui percera et jalonnera une route nouvelle; il voulut joindre ses efforts à ceux de ses vaillants devanciers auxquels se joignait l'attrait des rivalités internationales.

Jacques avait choisi l'itinéraire suivant : remonter le Congo jusqu'aux Stanley's Falls et de là se lancer au travers des régions musulmanes, pour tracer un débouché sur l'Égypte où la France a des intérêts séculaires et où dorment les os de tant de nos soldats, aussi bien ceux des croisés qui suivirent saint Louis que ceux des vieilles bandes qui suivirent le jeune Bonaparte.

L'entreprise avait séduit déjà plusieurs explorateurs. La liaison diagonale entre le Congo et l'Égypte avait été essayée par l'Abyssinie. Elle avait échoué. Jacques espérait la réaliser, et, d'avance, nous nous étions donné rendez-vous au Caire.

Cette route avait été choisie, d'abord pour ne pas éveiller les soupçons des nations rivales intéressées à ce qu'un Français ne pût atteindre l'Égypte par le Sud, et aussi parce que le gouvernement ne paraissait pas disposé à prêter son concours à l'expédition.

Je me hâte d'ajouter que cette mauvaise volonté ne fut que passagère, et que le duc d'Uzès vit bientôt ses efforts secondés par le gouvernement de sa patrie. Il eut l'appui national. Il en marqua sa reconnaissance en se dévouant corps et âme dans une expédition militaire et dans une campagne meurtrière qui, de l'avis des spécialistes africains, fut très utile et très heureuse, et que précisément le commandant Monteil a mission de continuer. Je saisis cette occasion d'en remercier qui de droit.

En même temps que tous les patriotes approuveront mon sacrifice, toutes les mères comprendront mes angoisses, sur lesquelles je crois inutile d'insister.

Je voulus du moins que rien ne manquât à l'enfant qui s'aventurait aussi loin. Toutes les précautions que commande la prudence furent prises. Tous les procédés d'armement, d'équipement qu'a enseignés l'expérience furent employés. Jacques emportait avec lui une cargaison suffisante pour satisfaire à tous les échanges et à tous les besoins de l'homme civilisé, des bagages où se trouvait non pas seulement l'indispensable, mais l'utile, mais encore l'agréable; depuis une chaloupe démontable en acier qu'il appela la *Duchesse Anne*, jusqu'à des livres, des cigares et des instruments de musique. Il emportait trois mille livres sterling en or anglais.

Il emmenait cinquante tirailleurs algériens, libérés du service militaire, équipés militairement, commandés par des cadres d'élite, divisés en six escouades, plus une escouade d'ouvriers hors rang. Il avait enfin autour de lui un petit état-major de quatre Européens, et c'est à la tête de ces forces et de ces ressources qu'il s'embarqua, plein d'entrain, à Marseille, le 25 avril 1892.

Toutes ces jeunesses, toutes ces bonnes volontés, toutes ces précautions, tous ces soins devaient, hélas! aboutir à un cercueil!

J'ai cru qu'il était de mon devoir d'apporter sur le tombeau de l'enfant disparu le livre qu'on va lire et dans lequel il parle lui-même, car ces pages ne contiennent que le résumé de ses lettres, de ses notes intimes auxquelles j'ai joint simplement quelques documents officiels ou privés qui les confirment.

Je n'ai rien changé. Je n'ai rien embelli. Je me suis contentée de masquer quelques noms et de supprimer quelques détails qui auraient pu être désagréables à certains de ses compagnons de voyage. Car la catastrophe finale rend toute récrimination inutile.

Le public, en possession de ces lignes, écrites, au jour le jour, sans apprêt, sans parti pris, sans intérêt personnel, portera tel jugement qu'il lui conviendra sur les hommes et les choses.

Il dira, je l'espère, que mon pauvre enfant a bien souffert, mais qu'il a fait ce qu'il a pu et que, comme l'a proclamé sur sa tombe le représentant du gouvernement, il s'est montré un digne fils de la France.

Duchesse D'UZÈS

(Née Montemart).

Juin 1894.

LETTRES DE JACQUES

I

DÉPART

ESPÉRANCES. — LE DEVOIR DU SANG. — REPTILES.

A bord du *Taygète,* le 27 avril 1892.

Ma chère maman,

Eh bien! nous voilà donc partis, et la fameuse expédition qui devait se tourner en queue de poisson commence sous de très heureux auspices. Jusqu'à présent la traversée est excellente et personne n'est malade, sauf un ou deux tirailleurs, qui ont eu un peu mal aux cheveux après le temps qu'ils ont passé à Marseille. Nous avons, tous, été très émus, au départ, moi surtout, et je vous assure que le premier quart d'heure a été un des plus désagréables que j'aie jamais passés. Mais maintenant l'espérance est revenue et je suis fermement décidé à marcher et surtout à réussir. Nous partons, tous, confiants dans le succès et enchantés d'avoir à faire quelque chose de beau, de grand, et qui peut être utile à la France et à l'Humanité!

Du jour où j'ai décidé de partir et où j'ai été convaincu que ce voyage était dans mon existence comme un but sérieux qui révolutionnerait ma vie tout entière; du jour surtout où vous avez si noblement compris le projet et m'avez donné les moyens de l'exécuter, je n'ai jamais varié et n'ai eu qu'une idée : celle de réussir. J'ai trouvé là un vrai moyen de prouver que je n'étais pas dégénéré et que je pouvais encore montrer que je suis vraiment le descendant d'une race où il n'y a que des hommes braves et dignes de leur nom, et dont vous avez encore vous-même relevé l'éclat, après la mort prématurée de mon pauvre père!

J'espère que tous les serpents qui parlent contre nous vont pouvoir se taire et ne plus dire que vous m'envoyez me faire tuer là-bas. On sait bien que, seul, j'ai voulu partir, et que vous n'avez fait que m'en procurer les moyens.

LE DÉPART.

Nous sommes très bien à bord. Il y a des prêtres qui nous diront la messe, le dimanche. Le capitaine est charmant et fait ce qu'il peut pour nous être agréable. Je ne vous en écris pas plus long aujourd'hui et espère recevoir de vos nouvelles par le courrier d'Anvers.

Je vous embrasse bien tendrement.

Votre fils qui vous aime beaucoup,

JACQUES.

Fac-similé d'une lettre du duc Jacques d'Uzès.

À bord du Taygète
Le 27 Avril 1892.

Ma chère Maman,

Eh' bien nous voilà donc partis et la fameuse expédition qui devait se tourner en grain de poivre commence sous de très heureux auspices. Jusqu'à présent la traversée est excellente, et personne n'est malade, sauf un ou deux tirailleurs, qui ont eu un peu mal aux cheveux après le temps qu'ils ont passé à

Marseille. Nous avons tous été très émus au départ, moi surtout, et je vous assure que le premier quart d'heure a été un des plus désagréables que j'aie jamais passé ! mais maintenant l'espérance est revenue, et je suis fermement décidé a marcher et surtout à réussir. Nous partons tous confiants dans le succès et enchantés d'avoir à faire quelque chose, de beau, de grand, et qui peut être utile à la France, et à l'humanité !
Du jour où j'ai décidé de partir, et où j'ai été convaincu que ce voyage était dans mon existence

comme un but sérieux, qui révolutionnait ma vie tout entière, du jour surtout où vous avez si noblement compris le projet, et m'avez donné les moyens de l'exécuter, je n'ai jamais reculé, et n'ai eu qu'une idée c'est de réussir. J'ai trouvé là un vrai moyen de montrer que je n'étais pas dégénéré, et que je pourrais encore montrer que je suis vraiment le descendant d'une race où il n'y a eu que des honnêtes gens, et dignes de leur nom, et dont vous avez encore vous-même relevé l'éclat après la mort prématurée de mon pauvre père. J'espère que tous les serments qui parlent contre vous vont

pouvoir se taire, et ne plus dire que vous m'envoyez un
faire tuer là-bas, on sait bien que seul j'ai voulu
partir, et que vous n'avez fait que m'en procurer les
moyens. —
Nous sommes très bien à bord, il y a des prêtres qui nous
diront la messe Dimanche, le capitaine est charmant
et fait ce qu'il peut pour nous être agréable.
Je ne vous en écris pas plus long aujourd'hui, et j'espère
recevoir de vos nouvelles par le courrier d'Anvers
Je vous embrasse bien tendrement, ainsi que Bonbonne
Lymone, Louis Honoré qui vous aime beaucoup
votre fils Gauguin

II

EN MER

COLLABORATEURS. — DAKAR ET CONACRI. — BÉHANZIN.

A bord du *Taygète*, le 10 mai 1892.

Ma chère maman,

Au moment où je vous écris, il fait une température un peu chaude et surtout très lourde et très orageuse. Cette nuit il a fait, paraît-il, un assez gros orage avec pluie, éclairs et tonnerre. Je dis : « paraît-il » parce que je n'ai absolument rien entendu. Jusqu'à présent, je me porte à merveille et ne souffre nullement de la chaleur, qui n'a d'ailleurs commencé à être violente qu'à partir du 7, c'est-à-dire après Dakar. Je m'entends très bien avec Julien et avec X...

Julien est vraiment remarquable, dès qu'on arrive dans un pays musulman. Outre l'ascendant énorme qu'il a su prendre sur les tirailleurs, je l'ai vu, l'autre jour, faire un essai de sa puissance morale sur des noirs. C'était à Conacri, chez les Soussous; nous visitions leur village pendant le temps qu'a duré l'escale. Julien a découvert un négro qui parlait arabe — ce négro pourrait être considéré comme un sacristain ou au plus un vicaire — et au bout de quelques minutes, non seulement ce négro était convaincu, mais encore il avait fait accroire aux principaux du village que Julien était marabout et une sorte de prophète, descendant de Mahomet en droite ligne. Pour un peu, ils l'auraient pris comme grand prêtre. J'ai une grande confiance en lui et je suis persuadé que, grâce à lui, nous pourrons réussir bien des choses qui eussent été matériellement et moralement impraticables, sans le secours de ses talents.

Sliman, notre domestique noir, continue à faire mon bonheur et ferait surtout celui de Mathilde, si elle le voyait au milieu des négrillons.

De la traversée, je vous parlerai peu, car il n'y a pas grand'chose à en dire. Tantôt la mer est belle, et, Dieu merci, c'est le cas le plus fréquent;

LA JETÉE DE DAKAR.

tantôt nous avons un peu de roulis et de tangage. Mais, depuis quelques jours, tout est calme, et nous pouvons manger sur le pont, où il fait beaucoup moins chaud, grâce à la brise de mer, qui se fait encore très suffisamment sentir. On a mis sur la dunette une tente qui la couvre complètement, et c'est là que nous passons presque toute la journée et une partie de la nuit.

Nous sommes descendus quatre fois depuis notre départ de Marseille : à Oran, à Las Palmas, à Dakar et à Conacri. Je ne vous parlerai pas des deux premières escales. Dakar est peu curieux, mais grandira probablement, au point de devenir la capitale du Sénégal, aux lieu et place de

L'EXPÉDITION A BORD DU « TAYGÈTE »

Saint-Louis, qui décroît, malgré le chemin de fer qui joint ces deux villes et qui parcourt la distance en une douzaine d'heures.

Dakar, quoique construit dans le sable, sur une côte desséchée, deviendra un port utile pour la relâche de presque tous les bateaux desservant le sud du Brésil et la côte occidentale d'Afrique. La rade est assez bonne, et le commerce commence à prendre de l'importance. L'aspect en est cependant désolé, à cause du manque d'arbres et de verdure.

LES GANDINS DE CONACRI.

Toute différente est la ville où nous nous sommes arrêtés. Si c'est une ville, on peut dire qu'elle n'est encore qu'au biberon ; mais, grâce à sa disposition, elle peut servir d'entrepôt au commerce de toutes les rivières du Sud, et commence déjà — elle est fondée depuis cinq ans — à faire du tort à Sierra-Leone. Il n'y a encore que vingt à trente habitants blancs, mais pas mal de noirs, quelques-uns habillés à la dernière mode de Paris ; d'autres, au contraire, n'ayant pour vêtement que la ceinture traditionnelle.

Mais combien différente est la végétation de Conacri de celle de Dakar! Autant Dakar est desséché, autant Conacri est vert et gai. Des cocotiers, des manguiers, des bananiers, des palmiers, un tas d'arbres immenses et à végétation luxuriante dominent une sorte de broussaille verte et épaisse, que l'on défriche déjà avec rapidité pour créer des jardins où viennent toutes sortes de légumes. L'avantage de Conacri est d'être situé dans une île où la température est beaucoup plus douce — quoique encore très suffisamment chaude — et où le climat est assez sain, beaucoup plus que dans le reste du Sénégal.

Nous n'avons encore aucune nouvelle de France, sinon que le 1ᵉʳ mai (1892) s'est passé tranquillement. Mais nous espérons recevoir des lettres à Boma par le bateau qui a dû partir d'Anvers le 6 mai. Quand cette lettre vous parviendra, il y aura déjà quelque temps que nous serons arrivés. Dès que nous passerons à Kotonou (Dahomey), je vous enverrai les derniers renseignements. En attendant, voici un épisode qu'on nous a raconté, l'autre jour.

Le *Stamboul* — c'est le bateau de la Compagnie Fraissinet qui revient vers la France — passant en vue des côtes du Dahomey, aperçut... deux blancs, faits prisonniers par le roi Behanzin. Aussitôt le commandant fit stopper, fit tirer le canon à blanc, et envoya quelques hommes du bord, armés de fusils de chasse, qui mirent en fuite les gardes noirs et délivrèrent les deux blancs. (*Si non e vero...!*) Pourquoi n'envoie-t-on pas une bonne troupe? En quinze jours ça serait fini, au lieu de traîner par petits paquets, ce qui coûtera beaucoup plus d'hommes, d'argent et de temps, et cela, de l'avis de tous les gens qui y sont actuellement.

LA VÉGÉTATION A CONACRI

III

AU DAHOMEY

RELACHE. — KOTONOU. — ANARCHIE COLONIALE.
NOIRS ET REQUINS. — UNE RÉCLAME.

A bord du *Taygète,* en rade de Kotonou (Dahomey),
le 16 mai 1892.

Voilà trois jours que nous sommes en rade de Kotonou, perdant ici une grande partie de l'avance que nous avions prise, grâce au beau temps qui nous a favorisés jusqu'à ce jour. Il est vrai que nous avons eu deux ou trois jours de fortes chaleurs, et surtout d'orages. Hier, il a fait assez frais, car nous sommes ici dans la saison des pluies et des orages. Il tombe presque tous les jours des averses énormes, et le ciel est constamment couvert. Julien a été assez souffrant de la fièvre, augmentée du mal de mer. Il s'est guéri en buvant du champagne — du Clicquot naturellement — et maintenant il est tout à fait ragaillardi. Je suppose que le mal de mer est entré pour les trois quarts dans sa fièvre, car il n'est pas un marin bien brillant. Sauf cela, tout va bien et les autres personnages de l'expédition se portent à merveille, à commencer par moi.

Nous sommes descendus à terre avant-hier et nous avons admiré les fortifications de Kotonou, qui consistent en une palissade en bois et quelques fils de fer tendus pour arrêter les Dahoméens. D'après ce que j'ai entendu dire ici, les fameux Dahoméens sont beaucoup moins nombreux et beaucoup moins épouvantables qu'on ne veut bien le dire à Paris. Le roi Behanzin, ou plus exactement Pedasiné, peut tout au plus mettre sur pied quatre mille soldats qui sont bien disciplinés — surtout les Amazones — mais qui ne savent pas se servir des fusils à tir rapide dont ils sont pourvus. Le commerce ici est très important, et quoique le village de Kotonou ne soit guère composé que de sept ou huit maisons, dont un petit fort-caserne, le produit de la douane a dépassé, l'année dernière, un an après son établissement, la somme respectable de six cent mille francs. Le commerce consiste surtout en huile de palme. Il est entre les mains de deux maisons françaises qui font plusieurs millions d'affaires par an. Malheureusement, tous les Français qui sont ici tirent chacun de son côté, et, dès qu'il s'agit de se rendre service, montrent la plus grande mauvaise volonté qui soit possible.

Ce qui est terrible aux colonies, et surtout dans ces petits trous, c'est le manque absolu de direction unique. Quand il arrive des armes, des vivres, des campements, etc., c'est à qui ne les débarquera pas. Les civils déclarent que c'est l'ouvrage de la marine, la marine rejette tout sur la guerre, et la guerre les renvoie au diable. Or, comme ce dernier est un très mauvais agent de transports maritimes ou terrestres, les malheureux convois se détériorent, s'avarient, quand ils ne se perdent pas complètement. Et tout cela, parce que nul n'ose prendre la responsabilité, quand il n'est pas couvert par un supérieur. C'est une anarchie organisée, et c'est bien dommage, car si l'on veut des colonies, ce qui, je crois, est nécessaire et traditionnel en France, il faudrait au moins envoyer un monsieur à poigne qui concentrerait tous les pouvoirs dans chacune d'elles, de préférence un militaire, dans celles qui sont aussi peu soumises que le Dahomey.

Heureusement que le roi du Dahomey ignore un peu ce qui se passe ou a peur, malgré les lettres insolentes qu'il écrit ou fait écrire par son secrétaire, un Portugais. Sans cela, il eût très bien pu s'emparer de Porto-Novo, ville de trente mille habitants, soumise à la France, et nous rejeter à la côte. Mais il n'a pas osé, et maintenant il a une « frousse » carabinée, depuis qu'il a appris que les troupes arrivaient. On devrait, si on veut en finir, le pousser à bout et l'envoyer à tous les diables par une bonne petite colonne de deux à trois mille hommes. Ce serait fini une bonne fois pour toutes, et il n'y aurait pas à recommencer à tout bout de champ, comme ce sera nécessaire avec l'éternel et idiot système des petits paquets. Mais je rabâche un tas de choses dont les journaux ont déjà parlé maintes et maintes fois ; seulement, sur les lieux, on remarque beaucoup mieux tout cela, et ça frappe davantage.

Nous avons vu déjà des collections de négros, du plus beau noir ou bien tournant sur le chocolat. On les voit surtout arriver, pour décharger les bâtiments, à Grand-Bassam et à Kotonou. Ils sont une vingtaine dans les pirogues qui viennent chercher la marchandise. C'est, du reste, un métier fort dangereux, et ils sont obligés, pour venir de la terre au

LE « TAYGÈTE » DEVANT KOTONOU.

bateau, de traverser les lames qui se brisent et forment ce qu'on appelle une « barre ».

Tout le long du golfe de Guinée, la lame est très violente et vient briser sur le sable en formant de vraies montagnes d'eau. Les pirogues, pour traverser et arriver du sable en pleine mer, sont poussées par les noirs qui, au moment où la pirogue flotte, et pendant l'intervalle relativement calme que laissent entre elles deux grosses lames, se mettent à ramer énergiquement avec leurs pagaies, de façon à arriver à cent ou cent cinquante mètres du bord, avant que la lame suivante ait brisé. Ils y réussissent presque toujours ; mais quelquefois arrive une lame à laquelle on ne s'attendait pas, qui vous chavire complètement, et vous n'avez d'autre ressource que de nager vers le rivage, pour recommencer et essayer de réussir. Certains jours même la barre est impraticable, parce que les vagues sont trop fortes.

Il y a aussi un léger inconvénient, principalement à Kotonou; ce sont des requins qui logent près du rivage; quand, par malheur, ils aperçoivent une embarcation qui chavire, ils se précipitent et avalent une cuisse ou un bras noirs. Cela arrive malheureusement assez fréquemment; aussi, à Kotonou, a-t-on eu l'heureuse idée de construire un warf, c'est-à-dire une jetée, construction très légère en fer, qui s'avance à deux cents mètres et permet de débarquer les passagers et les marchandises, sans courir les risques d'un déchet fort désagréable.

C'est par là que je suis descendu et que je suis allé visiter la belle plage de Kotonou, qui ne pourra devenir une ville d'eaux que dans terriblement longtemps.

Là-dessus, ma chère maman, je termine ma lettre, qui arrivera je ne sais pas trop quand, car il n'y aura pas de rencontres avec un autre bateau-courrier, et je la mettrai à la poste de Libreville, pour la direction de Saint-Thomas et la voie portugaise. Je vous en enverrai probablement une autre par le *Taygète*, quand il reviendra de Banane, et dame! après, je crois que vous les recevrez plus difficilement, car le service postal ne doit pas être d'une régularité extraordinaire au Congo belge. Votre dépêche de Conacri m'a fait grand plaisir, mais elle a eu du retard, et je ne l'ai reçue qu'à Grand-Bassam, c'est-à-dire trois jours après.

17 mai. — J'ajoute à ma lettre une épître que j'ai reçue à bord du *Taygète*, en rade de Kotonou, pour que vous la joigniez à la collection complète qui a été reçue à Marseille (1). On m'a donné aussi le numéro du *Petit Journal* du 25 avril, date de notre départ, où il y a une réclame étonnante pour les savons du Congo. Je la recopie pour vous, au cas où vous n'aurez pas l'occasion de la retrouver.

(1) C'était une demande de faire partie de l'expédition d'Uzès. Le nombre de demandes semblables s'est élevée à plus de cent.

BONNE CHANCE !

> Le jeune duc d'Uzès s'embarque pour l'Afrique ;
> Il va, cet élégant et noble pionnier,
> Aux sources du Congo que découvrit Vaissier
> Demander le secret de son parfum magique
> Que l'on célèbre en vers, dans l'Univers entier.

Je dois avouer que lorsqu'on m'a apporté le numéro, c'était, il y a quatre jours, en pleine mer, je me suis mis à rire pendant quelque temps, et il a procuré une douce hilarité à tous ceux qui l'ont vu. Je suis jusqu'à présent enchanté de ceux qui sont avec moi, et aujourd'hui tout le monde est à merveille.

Je vous embrasse tendrement.

JACQUES.

IV

AU CONGO

A TERRE. — LES TIRAILLEURS. — MIZON ET DYBOWSKI. — A L'HÔTEL.

Banane, le 24 mai 1892.

Enfin nous voilà parvenus au terme de notre navigation et rendus sur le territoire de l'État belge ! Tout s'est très bien passé, pendant cette période de trente jours, et nous n'avons eu qu'à nous louer de tout le monde à bord. Les mécaniciens m'ont offert un couteau fait par eux dans une dent d'éléphant, et je leur ai payé à tous du champagne, le dernier jour. L'agent des postes qui était à bord et remplissait en même temps les fonctions de commissaire du gouvernement nous a photographiés, tous, à notre arrivée, et doit vous en porter des épreuves, aux Champs-Élysées. Je lui ai donné ma carte avec un mot pour vous, parce que je suis sûr que ça vous fera plaisir. En même temps, il vous donnera des nouvelles de notre voyage. C'est un homme très aimable et extrêmement bien élevé, qui nous a été à tous d'une grande ressource durant la traversée.

Les tirailleurs vont bien, sauf un que nous avons été obligés de renvoyer; il était souffrant, et X... a jugé qu'il serait incapable de faire la route, et que surtout, une fois partis, on aurait presque constamment été obligé de le porter. Le capitaine du *Taygète* s'est chargé de le rapatrier, sur les bons que X... lui a faits. Julien va très bien; dès qu'il a touché terre, il s'est senti ragaillardi; mais il ne veut plus entendre parler d'un bateau quelconque, et il dit qu'il fera le tour par la mer Noire plutôt que de recommencer une traversée.

25 mai 1892. — Je reprends ma lettre, interrompue, hier soir, par l'arrivée de plusieurs explorateurs connus, tels que Mizon et Dybowski qui reviennent de France ou y retournent. Le premier a fait un voyage superbe et a réussi pleinement dans son exploration. Il est parti des bouches du Niger et est arrivé aux bouches du Congo, après avoir décrit un immense demi-cercle dans les terres, coupant par derrière la route aux Allemands et aux Anglais. Dans presque tout le pays qu'il a parcouru, après s'être un peu enfoncé dans l'intérieur, il a trouvé des champs de blé, des vaches et une température douce; surtout des nuits fraîches, puisque son thermomètre est descendu à trois et quatre degrés au-dessus de zéro et même une fois à zéro. L'autre, Dybowski, a été souffrant, et c'est pour cela qu'il revient; mais il est allé retrouver les restes de la mission Crampel.

Je crois que nous resterons encore ici deux ou trois jours, parce que, dit-on, l'hôtel de Boma est très inférieur, et celui de Matadi encore plus. Nous ne sommes pas mal du tout ici, mais il n'y a absolument rien à faire, l'unique route du pays étant la plage, et les promenades peu variées. Il y fait heureusement assez frais, et dans ma chambre, je puis très bien supporter, la nuit, une couverture de laine, outre une « moustiquaire » très épaisse.

X... marche bien, et tout est en bon ordre jusqu'à présent. Nous attendons avec impatience l'*Akassa* qui arrive d'Anvers, et doit être ici le 29 ou le 30. Les moyens de communication ne sont pas rapides; il n'y a pas encore ici de télégraphe, et j'ai dû faire envoyer ma dépêche d'arrivée par le *Taygète*, remontant à Libreville, dernier point du câble de la West African Company.

V

A BOMA

UN HÔTEL EN TÔLE. — UNE VILLE QUI SORT DE TERRE. — PETITS OISEAUX. CHEZ LE GOUVERNEUR GÉNÉRAL. — L'ÉTAT LIBRE DU CONGO.

Boma-Congo, le 3 juin 1892.

D'étape en étape nous avançons doucement, sans que nous soyons cependant encore en route. Tout marche assez bien, mais avec une sage lenteur; le caractère du noir ayant une préférence marquée pour l'indolence, et les blancs employés dans ce pays-ci se faisant rapidement à ce système du *farniente,* il est nécessaire de beaucoup se remuer pour mettre en route les trois cents charges que nous devons transporter à Léopoldville.

L'*Akassa* est arrivé à Banane le 31 mai au matin. Nous avons immédiatement fait embarquer nos hommes et sommes montés à bord.

Le soir du 31 mai, nous espérions arriver à Boma, mais la nuit nous a pris en route, et nous avons été, à notre grand désespoir, obligés de stopper et de passer la nuit à bord, dans une installation un peu primitive. J'ai été réveillé, le matin, par un noir qui cirait des bottines, juste au-dessus de ma tête. Heureusement que je me suis réveillé à temps. Sans cela j'aurais été épouvanté et je me serais demandé si on ne m'avait pas pendant la nuit changé en noir. Ce matin-là (1ᵉʳ juin), nous arrivions à Boma et retrouvions X... que j'avais expédié en avant, pour faire le fourrier et préparer logement et vivres. J'ai fait continuer alors Julien sur Matadi et suis descendu à Boma, afin de rendre visite au gouverneur général de l'État indépendant du Congo. L'*Akassa* a donc emmené les autres vers Matadi, où ils ont dû arriver ce soir-là vers cinq heures et demie ou six heures et s'installer, puis commencer à expédier quelques colis sur Léopoldville, par caravanes de trente à quarante hommes.

Lorsque je suis descendu du bateau, je me suis rendu directement au grand hôtel de Boma, vaste construction entièrement en tôle, où des chambres nous avaient été préparées. L'hôtel paraît vraiment très beau, quand on pense que Boma existait seulement sur la carte, il y a huit ans. C'est un immense bâtiment en tôle avec un assez grand nombre de chambres, construit sur pilotis, élevés de trois à quatre mètres — comme

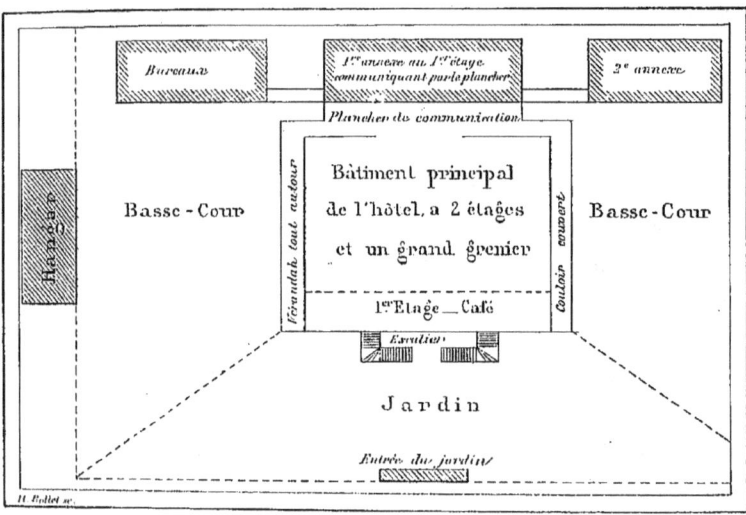

PLAN DE L'HÔTEL DE BOMA.

le sont presque toutes les constructions de ce pays-ci — et renfermant plusieurs grandes salles à manger et un café! Tout autour, il y a deux cours qui renferment un tas d'animaux, tels que poules, chèvres, perroquets, singes, canards, etc.

Il y a là de quoi loger pas mal de monde, et les chambres sont très convenables. Des fenêtres de l'hôtel on aperçoit le Congo, dont la largeur en cet endroit est de quatre à cinq cents mètres, divisé par une île en deux bras. J'avais oublié de vous dire qu'en remontant le fleuve sur l'*Akassa*, nous avions regardé les rives qui sont très plates et boisées, et qu'on y rencontre de temps en temps quelques factoreries, principalement portugaises et hollandaises.

Boma-ville! se divise en deux parties : la ville basse et la ville haute. La ville basse comprend l'hôtel, une demi-douzaine de petites maisons et des factoreries. Elle est située le long de la rive du Congo et est reliée à la ville haute par un petit chemin de fer Decauville, qui ne marche que trois ou quatre fois par jour. Dans la ville haute, qui se trouve sur un plateau un peu plus éloigné du Congo, s'élèvent les constructions du gouvernement, disséminées à une assez grande distance les unes des autres. Ce sont le palais du gouverneur, le sanatorium, la caserne, quelques maisons de fonctionnaires et l'église. Cette dernière est également construite en tôle, et a dû être apportée, toute faite, de Belgique. Elle a une allure assez originale et, de loin, ressemble un peu à une petite église de province en France. Il y a quelques arbres aux alentours et le long des berges du Congo, mais le pays est beaucoup moins boisé que dans les bouches du Congo.

On voit beaucoup de petits oiseaux. Le plus commun est le colibri, qui remplace ici le moineau. Il y a aussi énormément de corbeaux, qui poussent le même cri que les corbeaux français. Ils ont également la même forme, mais autour du cou leur plumage est tout blanc; on dirait qu'ils ont une sorte de collier. Leurs ailes sont un peu plus bleutées qu'en Europe. J'ai vu aussi quelques oiseaux-mouches et des collections de papillons à faire rêver tous les entomologistes et les collectionneurs. On en voit d'immenses et de toutes les couleurs de l'arc-en-ciel. Le climat actuellement est assez tempéré, et, sauf deux ou trois heures de l'après-midi, pendant lesquelles il fait un peu chaud, tout le reste du temps, on peut se promener très agréablement. Les nuits sont surtout très fraîches, et je dors encore plus qu'à Bonnelles ou à Paris! Nous sommes, il est vrai, dans la bonne saison qu'on appelle la saison sèche ou l'hiver, et le soleil ne se montre guère que pendant trois ou quatre heures, quand il daigne se montrer.

En arrivant, le 1er, je suis allé, dans l' « après-dîner », comme on dit ici, voir le gouverneur général. Il a été très poli, très aimable, et nous nous sommes donné mutuellement beaucoup d'eau bénite de cour, mais il n'a pas voulu m'autoriser à armer les hommes de l'escorte, avant d'arriver aux Falls; je crois que nous causons aux bons Belges une peur épouvantable, et que surtout ils nous jalousent beaucoup, car ils n'ont aucun moyen de recruter des soldats, et toutes leurs troupes ne tiendraient pas un seul jour contre nos cinquante Arbis. Les soldats de l'État libre du Congo ne sont que des malheureux « gosses » noirs, pris un peu partout, vêtus de loques et dont l'unique occupation est de faire de gros travaux de terrassements et autres.

Le gouverneur, qui est un homme d'une cinquantaine d'années, peut-être un peu plus, est venu, le lendemain, me rendre ma visite avec son officier d'ordonnance et a mis son yacht à ma disposition, pour remonter à Matadi. Je compte le faire, probablement d'ici trois ou quatre jours, et aller voir à Matadi les commencements du chemin de fer, entreprise qui doit être extrêmement intéressante, et dont les ingénieurs se mettent entièrement à ma disposition, pour me montrer la partie actuellement terminée, c'est-à-dire dix ou douze kilomètres sur lesquels la machine roule, et quatre ou cinq où la pose des rails s'effectuera d'ici à quelque temps.

Dès que Pottier aura fait quelques épreuves réussies, comme photographies, il vous les expédiera. Je ne sais trop quand elles arriveront, parce que les courriers ne sont pas très réguliers. Il y a des bateaux portugais directs qui ne mettent qu'une quinzaine de jours de Banane à Lisbonne, mais les autres bâtiments reviennent assez doucement et mettent bien près d'un mois, sinon plus. Cette lettre-ci partira, je crois, par l'*Akassa* et sera à Paris vers le milieu de juillet. Vous serez probablement, vers cette époque, à Boursault, mais je préfère l'adresser à Paris, étant plus sûr ainsi qu'elle vous parvienne. Pour les lettres que vous nous adressez, il faut mettre en suscription, du moins à ce qu'on m'a dit ici, Stanley-Falls, *via* Matadi, État indépendant du Congo. Dans ce pays-ci on ne doit guère compter sur une grande régularité postale. Une recommandation : mettez vos lettres dans de fortes enveloppes, ou mieux, toutes en un seul paquet, mais bien ficelé, ou si ce sont des lettres, cachetez-les avec des crampons de fer, parce que la cire fond, et que les lettres qui sont simplement gommées s'ouvrent parfois avec une facilité extraordinaire.

Votre fils, à demi Africain !

VI

EN MARCHE

LES CHARGES. — A LA MESSE.

Boma, le 12 juin 1892.

Cette lettre-ci ne pourra pas contenir beaucoup de détails, car depuis que je vous ai écrit nous n'avons presque rien fait. Mais je pars demain matin pour Matadi; car j'ai reçu un mot de Julien me disant que tout était prêt et que dans deux ou trois jours nous pourrions remonter vers Léopoldville. Nos charges sont toutes en route, et, malgré les lenteurs occasionnées par l'*Akassa*, qui a mis huit jours à débarquer tout à Matadi, ça marche assez bien. X... a, paraît-il, été un peu souffrant, mais il est rétabli. Sliman a eu la fièvre, mais il va bien. Moi, je me porte à merveille, mais je ne me fatigue pas et ne fais aucune imprudence. Nous serons probablement à Léopoldville vers les premiers jours de juillet.

Je profite de ce que l'*Akassa* part demain matin pour vous expédier ce mot, car je crois que vous en attendrez un autre pendant un mois au moins; à mesure que nous allons remonter, les communications deviendront plus rares et surtout bien moins régulières qu'ici, où, de temps à autre, il y a des correspondances avec le paquebot portugais direct pour Lisbonne.

Le temps est toujours assez beau et la température très douce; nous avons, ce matin (dimanche), assisté à la messe ici, à la cathédrale, qui est, comme je vous l'ai dit, une petite chapelle en tôle. C'est probablement la dernière fois que nous l'entendons avant notre grande tournée. Peut-être pourtant aurons-nous une occasion à Brazzaville, où sont les Pères de la Mission française. La messe était servie par deux enfants de chœur, en rouge; c'étaient deux petits noirs qui avaient, ma foi, très bonne tenue et auraient pu en remontrer aux enfants de chœur de Bonnelles.

VII

AU CAMPEMENT

MATADI. — LE « PRINCE BAUDOUIN ». — LE CHEMIN DE FER.
UNE ANCIENNE CAPITALE. — LES PORTEURS. — LE CHÊNE DE STANLEY.
MENU. — PHOTOGRAPHIES.

Au camp, devant Matadi, vallée Léopold, le 16 juin 1892.

Depuis que je vous ai écrit, nous avons définitivement quitté la vie d'hôtel, et nous sommes installés au camp, un peu au delà de Matadi, à sept ou huit cents mètres. Nous ne sommes pas restés à Matadi même, parce que l'hôtel n'est pas installé, et que, du reste, l'endroit où est Matadi est très malsain.

Nous sommes campés à deux ou trois cents mètres du Congo, sur une colline assez élevée, soixante à quatre-vingts mètres, et dominons une partie du cours du Congo, jusqu'au « Chaudron d'enfer ». On appelle le « Chaudron d'enfer » un endroit où le Congo forme une sorte de lac, entouré de montagnes assez hautes qui se reflètent dans l'eau et lui donnent une teinte noire. Quand on y entre en bateau, par un bout, on ne voit pas la sortie et on se dirait dans un lac suisse.

Nous sommes partis de Boma, Pottier et moi, pour rejoindre les autres, le 13 à neuf heures du matin.

Nous nous sommes embarqués sur le petit steamer de l'État du Congo, le *Prince Baudouin*, et, après une heureuse traversée, agrémentée d'un excellent déjeuner, nous sommes arrivés à deux heures à

NOUS AVONS VU BEAUCOUP DE CROCODILES

Matadi. Le long de la route nous avons vu beaucoup de crocodiles et de singes. J'en ai tiré quelques-uns, mais d'un peu loin. Le capitaine du bateau a été plus adroit que nous, et il a démoli un singe blanc.

A peine arrivé à Matadi, je suis allé voir le commandant du district, qui a été fort aimable et qui était même descendu pour nous recevoir, mais avec lequel j'avais fait chassé-croisé. Il est marié, et sa femme vit avec lui à Matadi et se porte à merveille. Du reste, on a remarqué que les femmes se portaient bien mieux dans ce pays-ci que les hommes, et pour une raison facile à comprendre : c'est qu'elles ne boivent pas

LA GARE DE CHEMIN DE FER A MATADI.

comme les hommes, qui n'arrêtent pas ici du matin jusqu'au soir, sous un prétexte ou sous un autre.

De là, je me suis rendu au camp, qui, comme je vous le disais, est situé à la vallée de Léopold, non loin de Matadi. Matadi, qui n'a pris de l'importance que depuis le commencement du chemin de fer du Congo, comprend une centaine de maisons, dont les principales sont l'hôtel — pas encore ouvert — la gare, les ateliers du chemin de fer et quelques factoreries. Le chemin de fer, dont la voie est posée sur cinq kilomètres et dont on ouvrira l'an prochain une première section de cinquante kilomètres, part des bords du Congo à Matadi; il a une voie unique à écartement d'un mètre (voie étroite) et suit les rives du Congo (la rive gauche) pendant cinq kilomètres; il est placé au flanc de coteaux escarpés, avec des tournants extrêmement rapides, des pentes raides.

De sorte qu'à certains moments la locomotive et les wagons du matériel qui y circulent actuellement ont l'air de vouloir aller faire une petite promenade au fond du Congo.

En arrivant à l'embouchure d'une petite rivière qu'on nomme le M'poso, le chemin de fer tourne à droite et s'enfonce dans les terres; mais ce qui retarde un peu, c'est que la voie n'est pas encore placée au delà du M'poso, où le pont est long à construire. Quand il sera terminé, il y aura vingt kilomètres sur lesquels la machine pourra circuler, car les nivellements sont faits. Les ponts sont tous en fer, et tous les travaux d'art sont

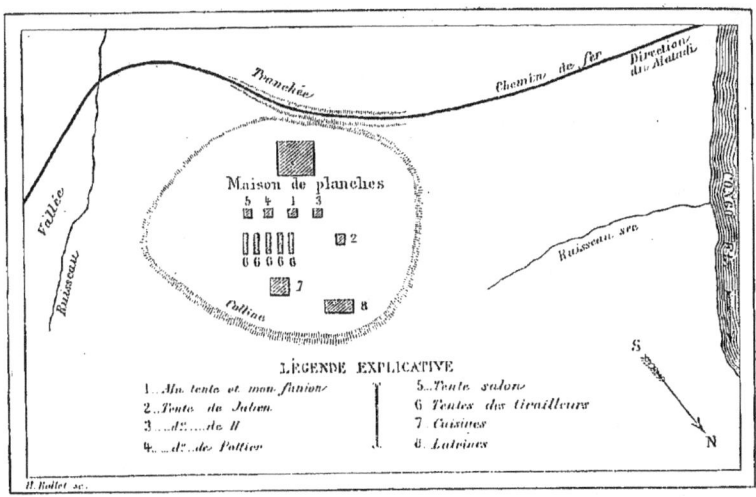

NOTRE CAMP A MATADI.

construits le plus économiquement possible. C'est par la voie que nous sommes arrivés au camp, en la suivant pendant douze cents mètres. En arrivant, j'ai trouvé toutes les tentes dressées et tout bien arrangé ou en train.

Nous avons été obligés d'acheter deux tentes ici, parce que les anciennes étaient trop petites pour nous abriter tous et qu'il est presque impossible de s'installer à deux dans chacune d'elles, étant donné surtout le nombre assez considérable de bagages qui nous suivent. J'ai trouvé tout le monde en bonne santé. X... avait été un peu souffrant, mais il était complètement retapé à mon arrivée, et aujourd'hui l'état sanitaire ne laisse rien à désirer. J'ai trouvé seulement quelque bisbille entre Julien et X…; mais, grâce à mon intervention, elle n'a pas tardé à se calmer, et tout est rentré dans l'ordre, du moins pour quelque temps.

L'énervement et la lassitude qu'on éprouve sous un tel climat ne sont point étrangers aux manifestations de susceptibilité et d'humeur dont on est témoin dans ces pays-ci, et elles ne doivent point étonner de la part de gens d'ailleurs froids et maîtres d'eux-mêmes dans toute autre contrée. Mais, au fond, tout va bien parmi nous, et je suis ravi de coucher sous la tente. Presque toutes les charges sont en route pour Léopoldville, et nous partirons nous-mêmes probablement lundi avec la dernière caravane qui comprendra soixante à quatre-vingts hommes. La route est difficile pendant les premiers jours, mais devient très commode dans la suite. Du reste, nous mettrons vingt-cinq jours à accomplir un trajet qui n'en demande généralement que dix-huit, et nous prendrons notre temps.

Hier, nous sommes allés à Vivi, première capitale du Congo que Stanley avait établie. Il n'y existe plus qu'une seule maison aujourd'hui, dans laquelle réside le chef de poste, chargé de la réception des caravanes et de leur départ. Il nous avait invités et nous a retenus à déjeuner. Nous avons fait un repas véritablement copieux et arrosé de plusieurs vins généreux, car les Belges ne comprennent et ne pratiquent l'hospitalité écossaise qu'à l'aide de nombreuses libations. A l'encontre de la mode antique, ils les ingurgitent eux-mêmes et les font ingurgiter à leurs hôtes, au lieu de les répandre inutilement sur un sol toujours altéré.

Deux mots, en finissant, sur nos deux nouveaux compagnons. Y… est un peu jeune et un peu distrait, mais plein de bonne volonté et faisant un dur apprentissage. Pottier est très bon garçon, débrouillard. C'est le boute-en-train du campement; il a fait quelques photographies qu'il développera ce soir, et, s'il est possible, je vous en enverrai dans cette lettre.

(Sous la même enveloppe.)

Au camp, devant Matadi, vallée Léopold, lundi 20 juin 1892.

Cette lettre n'est que la continuation de sa camarade que j'expédie sous la même enveloppe. Nous ne partirons pour Léopoldville que samedi au plus tôt. Ce retard, assez considérable, provient de la diffi-

DINER SOUS LE CHÊNE DE STANLEY.

culté que l'on a eue à se procurer des porteurs, et ensuite du nombre des colis qu'il a fallu refaire ou modifier, sans compter qu'on a dû en acheter de nouveaux, certaines choses ayant été oubliées, et pourtant indispensables, ce qui n'a rien d'étonnant dans un pareil déménagement. Il y a aussi deux caisses qui sont restées à Anvers, mais qui nous rejoindront probablement aux Falls. Nous avons été assez souvent invités à déjeuner, entre autres à Vivi, et je joins à ma lettre une photographie de Pottier, nous représentant dînant sous le chêne de Stanley, ainsi nommé parce que ledit Stanley y donnait audience aux chefs noirs. Ledit chêne est d'ailleurs un baobab.

Les personnes de la photographie sont, en partant de la gauche :
1° un domestique noir; 2° M. D..., sous-commissaire du district correspondant de Vivi, notre amphitryon; 3° moi; 4° un Belge quelconque; 5° Julien; 6° un agent très aimable de la Société anonyme belge.

Nous avons été obligés de rendre un déjeuner, que nous avons offert au camp, et dont voici le menu. Vous pourrez juger en le lisant que nous ne sommes pas malheureux du tout. Et vous en serez d'autant plus convaincue que personne, à l'heure actuelle, n'est malade, et que la température ne dépasse presque jamais trente degrés le jour, pour descendre la nuit à vingt degrés ou un peu au-dessous.

Voici ce menu :

MENU
—

Potage julienne.

HORS-D'OEUVRE.

Pâtés de foie gras, mortadelle.

ENTRÉES.

Bifteck aux pommes frites.
Carottes à l'anglaise.

RÔT.

Poulet rôti au jus.
Asperges de Belgique.
Dessert et café.

VINS.

Vin du Rhin Liebfraumilch, Saint-Estèphe 1878,
Champagne veuve Clicquot.

C'est tout à fait remarquable, et vous ne croirez certainement pas qu'on puisse faire d'aussi beaux festins sur les « prés fleuris » qu'arrose le Congo. J'ai fait devant ma tente une plantation de palmiers qui est d'un effet réussi. Pottier doit la photographier aujourd'hui; si l'épreuve est parfaite, je la joindrai à ma lettre. Nous espérons recevoir des nouvelles de vous dans quelques jours, ou au moins à Léopoldville, car le bateau qui est parti le 6 juin arrivera probablement à Matadi le 2 juillet, et la malle sera de suite expédiée sur Léopoldville, où elle arrivera avant nous, car nous comptons mettre vingt-cinq jours, comme je vous l'ai déjà dit, pour monter; étant données les difficultés de la première mise en marche, ce ne sera pas trop.

Le tassement est long à faire; il faut un certain temps pour que chacun se convainque bien que telles et telles fonctions lui sont attribuées, et qu'il doit les remplir avec diligence et rapidité. Mais ça va déjà beaucoup mieux que les premiers jours, et je compte maintenant, si nous partons le 27 juin d'ici, arriver le 22 ou le 23 juillet à Léopoldville ou Kinchassa; en repartir vers le 1er août, pour être vers le 1er septembre

CHEMIN DE FER DU CONGO.

aux Falls, où nous resterons; mais il est impossible de le dire exactement, car on ne peut se faire une idée que lorsqu'on y est, et à distance on se trompe très étrangement.

Il y a eu deux tirailleurs assez gravement malades, dont un des sergents; mais ce sont plutôt des accidents que la maladie du pays; ils ont tous eu plus ou moins la fièvre, mais ça ne dure pas longtemps, deux ou trois jours, au grand maximum. Maintenant l'état sanitaire est excellent. Je vous parle beaucoup de cela, car je suis sûr que tous ces détails vous intéressent, et puis c'est ici notre sujet habituel de conversation.

On a rapporté du haut Kassaï (affluent du Congo) un agent de la

LA TENTE DU DUC D'UZÈS A MATADI.

Société anonyme belge qui avait eu le corps traversé par une flèche, laquelle est passée à quelques centimètres du cœur. Il était transpercé de part en part, et cependant il va mieux maintenant, et, sauf complications, on espère le voir rétabli dans un petit nombre de jours.

J'ai interrompu ma lettre hier soir, et je la reprends aujourd'hui 21.

Nous sommes allés faire une excursion sur le chemin de fer (environ six kilomètres). Il suit les rives du Congo jusqu'à l'embouchure du M'poso et est pendant quelque temps à flanc de coteau. Pottier a fait plusieurs photographies que je ne pourrai mettre dans cette épître, mais que vous recevrez par la prochaine et que vous pourrez voir dans l'*Illustration*. Abonnez-vous à ce journal, et si vous avez occasion d'écrire à M. Marc, son directeur, dites-lui que Pottier, le photographe qu'il nous a envoyé, me donne toute satisfaction sous tous les rapports, et que je l'en remercie beaucoup. Tant que nous serons aux Falls, vous recevrez les épreuves qu'il fera; mais je vous demande de ne pas trop les communiquer, pour ne pas déflorer « mon volume ».

Je vous demande pardon d'écrire aussi mal, mais l'encre que nous avons ne vaut pas cher, et de plus elle est trop épaisse.

Je crois, du reste, qu'en route j'écrirai peu, mais vous recevrez le plus souvent possible de mes nouvelles. Nous n'enverrons de dépêche que des Falls; il n'y a, du reste, presque pas d'avantage à en envoyer, eu égard à la difficulté que l'on rencontre à les expédier et à la lenteur de leur transmission.

P. S. — Je vous enverrai pas mal d'objets du bas Congo, ces jours-ci.

VIII

PREMIÈRES ÉTAPES

EN FILE INDIENNE. — UNE SUISSE AFRICAINE. — DISCUSSION.
LES CAPITAS. — LA MONNAIE D'ÉCHANGE. — SAISON INSALUBRE.

Manyanga-Sud, le 11 juillet 1892.

Depuis mon départ de Matadi, si je n'ai pas encore écrit, c'est que nous avons été constamment en marche, et que les étapes dures ne disposent guère à mettre la plume à la main pour barbouiller du papier. On n'a guère d'autre idée, en arrivant, que de se coucher et de dormir, après s'être lavé et avoir déjeuné succinctement. Aussi, je vais vous reprendre les faits principaux de notre existence, à dater du jour de notre départ de Matadi, c'est-à-dire du 27 juin.

A cinq heures du matin, on a sonné le réveil, et, à six heures, les tentes étaient abattues, roulées, les bagages prêts, et nous avions déjeuné sur le pouce avant de nous mettre en route. Nous avons attendu quelque temps, à cause des porteurs qui n'arrivaient pas et des difficultés qu'ils faisaient pour prendre certaines charges, pesantes ou incommodes.

Nous nous sommes mis en route, Julien, un peu souffrant, Pottier, moi, les tirailleurs, le sac au dos, par un raccourci qui devait nous ramener à la route des caravanes, sans passer par Matadi; cent vingt-cinq porteurs environ nous accompagnent et traversent ce village où les bordereaux de transports doivent être visés. Un peloton de sept tirailleurs surveille les retardataires.

La première étape de la route des caravanes que nous devions faire était très courte : deux heures environ jusqu'à la rivière de M'poso.

Nous avons d'abord pris le raccourci et atteint la route des caravanes au bout de vingt minutes. Enfin! nous commencions ces routes africaines, où l'on marche à la file indienne presque toujours entouré de

ROUTE DE LA CARAVANE DANS LA BROUSSE.

grandes herbes, parfois plus grandes que soi d'un ou deux mètres. La route des caravanes, malgré son nom pompeux de « route », est un sentier où les porteurs, montants ou descendants, à la queue leu leu, font le trafic entre Matadi et Léopoldville, entre le bas et le haut Congo.

ENTRÉE DANS LA FORÊT

Rien que par cette route, il passe plus de six mille porteurs par mois, ce qui, à quarante francs le porteur, représente déjà un joli mouvement de capitaux.

JEUNE FEMME DU VILLAGE D'ANGOLA.

Nous arrivons à notre première étape, après quelques montées et descentes caillouteuses, au bord de la rivière M'poso que nous traversons en pirogue. Nous avons traversé de même, les jours suivants, de nombreuses rivières; c'est assez ennuyeux, car avec une caravane comme la nôtre, on y perd bien près de deux heures. Arrivés au M'poso, nous nous installons et attendons nos vivres; mais, par une malechance extraordinaire, c'étaient les bordereaux qui avaient été distribués les derniers, et les porteurs ne sont arrivés qu'à quatre heures du soir; aussi crevions-nous de faim, et le malheureux chef des porteurs, dont c'était un peu la faute, a été accablé de reproches à son arrivée, tellement qu'il en est resté quelques heures complètement abruti.

Enfin, tout s'est calmé, et, le lendemain, nous sommes repartis à six heures précises. Cette étape commence par l'ascension d'une montagne de 560 mètres, dont la première rampe est si rapide qu'on l'a surnommée le « tombeau des blancs ». Nous l'escaladons, non sans souffler et suer; mais enfin, après trois heures de marche, on arrive en haut. Quelques tirailleurs tirent la patte, à cause de la lourdeur du sac dont ils ont perdu l'habitude.

En haut, la vue est ravissante; on se croirait en Suisse, avec, en plus, des arbres immenses, des taches de verdure, paraissant au milieu des herbes, et un nombre incalculable de fougères poussant tout à côté de la route. Il y a en haut du Palaballa, ou Palapalla, une mission américaine établie; mais nous ne nous y sommes pas arrêtés et avons continué en descendant, pour camper, vers midi, au bord d'une rivière appelée le Mséké.

Cette étape-là nous avait assez fatigués, mais, hélas! celle du lendemain devait être encore plus éreintante. Il y avait six heures à peu près que nous marchions par monts et par vaux, quand nous sommes arrivés au pied d'une côte très longue et très rapide. Les hommes n'en pouvaient plus, mais il fallait absolument la franchir; il faisait très chaud; midi, du soleil, pas d'air, et la côte dans une excellente position pour faire mûrir le raisin champenois le plus rétif.

Enfin, à force d'énergie, Julien enlève ses hommes et leur fait gravir la côte, et nous arrivons à un petit poste, qui s'appelle Congo di Lemba, où nous avons été très gentiment reçus par un sous-officier de l'État belge, lequel a fait de son mieux pour nous traiter selon ses ressources, qui, du reste, étaient maigres.

Le jour suivant, 30 juin, l'étape était plus facile; on descendait

UNE MARCHANDE DE POTERIE A NSÉKÉLOBO.

presque tout le temps, et la dernière heure s'est passée en pleine forêt. C'était la première forêt africaine que nous voyions d'un peu près, et la première fois qu'on y pénètre on ne peut se défendre d'une grande émotion; ces grands arbres, avec ces lianes immenses qui les lient les uns aux autres, les lierres, les fleurs de toutes sortes; tout ça est merveilleux. Il fait très frais là-dessous et presque nuit.

Au sortir du bois, nous sommes arrivés à Loufou (ou plutôt Lufu,

PONT SUR LA LOUFOU.

mais on prononce Loufou), poste d'étape, avec cases pour blancs. La Loufou est un petit affluent du Congo, au bord duquel est établi le campement, dans un ravissant emplacement. Les deux rives en sont réunies par un pont suspendu (pour piétons naturellement). Ce pont suspendu consiste en deux chaînes de fer, accrochées à un arbre d'un côté, à un autre arbre de l'autre côté, qui soutiennent tout le pont; c'est très primitif, mais du plus pittoresque effet. Pottier en a fait des photographies ainsi que de notre campement.

Vous m'y verrez avec un de mes hommes en train de faire une modification aux caisses. Le fourrier me lit le rapport du jour. X... prépare des bilongues (en fiotte, ça veut dire des médicaments). Ce jour-là, les tentes ne sont pas montées, car nous avons couché dans la case ou schimbeck, dont vous apercevez un coin vers la droite. Dans le fond, on voit de la brousse et une des cordes qui servent à soutenir le pont.

Nous avons dîné là très gaiement, et on a décidé que les hommes ne prendraient plus les sacs et qu'on les distribuerait aux porteurs. Il se trouvait justement que certaines charges de vivres consommés n'existaient plus, et le lendemain les hommes se mettaient en route d'un pas léger et guilleret. L'étape devait être de quatre heures et, pendant presque tout le temps, assez douce. Mais il était écrit que ce jour-là devait tourner au tragique et presque au drame.

Arrivés à l'étape, nous trouvons bien une case pour les blancs, mais pas très « chouette », comme dirait un Anglais francisé. De plus, l'eau était à une certaine distance. Alors, sans nous arrêter, Julien et moi, nous continuons avec les hommes à aller de l'avant, parce que sur l'itinéraire se trouvait marqué, à trente-cinq minutes de là, un campement éventuel, et que nous diminuions d'autant l'étape du lendemain qui devait être très dure.

Il commençait à faire assez chaud, les montres marquaient onze heures et demie; on monte, on descend; il est midi..., midi et demi..., toujours pas d'eau. Les montées et les descentes deviennent de plus en plus raides, nous souffrons, jurons, tempêtons. Enfin, vers une heure, nous faisons halte à l'ombre de quelques arbres, mais d'eau, point. Tandis que Julien et moi continuons encore pour voir si l'eau était très proche, laissant les hommes se reposer, car les noirs disaient tout le temps : « Coco tama vé », ce qui veut dire : « L'eau n'est pas loin », arrive X..., la figure congestionnée, et qui commence à crier après Julien, lui reprochant d'avoir imprudemment dépassé le « schimbeck » — on appelle schimbeck une case à blancs — disant que c'est de l'imprévoyance, qu'on va nous tuer, etc.

Il faut dire qu'il avait la fièvre et était très fatigué. Julien, très énervé, riposte par des choses très dures, et je les sépare tant bien que mal, en disant qu'il vaut mieux parer au plus pressé, c'est-à-dire voir où est l'eau; et nous continuons nos recherches.

CAMPEMENT AU BORD DE LA LOUFOU

Pour égayer la situation, qui n'était pas rose, nous rencontrons sur la route un noir couché en travers, tué d'un coup de bâton, et dont l'odeur caractéristique et le ventre ballonné indiquaient qu'il n'était pas de la première fraîcheur. Tout le monde passait sans autrement s'en inquiéter, et enfin nous apercevons une petite rivière, près de laquelle nous avons pu camper.

Mais là, j'ai dû m'interposer pour que Julien ne provoquât pas X... en duel et qu'un malheur ne se produisît pas. Je lui ai dit qu'une fois en France il pourrait le tuer dix fois, s'il le voulait, mais qu'ici je ne l'admettais pas. Enfin, après deux ou trois heures de palabres dans lesquelles Pottier m'a rendu de très grands services, nous sommes parvenus à calmer la colère de Julien, et tout est rentré à peu près dans l'ordre.

Le lendemain, 2 juillet, nous campions, à deux heures plus loin, dans un village assez pittoresque, au-dessus d'une rivière appelée l'Unionzo. Là, nous avons été témoins d'une scène assez curieuse.

Arrivés à l'Unionzo, le chef du convoi fait une récapitulation des caisses et s'aperçoit qu'une d'elles a été laissée à Loufou, à deux étapes en arrière. Il fait réunir les capitas (on appelle capita le chef d'un certain nombre de porteurs : ce sont des noirs qui commandent ces derniers pendant la durée des trajets et sont responsables des charges confiées à leurs hommes). Après avoir contrôlé la charge de chaque porteur, nous nous apercevons vite qu'il en est un qui, comme le quatrième officier de Marlborough, « ne porte rien du tout ». Se voyant pincé, notre homme se sauve en avant et met la rivière entre lui et nous ; les capitas ont beau le rappeler, il ne veut rien savoir et continue sa fuite.

Il gravissait déjà la colline, à cinq ou six cents mètres de nous, quand un de nous a une idée lumineuse et, saisissant un fusil, le met en joue. Les autres se mettent à lui hurler quelque chose, il se retourne, et, voyant un fusil entre les mains d'un « moundelé » (blanc), il rebrousse chemin et revient précipitamment, persuadé qu'à six cents mètres un blanc ne le manquerait pas, et que la fuite était absolument inutile.

Le soir même, il partait pour Loufou et nous avait rejoints à l'étape suivante, le 3 juillet, ayant marché vingt-quatre heures d'affilée.

Ce jour-là, notre étape fut courte et assez facile, quoique nous dussions traverser à gué deux ou trois rivières de la manière suivante : les hommes retirent leurs bottes et leurs guêtres, relèvent leur pantalon et nous passent sur leur dos; quelquefois on risque de tomber, mais un tel accident serait une distraction. Nous couchons ce soir-là à Nsékelobo, où nous sommes arrivés vers dix heures du matin, étant partis à six, comme d'habitude. En arrivant à notre gîte, nous avons traversé un marché noir où des femmes, assises sur leurs talons, vendaient un tas de petites babioles ou des vivres, tels que du pain de manioc — c'est ce qui remplace le pain pour les noirs, cela ressemble à une espèce de pomme de terre très pâteuse — des patates douces, excellentes, des noix d'arachides, des papayes, sorte de melon, du malafou ou jus de palmier, qu'il faut boire le jour même de son extraction. Cette boisson est très alcoolique en même temps que rafraîchissante et très agréable au goût; dès qu'elle a perdu sa fraîcheur, elle prend un goût très prononcé d'eau de Barèges et n'est plus buvable. On vendait aussi des œufs, des poules, des cochons, des chèvres. La monnaie en cours est la perle de verre bleu, et principalement la pièce de mouchoirs.

Les vivres sont fort chers sur la route des caravanes, étant donné le nombre des porteurs qui y passe par mois. Un petit poulet, par exemple, coûte une pièce de douze mouchoirs ou 2 fr. 60; une poule, deux pièces ou 5 fr. 20; une chèvre, de huit à dix pièces, environ de vingt à vingt-quatre francs. Plus loin, quand nous aurons passé Manyanga, ce sera le fil de cuivre coupé en barrettes, ou « mtako », qui seul aura cours avec la pièce d'étoffe. C'est une des choses qui étonnent le plus les soldats et qui les agace aussi, parce que les indigènes ne veulent pas de leur monnaie en payement.

Des autres étapes jusqu'à Loukounga, je ne vous dirai rien, sauf qu'un jour, en une demi-heure de temps, nous avons rencontré cinq cadavres de noirs, dans les positions les plus variées, tranquillement en train de se décomposer le long de la route. Nous sommes arrivés le 7 à Loukounga, et, ayant pris froid, je n'allais pas très brillamment. Dans votre lettre du 29 mai, vous me dites que la chaleur est étouffante à Paris, et vous

PASSAGE D'UNE RIVIÈRE A DOS D'HOMME

vous figurez que nous devons avoir très chaud ici; c'est une erreur. Depuis que nous sommes sur les plateaux assez élevés, comme nous sommes en plein hiver, nous jouissons d'une bonne température pendant le jour. Nous avons vingt-quatre à vingt-cinq degrés; mais, la nuit, il fait très froid et très humide; à partir de cinq heures du soir, le serein tombe, et le thermomètre descend à dix-sept degrés; et lorsque le vent souffle, nous sommes beaucoup plus incommodés par le froid que par la chaleur. De là l'insalubrité de ce climat pendant une saison où il ne pleut pas, mais où le soleil paraît très rarement, le ciel étant couvert presque toute la journée, comme dans les jours brumeux d'octobre en Europe. Aussi, que de fois ai-je regretté mon pardessus! Je suis certain que si je l'avais eu, j'aurais évité l'accès de fièvre assez violent que j'ai éprouvé à Loukounga et qui, grâce à une bonne purge le lendemain, a passé aussi vite qu'il était venu. Nous sommes restés vingt-quatre heures pour nous reposer en cet endroit, et, sans cette halte, j'aurais été incapable de faire un pas dans la journée du 8 juillet.

Le poste de Loukounga a été établi par l'État belge, pour s'occuper principalement du recrutement des porteurs qui sillonnent la route des caravanes, car les caravanes apportent les charges de l'État de Matadi à Loukounga, et d'autres porteurs les prennent de ce dernier poste pour les porter à celui de Léopoldville. Nous avons été très gracieusement et très aimablement reçus et traités à Loukounga par le chef du district et par ses aides, car il y a là environ sept ou huit blancs.

Le 9, nous partions pour Manyanga, qui est pour la Société anonyme belge la même chose que Loukounga pour l'État, c'est-à-dire l'endroit où l'on change de porteurs. J'ai fait une partie de la route en hamac, une autre à pied. Il y a environ cinq heures et demie de marche entre ces deux postes, et, comme disent les Belges, « assez bien des montées! »

Manyanga-Sud se compose d'une vingtaine de maisons, appartenant presque toutes à la Société anonyme belge — société qui nous remonte à Léopoldville — et situées sur les bords du Congo, qui fait une chute à trois ou quatre kilomètres en amont. Presque en face, sur une colline de la rive opposée se trouve le poste français de Manyanga-Nord, qui est perché comme un nid d'aigle.

IX

HALTE

A MANYANGA. — MESURES DE RIGUEUR. — LE 14 JUILLET.
REVUE ET RÉJOUISSANCES. — BOUSCULADE.

Manyanga-Nord, Congo français, le 15 juillet 1892.

Je reprends ce soir la lettre que j'ai interrompue ce matin. Nous sommes maintenant sur le territoire du Congo français. En arrivant à Manyanga-Sud, poste belge, on nous a proposé de passer par le territoire français, parce que la route avait beaucoup plus de vivres frais, et était moins ruinée que celle de Léopoldville par le territoire de l'État.

Le 11, nous avons reçu la visite du chef du poste français qui venait nous inviter au déjeuner officiel du 14 juillet. Nous y avons d'abord déjeuné le 12, et il nous a vivement engagés à venir nous établir à son poste et à passer par la route française; et, comme j'objectais que peut-être on nous ferait des difficultés à Brazzaville, parce que nos ports d'armes n'étaient valables que pour l'État indépendant du Congo, il nous a répondu qu'au contraire le passage d'une troupe de blancs armés ferait une excellente impression sur certaines tribus, dont les intentions pacifiques laissaient à désirer, et que nous rendrions plutôt service en passant du côté nord; que, du reste, malgré son grade infime dans la hiérarchie administrative, il prenait tout sous son bonnet. Là-dessus, il n'y avait plus à hésiter, et, comme les vivres et ravitaillements seront plus faciles, nous avons décidé qu'il y avait tout avantage à quitter momentanément l'État indépendant et à nous diriger sur Brazzaville.

d'où nous nous embarquerons pour les Falls. J'oubliais de vous dire que j'étais complètement remis de mon accès de fièvre, et que je me sentais aussi bien qu'après une chasse à courre.

Par conséquent, le 13 juillet, nous nous sommes rendus avec armes et bagages à Manyanga-Nord pour nous y établir. Nous avons traversé le Congo, qui est fort rapide en cet endroit, qui en pirogue, qui en baleinière. Le transbordement s'est effectué dans les meilleures conditions, et tout le monde et tous les effets sont arrivés sains et saufs sur la rive française. Le poste de Manyanga, perché en haut d'une colline qui domine d'environ cent mètres le Congo, est très bien placé, au point de vue sanitaire, étant exposé à l'air; mais il est assez froid, et pour y parvenir, lorsqu'on arrive des bords du Congo, on doit gravir un petit sentier d'un raide auprès duquel la « grimpette des Maréchaux » de la forêt de Rambouillet est une pente douce.

Le chef du poste nous reçoit à merveille. Il est seul fonctionnaire, et il n'a avec lui qu'un scribe noir. Il y a à côté du poste une factorerie hollandaise, et un peu plus loin, à une heure de marche, une ancienne factorerie française qui vient d'être vendue aux Belges. La station elle-même comprend une place en forme de rectangle très allongé. A l'une de ses extrémités se trouve un mât surmonté du drapeau. Deux cases occupent l'autre; l'une de ces cases sert de chambre et de bureau au chef de poste — c'est là que j'écris; — l'autre consiste en une pièce qui tient lieu de salle à manger et de salon. Il y a encore quelques cases à l'usage des noirs de la station et des quatre soldats sénégalais qui forment à eux seuls toute la garnison et suffisent à tenir en respect plusieurs milliers de noirs.

En arrivant ici le 13, X..., qui était assez souffrant depuis quelques jours, est tombé sérieusement malade, surtout dans la soirée du jour de notre arrivée, où il a eu une sorte de crise nerveuse et fébrile qui a duré une heure. Grâce aux soins de Julien et de nous tous, il est aujourd'hui rétabli et peut se promener quelque peu. Mais il est encore assez faible. Pottier, le photographe, a aussi eu son accès; mais il va bien à présent. Un des tirailleurs a été sur le point de mourir, et s'il est encore debout, c'est qu'il a de la chance; car malgré les défenses, pendant toute une journée de marche, il est resté en arrière pour boire de l'eau. Il était caporal, et Julien a été obligé de le casser, pour l'exemple. Il entre aujourd'hui en convalescence; mais il a eu une dysenterie terrible. Julien a dû casser aussi un des sergents et, probablement nous serons obligés de le renvoyer en Europe. C'est un faux bonhomme qui faisait les plus grandes courbettes et les plus chaleureuses protestations de dévouement devant Julien et moi, mais criaillait tout le temps par

SOLDATS ALGÉRIENS UNIFORME DE L'ESCORTE DU DUC D'UZÈS.

derrière. Les hommes sont venus nous dire qu'il leur donnait de mauvais conseils; de plus, comme il s'était montré très insolent envers le chef de poste en arrivant ici, Julien a dû sévir. Cet homme a été atterré de cette mesure, car il se figurait que jamais on n'oserait lui enlever son grade. Il était consterné. Aujourd'hui Julien l'a remplacé par un Français dont il était très content, et tous les autres ont applaudi à cette décision et se sont montrés décidés à nous suivre n'importe où. Quant au sergent cassé, il est venu supplier Julien de le garder, même comme simple tirailleur, disant qu'il ne voulait pas qu'on le rapatriât, et qu'il ferait tous ses efforts pour effacer son passé. Mais, comme il est déjà

LE 14 JUILLET AU POSTE DE MANYANGA-NORD

venu pleurer une demi-douzaine de fois et que Julien l'avait ménagé, on a été inflexible.

Hier, c'était le 14 juillet, et si, lorsqu'on est en France, il est permis de ne pas prendre part à une fête dont la date a été si mal choisie, lorsqu'on est à quelques centaines de lieues de Paris, au milieu d'étrangers, on peut bien faire taire ses ressentiments et ne penser qu'à la patrie. Aussi avais-je accepté l'invitation de M. Gros, chef du poste, et de concert avec lui avons-nous réglé le programme des réjouissances qui devaient avoir lieu.

A neuf heures du matin, Julien a fait défiler devant M. Gros et moi, et les autres membres de l'expédition, tous les tirailleurs, en grande tenue avec le drapeau en tête.

A onze heures et demie, grand déjeuner au poste auquel prennent part le chef de poste français, moi, à sa droite, Julien, à sa gauche, Pottier, un chef de l'escorte, le chef de poste de Manyanga belge, le gérant du poste de la Société anonyme belge de Manyanga-Sud, trois Hollandais de la factorerie, A..., H..., V..., et deux Français de la maison Daumas, actuellement Société anonyme belge Nord. Le déjeuner a été très gai; X... y manquait, étant couché. Je vous envoie le menu que j'ai gardé et que je vous prie de conserver, car j'y tiens comme à un des souvenirs de l'expédition.

L'après-midi, le chef de poste avait fait venir des noirs et des négresses avec les chefs des villages environnants, et nous avons eu six heures de tam-tam et de danses nègres, assez curieuses. Nous avions aussi offert des prix pour les hommes, consistant en poulets, en étoffes d'échange, en pièces de cent sous, en bouteilles de vin et en des tas de menus objets offerts par les membres de l'expédition, par le chef de poste, par la maison hollandaise et par la maison belge. Il y avait un mât de cocagne — un peu de travers, mais peu importe, — deux prix de courses, dont un de courses en sac. Nos Sénégalais se sont surtout distingués dans ces dernières courses. On avait aussi enduit une casserole de poix et de suie, et il fallait, avec les dents, détacher une pièce de cinquante centimes qui y était accrochée.

A un moment donné, j'avais oublié de vous le dire, les prix étaient exposés par terre sur des nattes, avec de belles étiquettes donnant les noms des gracieux donateurs. Les négresses, excitées par la vue des perles bleues et des étoffes, ayant aussi mal compris un geste de l'un de nous, se sont précipitées comme des folles sur les lots, et, malgré tous nos efforts, se les sont adjugés. Il a fallu plus d'une heure de palabres pour les ravoir. Elles avaient cru qu'ils étaient pour elles, et de bonne foi se les étaient partagés à grands coups de pied et de poing. Un blanc qui avait essayé de s'opposer à ce torrent féminin a été débordé et projeté avec violence sur le sol, où il s'est légèrement avarié.

Le calme revenu, on a donné des prix de lutte à main plate, de bâton et d'escrime. Mais la nuit nous a surpris avant l'heure, et nous avons été obligés de renvoyer à aujourd'hui le tir au fusil, pour lequel il y a trois prix et un prix d'honneur.

Je pense que nous resterons ici encore quelques jours, d'abord pour que X... se remette, et aussi afin de réunir nos cent vingt-cinq porteurs. On croit que ça va avancer tout seul, quand on part; mais, malgré toutes les précautions, ça avance *piano, piano, pianissimo,* et impossible autrement. Enfin je suis très content.

X

SÉJOUR

DIFFICULTÉS DE RECRUTER DES PORTEURS. — LES NOIRS VOLEURS.

Manyanga-Nord, Congo français, le 19 juillet 1892.

Ce n'est décidément pas facile de recruter des porteurs, et on ne peut avancer qu'avec une lenteur désespérante. Quand on pense que nous devions être ici pour cinq ou six jours, grand maximum, et que nous y serons probablement quinze au minimum, et dans un pays où le portage est relativement facile et où le recrutement des porteurs s'opère régulièrement! D'après tout ce que je vois, il ne nous sera guère possible d'être aux Falls avant la mi-septembre au plus tôt, et je ne crois pas que nous puissions en partir avant les premiers jours de 1893.

Il y aura des modifications imprévues, mais je crois rester dans les grandes lignes, d'après ce que j'ai vu en posant ces délais. Il est vrai que la température et les conditions climatériques changeant à mesure que nous avançons, il est impossible de prévoir quelque chose de fixe à quelques mois près.

Nous sommes allés, hier, voir un village nègre, où le chef nous a reçus; c'est un gaillard extraordinairement solide, qui, paraît-il, a porté une fois trois charges d'ici à Matadi. Trois charges représentent environ quatre-vingt-dix kilogrammes, et c'est rudement lourd, étant données surtout les grimpettes de la route, telles que vous pouvez vous en convaincre, en jetant les yeux sur la lettre que j'ai écrite à ma sœur. Notre départ n'est pas encore fixé à l'heure où j'ajoute ces lignes (20 juillet, onze heures et demie du matin), mais je ne crois pas qu'il s'effectue dans plus de deux ou trois jours, ce qui nous fera ici un séjour très respectable et très cher, vu que les vivres coûtent horriblement et que les noirs ont pour le vol une inclination encore plus marquée que celle des Juifs d'Orient, ce qui est invraisemblable.

XI

A BRAZZAVILLE

UNE ROUTE. — POTAGERS FRANÇAIS. — UN ARBRE GÉANT.
POULES ET ŒUFS. — UNE NOCE. — ACCÈS DE FIÈVRE. — CINQ CENT MILLE
PIEDS D'ANANAS. — ARRIVÉE A BRAZZAVILLE.

Brazzaville, le 7 août 1892.

Ma dernière lettre de Manyanga faisait supposer que nous n'en partirions jamais et que nous étions, pour ainsi dire, vissés à ce poste, où, malgré l'accueil très aimable que nous avaient fait son chef et l'unique blanc du poste, la vie n'avait rien de folâtre. Eh bien! nous en sommes partis, non sans peine, le 25 juillet.

Auparavant, Julien, pour occuper ses tirailleurs, leur avait fait commencer un chemin superbe, menant du poste au Congo, c'est-à-dire une descente d'environ deux cents mètres, par un sentier à pic que Julien, grâce à des courbes savantes, avait transformé en route presque carrossable.

Le 23 au soir, nos porteurs se sont décidés à arriver, et je dois dire que leur entrée en scène a été assez pittoresque. Ils sont descendus comme un torrent, en poussant des hurlements de sauvages. Mais le lendemain était un dimanche, et nous avons décidé de partir le jour de la Saint-Jacques. Nous devions nous mettre en route à cinq heures du matin; mais les agents de la Société anonyme belge sont peu habitués à se lever de bonne heure, et c'est vers dix heures seulement que nous avons vu poindre celui qui devait expédier notre caravane. Enfin à onze heures cinquante-cinq minutes, nous nous mettions à reprendre la petite allure de marche, qui n'est rien moins que réjouissante.

Notre étape du 25 était très courte. Je l'ai même personnellement coupée en deux, en m'arrêtant sur la route à la factorerie française, où un repas somptueux, arrosé d'eau et agrémenté de pain de manioc, ou « chikervanz », nous était servi. Ce qu'il y avait surtout d'agréable dans ce repas, c'étaient les légumes, tels qu'épinards, carottes, pommes de terre fraîches, etc., et salades, fournis par un jardin bien tenu, eu égard à la situation.

Ce qu'il y a, du reste, de remarquable, quand on pense au Congo belge où l'on a le plus travaillé, c'est de voir qu'en certains endroits comme Boma, où habitent plus de cent cinquante blancs, il n'y ait pas de potager, tandis que dans le moindre poste français, on a des radis et des salades au plus bas prix.

La route française de Manyanga à Brazzaville, prise dans son ensemble, est beaucoup plus riche que la route belge ; car les villages qu'on y trouve encore fournissent des quantités suffisantes de provisions. Mais les blancs ont en beaucoup d'endroits gâté les prix : à Manyanga, entre autres, où une chèvre atteint le prix de soixante francs, une poule celui de six francs. La monnaie du pays n'est pas la même qu'entre Matadi et Manyanga-Sud ; le fil de laiton ou « mtako », valant environ dix centimes, passe comme monnaie courante. Ce fil de cuivre a une longueur de dix centimètres environ sur un de diamètre. Les noirs plient en deux tours ces morceaux et les accrochent par paquets de dix avec lesquels ils achètent ce dont ils ont besoin.

Je reprends ma route au 25 juillet. Après avoir traversé une rivière à gué, nous couchons à un village qui a nom Lembo. Le chef de poste de Manyanga nous avait accompagnés jusqu'à ce village, où tout le camp était très pittoresquement enchevêtré et se trouvait tout entier abrité par un seul arbre (le camp se composait de cinq tentes de maîtres et de neuf de soldats). Il était malheureusement trop tard pour faire de la photographie, et on ne songea qu'à dîner et à se coucher. Pourtant les indigènes avaient battu du tam-tam, et nous avions bu à votre santé, pensant que nos souhaits se joindraient, par une communication magnétique quelconque, à ceux que tout le monde devait vous adresser en ce moment-là.

Le lendemain, 26, debout avant l'aube, nous quittions le village de Lembo, et par une route!... un sentier qui n'offre rien de remarquable, nous arrivions à Kimbanda, pauvre village autour duquel se groupe un amas d'une vingtaine d'autres, dans un rayon de deux kilomètres. Nous campions là dans un site très pittoresque, sur un plateau à pic au-dessus d'une rivière.

Le lendemain, 27, l'étape n'a pas été longue, mais nous avons escaladé une hauteur de trois cents mètres qui nous a demandé plus d'une heure d'efforts. Vous ne pouvez vous figurer combien on est peu capable d'un effort prolongé sous le ciel momentanément grisâtre de l'Afrique, pendant la saison sèche. Ce jour-là, nous avons campé à Banzakaï, groupe de villages, situé dans une espèce d'entonnoir, partagé en deux par une crête sur laquelle nous nous sommes installés. Je suis allé, ce jour-là, faire le marché pour acheter des poules (en langue indigène soussou), des œufs (mochi), du vin de palme (melifou), du manioc (manioïo). Nous avons fait nos emplettes; mais je dois avouer que sur les œufs, je me suis un peu trompé, et qu'il y a une vieille canaille de noir qui m'en a vendu plusieurs ayant subi une assez longue période d'incubation. Ce qu'il y a d'agréable, c'est que ce sont les porteurs qui se chargent d'ordinaire de tout acheter moyennant une « honnête » commission et vous épargnent ainsi la peine de le faire vous-même.

Mais MM. les porteurs de la rive française sont assez indisciplinés et nous ont joué quelques tours pendables. Le 23 juillet, après trois heures un quart de marche, nous devions passer dans un de leurs villages. Aussi s'y sont-ils réunis à la hâte. Tout allait bien, puisque nous devions y camper et que nous y avions trouvé des vivres en quantité. Mais, le lendemain matin, quand il s'est agi de partir, ces gentlemen, qui avaient dansé toute la nuit et fait une noce de tous les diables, se sont probablement réveillés avec un fort mal de cheveux, car un bon quart manquait à l'appel vers neuf heures, alors que d'habitude nous partions à huit heures. Et la comédie a recommencé tous les jours où nous avons couché dans un de leurs villages, au grand désespoir du chef du convoi qui ne pouvait arriver à le faire avancer proprement. Un jour, il manquait trois tentes; le lendemain, trois cantines, quand ce n'était pas une vingtaine de charges qui n'arrivaient que le soir.

D'étapes en étapes, nous passons le 29 à Banza-Mbimbi, auquel on arrive par un raidillon très court où les ronces et les épines sont représentées par des plants d'ananas, mais dont le fruit, hélas! est encore vert. Ils poussent au hasard, absolument comme une mauvaise graine.

Le 30, après trois heures de marche, nous arrivions à Banza-Yellala, village très important, dont le mfouman (chef) n'a pas voulu mettre des vivres à notre disposition. Nous en avons acheté tout de même et confisqué audit mfouman deux fusils à pierre qui valent bien quatre francs à eux deux; mais ils tiennent beaucoup aux armes à feu, car il leur est assez difficile de s'en procurer. A Banza-Yellala, Julien est tombé très malade de la fièvre, et il a été obligé de se faire porter en tippoï (hamac) tout le temps jusqu'à Brazzaville, où il va mieux aujourd'hui.

Le 31, nous campions à Banza-Ouendou. Rien de bien remarquable, ni dans l'étape ni dans le village, et le 1er août nous avons couché à Banza-Bondo. (Banza veut dire village dans la langue du pays.)

Là, j'ai eu un accès de fièvre extrêmement fort. Il m'a pris au milieu de la route, et, comme je marchais à la tête de la colonne, je n'ai pas voulu m'arrêter. J'étais mort en arrivant à l'étape, qui n'était pas dure heureusement. J'ai eu une fièvre épouvantable toute la journée, mais, chose extraordinaire, le lendemain matin au réveil, je ne ressentais qu'un appétit féroce; j'ai fait l'étape d'un pas alerte, et au bout de deux heures un quart de route plate — heureusement! — nous sommes arrivés à Mayombola.

Le village, par lui-même, n'offre absolument rien d'intéressant; mais à notre point de vue il est à signaler, car nous y avons trouvé au moins cinq cents charges, dont une centaine à nous. Ceci mérite une petite digression. Du côté de Brazzaville, les populations Ballilis, se trouvant lésées par un arrêt de la colonie, ont déclaré que les porteurs Bangouyos, faisant la route entre Manyanga et Brazzaville, ne passeraient qu'après la fin du palabre, c'est-à-dire lorsque le différend qui les séparait de l'autorité coloniale serait tranché. Or, il y a plusieurs jours qu'il est tranché;

mais les porteurs, pour se faire payer plus cher, prétextent que la route est dangereuse et laissent leurs charges dans un des derniers villages Bangouyos où ils iront les chercher quand on se décidera soit à les y forcer, soit à leur donner un matabich ou pourboire; car, ici comme partout, on obtient beaucoup de choses par ce moyen, mais il faut bien se garder de le donner avant que la besogne soit faite, car la reconnaissance, à quelque degré infime que ce soit, n'existe pas chez les noirs du Congo.

UN TOMBEAU

Le 3 août, nous arrivons à Banza-Sangabondo, où nous avons admiré (?) le tombeau d'un chef, assez curieux. Ce chef a été enterré dans sa case, sous une sorte de tumulus dont les bords sont surélevés, de façon à former cuvette, et à l'emplacement de la tête du mort se trouve un petit monticule de terre. Tout autour on a placé un tas d'objets bizarres appartenant au défunt, tels qu'une vieille lanterne, des assiettes, des bouteilles de gin, des pots cassés, des objets de devanture de cheminée, provenant de factoreries portugaises. Dans le petit monticule conique qui doit dominer l'emplacement de la tête, on a creusé de petits trous profonds, par lesquels, chaque jour, les indigènes versent à boire au mort du melifou (vin de palme).

Le 4 août, après une étape de six heures de marche au moins, par une route aussi plate que la précédente, nous sommes arrivés à la mission de Linzolo. Je remplirais plusieurs pages à décrire la mission, et je n'arriverais pas encore à vous en raconter les merveilles. Je parle au point de vue africain, comme plantations de toutes espèces. Non seulement les indigènes ont fait pousser des salades et des légumes de toutes sortes, mais ils ont défriché environ trente-cinq hectares de terrain où ils ont environ cinq cent mille pieds d'ananas. Enfoncés, tous les Rothschild !... Vous pourrez leur dire que, de longtemps, je doute qu'ils arrivent à en avoir un nombre approchant. De plus, des bananiers en quantité, du manioc, des manguiers, des papaïers, du maïs, des carottes, des navets, du cresson, etc. Outre cela, une basse-cour supérieurement montée : cinquante lapins, des chèvres, des moutons, des poules, des cochons...

Et combien croyez-vous qu'ils soient pour entretenir cela? Deux : un Père et un Frère. Il est vrai qu'ils ont pour les aider une soixantaine de petits gamins qui travaillent, auxquels ils donnent la nourriture matérielle et intellectuelle. Ces bons missionnaires sont sur pied de cinq heures du matin à huit heures du soir ; mais ils sont heureux et trouvent le moyen de se livrer encore à quelques petits raffinements. Par exemple, ils fabriquent de l'eau-de-vie d'ananas qui rappelle l'excellente eau-de-vie de marc de Bourgogne ; ils font aussi du curaçao, etc. Ils ne sont établis en cet endroit que depuis neuf années et ont fondé deux embryons de villages chrétiens qui comptent treize ménages à eux deux. De ce côté, les résultats ne sont pas très satisfaisants. Ils possèdent cependant une jolie chapelle où les noirs chantent assez bien, ma foi, des cantiques en français et en plain-chant. En l'honneur de mon passage, on leur avait donné congé, et je dois dire que pendant le séjour que nous y avons fait, pendant vingt-quatre heures, nous y avons été royalement traités.

Hier, enfin, à sept heures du matin, nous avons pu nous arracher aux étreintes des bons Pères (*pétas*, en langue fiotte), et nous ne sommes

ARRIVÉE A BRAZZAVILLE

arrivés à Brazzaville que vers cinq heures du soir. L'administrateur, M. Dolisie, vieux Congolais et ancien élève de Polytechnique, m'avait prié de lui mander l'heure de mon arrivée un peu à l'avance. Quand nous parûmes, il fit sortir son poste, et les clairons sonnèrent aux champs, tandis que les hommes défilaient militairement sur quatre rangs. Tout cela avait un chic extrême. Je ne vous parle pas de Brazzaville, que je n'ai pas encore eu le temps de visiter, le courrier partant à midi, et le prochain départ ne devant pas avoir lieu avant le 21. Je vous en parlerai dans ma prochaine lettre.

Une triste nouvelle, pour finir. Un caporal de tirailleurs, celui qui avait été cassé, nommé Saïd-ben-Lakhdar, celui qui recevait tant de lettres, est mort ce matin même de faiblesse, des suites d'une maladie contractée en buvant trop d'eau, un jour de marche. Toutes les formalités le concernant seront remplies au poste. Les lettres qui vous arriveront pour lui devront être renvoyées au commissaire de police de Constantine avec la mention : *Décédé*.

Je ferme ma lettre à la hâte, très heureux de celles que j'ai reçues un peu partout.

Votre fils, à huit cents kilomètres de la mer.

JACQUES.

XII

UNE MISSION CATHOLIQUE

HONNEURS FUNÈBRES. — FACHEUSES NOUVELLES.
LES ARABES SOULEVÉS. — Mgr AUGOUARD. — LES MISSIONNAIRES. — PRÊTRES,
MAÇONS ET INSTITUTEURS. — PETITS ANTHROPOPHAGES.

Brazzaville, à la Mission catholique, le 15 août 1892.

Cette lettre portera deux dates, car je la commence dans la soirée du 14 août et ne la finirai que lors du départ du courrier pour Loango et l'Europe, c'est-à-dire dans cinq ou six jours. Je dois vous dire d'abord que j'ai été épouvanté du nombre incalculable de mariages que vous m'annoncez. Je comprends à présent pourquoi j'ai eu, la nuit dernière, un cauchemar de mariages qui m'a donné la fièvre toute la journée.

Cette plaisanterie terminée, je sauterai sans transition du plaisant au sévère, et commencerai par vous défiler le chapelet des mauvaises nouvelles pour m'en débarrasser tout de suite, rien n'étant malsain à garder en ce pays-ci comme les choses indigestes. Je vous ai déjà annoncé la mort du tirailleur Saïd-ben-Lakhdar. On l'a enterré avec les honneurs militaires et suivant la mode arabe. Le cercueil était enveloppé dans un immense drapeau tricolore et porté par des tirailleurs de l'escorte, en grande tenue. C'était émouvant. J'étais assez malade ce jour-là, mais j'ai pu cependant y assister. La cérémonie terminée, je suis rentré me coucher. Julien a aussi été très malade; il a voulu marcher sans prendre de médicaments — ô sainte horreur des médecins! — et finalement il s'est trouvé sur le flanc complètement. Heureusement que le docteur de la station de Brazzaville (colonie du Congo français) est en train de le remettre sur pied, et qu'aujourd'hui il va beaucoup mieux. Tout fait espérer qu'il « n'engraissera pas la terre de la station », suivant ses propres expressions, un peu macabres. Ne faites pas attention si l'on plaisante comme cela avec la mort, mais elle semble si près ici que forcément elle paraît familière dans presque toutes les circonstances.

Troisièmement, une mission belge de M. Haudister, chargée d'aller dans le Kazongo pour faire le commerce et créer de nouveaux débouchés aux sociétés belges du Haut-Congo, s'est vue réduite de douze Européens à zéro, en un clin d'œil, par les voies suivantes : un s'est suicidé, un est mort de la dysenterie, et sept ont été charcutés par les indigènes ou par les Arabes. Vous dire les petits raffinements de cruauté inventés par ces messieurs est inutile. Cependant une invention, assez neuve, consiste à grignoter le bras du prisonnier devant lui et à lui en offrir un morceau. J'oubliais de dire que trois des Européens sur douze se sont échappés pour apporter ces tristes nouvelles. Mais tout cela n'est rien, au point de vue de l'expédition. Ce que je réservais pour la bonne bouche est autrement grave et alors réellement ennuyeux.

Les environs des Falls sont tous soulevés, et le poste belge doit être évacué à l'heure qu'il est. Voici pourquoi : S. M. Léopold II, souverain de l'État indépendant du Congo, trouvant que l'œuvre antiesclavagiste était une belle chose, a mis beaucoup de capitaux personnels dans l'État du Congo. Mais une bonne œuvre coûte cher. Or donc, S. M. Léopold, voyant probablement dans le lointain le fantôme d'un bon conseil judiciaire, s'est dit : « Si nous pouvions faire rapporter à l'État et rentrer au moins dans une partie de nos avances, en attendant que la Belgique se campe le Congo sur les bras? » Et il monta une expédition, sous la conduite d'un nommé Vandekerkoum, avec mission de délivrer beaucoup d'esclaves, mais surtout de débarrasser les maîtres desdits esclaves de l'ivoire qu'ils pourraient posséder. Or, les susdits maîtres sont les Arabes, et depuis près de deux ans, mon sieur Vandekerkoum pille tranquillement les Arabes, à la tête de forces considérables. Ceux-ci commencent à la trouver mauvaise et se vengent comme ils peuvent, en égorgeant les blancs et en ennuyant les Belges d'un autre côté. Mais moralité de l'histoire : pour nous, la route par les Falls est bel et bien barrée.

J'ai expédié en toute hâte X... à un quart de la route, à Lirranga, pour voir quelqu'un qui redescend des Falls ; mais je ne crois pas que nous puissions rien faire par là, car deux hypothèses se posent : ou les Falls ne sont pas évacués et seront investis un de ces jours par les Arabes, et je ne tiens nullement à défendre avec mes hommes un poste pour la Belgique ; ou les Falls ne seront pas attaqués, mais nous n'en serons pas plus avancés, toutes les routes autour étant barrées par des populations révoltées.

Mais, et ce mais sert de transition des mauvaises aux bonnes nouvelles ou simplement à des anecdotes et des narrations de l'intérêt le plus palpitant ; mais, dis-je, ne pouvant passer par les Falls, à moins de changements peu probables, je suis en train d'élaborer un nouveau plan de route qui aura autant de chances de succès et que je vous enverrai, dès qu'il aura été définitivement arrêté.

Excusez-moi d'avoir employé le style ironique en parlant de choses sérieuses ; mais j'écris au courant de la plume, et la phrase ne s'emmanche qu'à la suite d'un mot arrivant comme un crocodile pour avaler les jambes d'un pêcheur imprudent sur les « prés fleuris qu'arrose le Congo ».

Nous sommes arrivés à Brazzaville le 6 août au soir, et ma lettre est partie le 7, au matin. A l'exception de Julien, tout le monde se portait bien ; je ne compte pas les migraines et indispositions ; ça n'est rien ! Nous fûmes invités à dîner par M. l'administrateur principal de Brazzaville et dépendances, M. Dolisie, et après nous pûmes goûter un sommeil réparateur, qui nous était bien dû à la suite d'une marche de dix heures que nous venions d'absorber dans cet après-midi, en y comprenant une partie de la matinée. Le lendemain matin, je vous expédiai en toute hâte le récit de nos faits et gestes pendant le trajet de Manyanga à Brazzaville. Le matin, déjeuner à l'administration de la station, comme je vous l'ai dit plus haut.

Mais la partie intéressante de la journée commence un peu plus tard, avec notre visite à la Mission, où nous avons été reçus admirablement.

Je dis nous, car Julien m'accompagnait, allant un peu mieux ce jour-là. Mgr Augouard, vicaire apostolique et évêque du Haut-Congo, nous a fait le plus charmant accueil. Il nous a immédiatement offert à la Mission l'hospitalité dans des chambres très confortables. Malgré les douceurs de la vie sous la tente, je n'étais pas fâché de pouvoir me reposer un peu dans une chambre un peu plus vaste et d'avoir un lit à peu près convenable. Aussi me suis-je empressé d'accepter avec la joie la plus vive et lui ai-je répondu que je débarquerais à la Mission, le lendemain soir, avec armes

VUE DE BRAZZAVILLE.

et bagages. En effet, le jour même cela m'eût été impossible, car la mission de Brazzaville est située à 1,730 mètres de la station du gouvernement.

La Mission consiste en une habitation construite en briques, jusqu'au premier étage qui est en planches. C'est un carré, recouvert d'un toit en zinc, et dont une galerie couverte fait le tour, à la hauteur du premier. C'est sur ce balcon qu'ouvrent les portes des chambres aussi confortables qu'elles peuvent l'être au Congo, à quelques centaines de kilomètres de la côte, et lorsque l'on pense que trente kilogrammes de marchandises coûtent environ trente-cinq francs pour arriver du paquebot à Brazzaville!

En bas, au rez-de-chaussée, se trouvent le réfectoire, les magasins et la chapelle provisoire. On est en train de construire — et ce sont les Pères qui en sont les architectes — une véritable cathédrale en briques, mais qui n'est encore qu'à moitié achevée. Les autres bâtiments de la Mission, presque tous en briques, sont une école et un dortoir pour les enfants, une basse-cour, une cuisine, différents hangars et ateliers, et un petit bâtiment, poétiquement dénommé « Pavillon de Flore ». Il paraît, m'a raconté Mgr Augouard, que les noirs qui construisaient ce petit bâtiment en briques se demandaient à quoi cela pouvait bien servir. Les uns disaient : « C'est trop petit pour y coucher » ; les autres : « C'est trop haut pour y mettre des lapins » ; enfin, lorsqu'ils ont vu apporter les meubles qui complètent ces locaux d'agrément, ils se sont dit : « Faut-il qu'ils soient sales, ces blancs, pour se construire des maisons afin d'y mettre ça !... »

Je vous parle de briques ; mais j'oubliais de vous dire que toutes celles qui ont servi à construire les édifices de la Mission ont été faites par les Pères, qu'ils ont eux-mêmes fabriqué un four à briques et qu'ils se servent de toutes les ressources du pays, pour se meubler, se charpenter, etc... C'est également à la mission de Brazzaville que j'aurai mangé pour la première fois de la trompe d'éléphant. Sans vous dire que ce soit excellent, c'est bon et ça rappelle vaguement la langue de bœuf, ou plutôt ça tient le milieu entre la viande de bœuf bouilli et ladite langue. A la station, j'ai mangé de l'hippopotame ; on m'a dit que ce n'était pas un bon, et cependant on l'aurait servi dans bien des endroits à Paris comme bifteck, sans que personne, j'en suis sûr, en fît la remarque.

Nous sommes allés aussi avec l'administrateur faire un tour sur le Stanley-Pool, avec des bateaux de l'administration. Le Pool, ou, pour parler français, le vaste lac que forme le Congo avant de traverser les défilés, qui le transforment en une série de chutes et de rapides, est une immense étendue d'eau de forme ovale et dont le courant est très rapide, au milieu de laquelle sont des îles fort vertes. Brazzaville, et en face Léopoldville et Kinchassa, sont à l'extrémité ouest.

Nous avons remonté de l'ouest à l'est sur le bateau dont je vous parlais et avons mis plus de quatre heures et demie, à toute vapeur, pour remonter jusqu'à quelques kilomètres de l'autre extrémité. Il paraît que le Congo forme d'autres pools aussi importants, sinon plus, dans la partie supérieure de son cours.

Nous cherchons à nous occuper ici, car nous y sommes pour assez longtemps probablement, étant donné que nos charges n'arrivent pas, étant donnés surtout les incidents des Falls. Nous déjeunons à la station et dînons à la Mission. Je suis installé ici avec Pottier, et j'y ai fait transporter Julien, qui va de mieux en mieux, mais qui est encore extrêmement faible et a été un moment « épouvantablement » démoralisé. Les bons Pères se chargent de le remettre sur pied.

Mgr Augouard, qui est un ancien zouave pontifical, mène sa mission militairement, mais est charmant pour tout le monde et nous traite en enfants gâtés. Tous les soirs, nous faisons bombance. Il a avec lui deux Pères, dont l'un est absent pour quelques jours, et quatre Frères, qui sont en réalité de vrais chefs de chantiers. Tous les jours, à cinq heures moins vingt, tout le monde est debout, et, à sept heures et demie, premier déjeuner. Je dois avouer, à ma honte, qu'un jour, ne m'étant pas réveillé pour sept heures et demie, j'ai trouvé mon chocolat au lait... qui m'attendait près de mon lit et que j'ai pu déguster dans mon dodo, tout comme à Bonnelles. Ne racontez pas cela, car on ne me prendrait plus du tout pour un explorateur sérieux, malgré les beaux extraits de mes lettres que publie le *Gaulois*. A propos, je crois que dans une de vos lettres vous m'aviez fait espérer un ballot de *newspapers*. Probablement que les requins leur auront fait subir le sort de Jonas; car oncques n'en ai aperçu un.

C'est dommage! Je vous assure que de temps à autre un ou deux journaux font beaucoup de plaisir; surtout qu'il est absolument impossible d'en acheter ici, les kiosques à journaux, les fontaines Wallace, les colonnes Morris ou Rambuteau faisant complètement défaut dans ce beau pays du Congo.

Hier 14, et aujourd'hui 15 août, nous avons vécu en pleine dévotion; aujourd'hui, Monseigneur a dit une messe basse avec chants. Les petits noirs ont chanté le *Credo* et le *Gloria*, plus quelques cantiques en français.

On a beau s'y attendre, ça vous produit toujours une certaine impression, d'entendre chanter dans sa langue maternelle par tous ces petits visages barbouillés de suie. Nous avons eu aussi salut solennel et bénédiction du Saint Sacrement. L'évêque, les cérémonies terminées, nous a raconté sur les noirs une collection d'anecdotes et d'aventures, qui tiendrait plusieurs volumes. Comme il est très gai et qu'il a la langue bien pendue, on resterait sans se fatiguer à l'écouter pendant des heures entières.

Il nous a dit qu'un jour, étant à la côte de Landana, je crois (il y a déjà neuf ans qu'il est au Congo), on lui avait envoyé une crèche magnifique avec les trois rois mages, dont un nègre. Il paraît que les noirs ne voulurent pas admirer la crèche avant qu'on eût retiré le mage de leur couleur. Ils alléguèrent pour raison que l'artiste lui avait donné un teint du plus beau cirage, et cette couleur, trop foncée, était pour nos bons sauvages un signe de laideur. Il fallut donc enlever le roi nègre de l'honorable compagnie, et, à ce prix, ils consentirent à trouver la crèche de toute beauté.

Tout le temps, Mgr Augouard nous raconte avec une égale bonne humeur les histoires les plus fantasmagoriques, mais qui n'ont de charme, ou n'en gagnent énormément que lorsqu'on connaît le pays et les blancs.

Les blancs de ce pays-ci ne sont pas encore tous des Européens, surtout les agents des factoreries, plus sauvages que les noirs. Je termine ma lettre par une anecdote sur les agents de factoreries qui m'a été racontée par M. Dolisie. A la fin d'un dîner où plusieurs de ces individus, souvent peu recommandables, surtout à l'époque dont je parle, avaient très bien mangé et pas mal absorbé de bouteilles, la discussion tomba sur l'âme des noirs. L'un d'eux soutenait « mordicus » qu'ils n'en avaient pas, et, comme preuve, il appela son boy nègre. Il lui fit mettre la tête sur la table et la trancha d'un coup de couteau, en disant : « Vous voyez bien qu'il n'a pas d'âme ! » Vous croyez peut-être que cela se passait en l'an 1500 et quelques. Non, c'était en l'an de grâce 1883 ou 1884. Et, le lendemain, la table était achetée très cher par un Anglais. Pas besoin de commentaires. Du reste, on le raconterait en Europe qu'on n'y croirait pas. Depuis, les choses ont changé, du moins en bien des endroits. L'histoire est authentique, mais, naturellement, je ne citerai ni les noms des acteurs, ni celui de la localité où eut lieu cette exécution sommaire.

Pour les lettres, je vous conseille (du reste, je n'en recevrai plus beaucoup probablement) de les envoyer *viâ* Loango-Brazzaville, Congo français, la poste étant infiniment plus régulière et mieux administrée que celle de l'État, et le cabinet noir n'existant pas ici; tandis que de l'autre côté, il est pratiqué sur une si grande échelle que les employés de l'État préfèrent envoyer leur courrier par la voie française, qui ne coûte aussi que vingt-cinq centimes.

XIII

LE CONGO BELGE

FONCTIONNAIRES. — VITRAUX. — UN MOT DU ROI DES BELGES. — Mgr AUGOUARD ET JULES FERRY. — MORT D'UN SERGENT. — ENVOIS.

Brazzaville, du 27 août au 5 septembre 1892.

Je vous préviens que cette lettre sera d'un décousu abominable, parce que j'y mettrai, au jour le jour, les nouvelles intéressantes que je recueillerai ou qui pourront nous arriver jusqu'au départ du courrier.

Mgr Augouard est charmant pour nous et nous a reçus de la façon la plus aimable, nous donnant une hospitalité tout à fait écossaise que je vous ai décrite. J'ai cru bien faire en lui offrant pour sa cathédrale deux vitraux représentant sainte Anne et saint Jacques. Mgr Augouard désire que mes armes soient dessus avec la mention : *Offert par...*, etc. Il doit me donner l'adresse de l'artiste qui les fait, parce qu'il en a déjà commandé et qu'il voudrait qu'ils fussent faits sur le même modèle. J'ai pensé que ce serait un moyen de le remercier de tout ce qu'il a fait pour nous; car nous sommes ici nourris et logés, et ma foi, sans lui, nous coucherions sous la tente, ce qui est peu réjouissant.

J'attends toujours X... qui est allé à Lirranga, pour recueillir les derniers renseignements sur les Falls et décider la nouvelle direction à donner à l'expédition, s'il est impossible de passer par là. Je crains bien que nous ne puissions pas y aller pour les raisons que je vous ai données l'autre jour. Du reste, je compte bien vous donner notre itinéraire probable avant la fin de cette épître.

Les fonctionnaires du Congo français sont charmants pour nous et nous nourrissent absolument gratis. Aussi cherchons-nous par tous les moyens possibles à leur rendre service, et en quelques circonstances avons-nous réussi, entre autres à Manyanga, où, comme je l'ai dit, Julien a fait faire une route par les hommes, depuis le poste jusqu'au Congo. Il ne nous manque plus qu'une quarantaine de charges, et probablement, dès que X... sera revenu, ne les attendrons-nous pas.

Nous avons encore un tirailleur très gravement malade, et malheureusement c'est un des sergents; je crois même que nous serons obligés d'en laisser deux ou trois ici. Quant aux autres, ils vont bien et semblent pouvoir résister au climat; quelques fièvres et quelques boutons les incommodent seulement, mais au fond rien de grave. Sauf ces petits incidents — on arrive facilement à traiter ici la mort de petit incident — la plus grande tranquillité est à l'ordre du jour, et rien ne fait prévoir d'accidents sérieux, au point de vue de la réussite de l'entreprise. Il est cependant probable que nous ne pourrons pas exécuter entièrement le plan que nous avions tracé sur le papier. Mais peu importe, n'est-ce pas, si nous faisons quelque chose de bien? Au fond, ce pays-ci me plaît, et j'aime beaucoup cette vie indépendante et un peu sauvage; mais c'est encore trop civilisé, et j'attends avec impatience le moment où nous pourrons nous enfoncer résolument dans la brousse.

Nous avons eu, ces temps-ci, quelques scènes assez curieuses. L'État belge du Congo, qui occupe la rive opposée à celle où nous sommes à l'heure actuelle, bien qu'il ne soit que le produit d'une société dite antiesclavagiste, traite les noirs comme de véritables bêtes de somme, et pour un oui comme pour un non les fonctionnaires brûlent leurs villages, avec un de ces sans-gêne remarquables qui caractérisent le Flamand congolais. L'autre jour encore, ils ont trouvé bon de se payer une illumination gratuite en mettant le feu à un village important, situé à côté de Kinchassa. L'effet n'a pas été long à se faire sentir; et ledit village a été évacué le jour même. Le chef, les hommes et les femmes sont partis, ont traversé le Congo et sont venus se réfugier sur la rive française, demandant l'hospitalité et l'autorisation de construire un nouveau village à l'ombre du drapeau tricolore.

Si les Belges continuent, ils auront fait bientôt de leur État un vaste désert, à moins qu'un beau jour, les noirs, exaspérés, ne se soulèvent et ne réexpédient à leur domicile les bons Flamands, comme de vulgaires lettres tombées au rebut. Et cependant les fonctionnaires belges sont, paraît-il, très améliorés.

Au commencement, d'après ce qu'on m'a raconté, toute la crème — tournée — de la Belgique s'était donné rendez-vous ici, et il s'en passait de terribles. Un jour, un haut personnage de la cour disait au roi Léopold : « Vraiment, Sire, c'est épouvantable de penser quels fonctionnaires sont envoyés au Congo. — Monsieur, lui demanda le Roi, combien avez-vous de fils? — Mais, Sire, trois. — Voulez-vous me les donner pour aller au Congo? — Votre Majesté veut rire? — Eh bien! quand on ne peut pas choisir, on prend ce qu'on a. » Et l'autre se retira, reconnaissant que le Roi avait dit juste.

Depuis, c'est un peu modifié; mais il y a encore une vieille croûte de fonctionnaires, à tel point que le prince de Croï, venu comme fonctionnaire belge et se trouvant à Léopoldville, préférait passer tout son temps à Brazzaville plutôt que de frayer avec ses confrères et concitoyens. Mais je fais peut-être trop d'honneur au Congo belge en l'éreintant comme cela, et quelques administrateurs français n'étant pas à l'abri de tout reproche, je me tairais, si les Belges n'avaient pas un orgueil démesuré et ne se croyaient pas plus puissants que la France, par la seule raison qu'ils sont établis au Congo. Un Belge ne disait-il pas — et c'est le chef du district de Matadi — que la Belgique et la France ne pourraient vivre d'accord que lorsque les Français auraient restitué Lille et Arras!...

28 août. — Je relis ce que j'ai écrit sur les Belges hier; je ne sais pas trop si je n'ai point dépassé un peu la mesure, car, au fond, ils nous ont très bien reçus et nous ont rendu pas mal de services. Dire qu'ils aient été enchantés que nous allassions chez eux voir ce qui s'y passe serait exagéré, mais ils ne l'ont pas témoigné, et je leur en sais gré. Mais il y a une grande différence entre l'accueil qu'ils nous ont fait et celui que nous a réservé Mgr Augouard, et en général toutes les missions catholiques françaises que nous avons rencontrées jusqu'à l'heure actuelle.

La *Duchesse Anne* a opéré une première traversée du Congo, de Léopoldville à Brazzaville, remorquée par un bateau à vapeur de l'État indépendant. On y a malheureusement oublié quelque chose : ce sont les porte-avirons que l'on va faire mettre ici, où il est fort heureux que nous ayons abordé; car je doute fort que plus haut nous eussions pu parer à cet oubli. Vous aurez peut-être reçu une dépêche demandant des perles dont la pénurie se fait beaucoup sentir pour nous en ce pays, et nous embarrassera certainement pour payer certaines choses dans le haut fleuve.

C'est aujourd'hui dimanche, et nous avons eu messe et salut par l'évêque lui-même, car c'est l'une des fêtes patronales de la mission du Saint-Esprit dont font partie les Pères de la mission de Brazzaville. Du reste, la mission ne s'appelle pas Brazzaville, mais bien Sinita, et Mgr Augouard met sur ses cartes : « Évêque titulaire de Sinita, vicaire apostolique de l'Oubanghi. » Autrefois, les missions du Saint-Esprit avaient des fondations dans l'État indépendant belge, entre autres à Boma; mais les Belges ont regardé les religieux comme des espions français et les ont priés, plus ou moins poliment, d'évacuer le territoire. Ils les ont remplacés par des missionnaires catholiques belges. Mais la Belgique n'ayant pas d'école de missionnaires spéciale, ceux-ci, n'ayant pas reçu l'éducation primitive appropriée, se sont trouvés désorientés et forcément inférieurs aux missionnaires français. Du reste, le gouvernement, appliquant toujours la fameuse phrase de Gambetta : « L'anticléricalisme n'est pas un article d'exportation », les appuie et les protège ici.

Mgr Augouard me racontait même qu'un jour, n'étant encore qu'un simple Père, il était allé trouver M. Jules Ferry, et que celui-ci, après l'avoir fort bien reçu, lui avait fait donner vingt mille francs sur les fonds secrets. Voilà un emploi auquel ces fameux fonds doivent être peu habitués et qui est peu connu. Je suis content de le dévoiler. Mgr Augouard a rendu ici beaucoup de services à la France, du moins en ce qui concerne le Congo français; et si, en plusieurs circonstances, on eût plus écouté ses avis, peut-être eût-on fait mieux. Il est et vit en fort bons termes avec l'administrateur principal, M. Dolisie, qui, lui, est un Congolais fervent. Voilà neuf années qu'il est attaché au Congo, sur lesquelles il n'a fait en France que de courtes apparitions. Il connaît à merveille le pays; mais je vous en reparlerai une autre fois.

J'ai peur d'avoir demain une triste nouvelle à vous annoncer; le sergent Achour est à la mort par suite de la dysenterie. Le docteur du poste, un médecin de la marine, très intelligent et très instruit, désespère de le sauver. C'est une bien terrible maladie que cette dysenterie; quand elle vous empoigne un bonhomme, on peut dire qu'il est nettoyé, et on le voit décroître de jour en jour, plus exactement d'heure en heure. A un moment donné, le malade est mort; faute de sang, la machine s'est arrêtée tout d'un coup! — Nous devions nous attendre à faire des pertes; mais ce serait bien désagréable d'en faire deux ici et presque au début. Que sera-ce à la fin? Ceux qui reviendront pourront le dire...

Des membres de l'expédition, la santé continue à être bonne; je crois que je suis même en train de refaire les cinq kilogrammes que j'avais laissés sur la route de Manyanga à Brazzaville. Julien est retapé, et la fièvre l'a complètement abandonné. Quand on entre ici chez un Européen, la première chose qu'on aperçoive sur sa table, à côté d'un encrier ou d'un verre à boire, est un flacon de quinine, et on vous invite à prendre aussi bien un cachet de quinine qu'à boire un verre d'absinthe. Pour moi, j'en ai très peu usé et je suis, je crois, celui qui en dépense le moins. Les autres se sont déjà drogués à fond. Je suis content de ne pas les avoir imités, car tous ces articles-là ne me disent rien qui vaille et m'inspirent peu de confiance.

Toujours pas de journaux, du moins de ceux que vous m'aviez promis et dont vos lettres annoncent l'envoi. Heureusement qu'à la station de Brazzaville on les reçoit, et que j'ai pu les lire tous jusqu'aux premiers jours de juillet. Je n'y ai guère trouvé de choses intéressantes. Nous avons appris que le ministère était tombé, mais cela par voie télégraphique à Libreville et lettre de Libreville au Pool. La politique intéresse peu au Congo, et on ne lit guère que ce qui a trait aux événements qui nous touchent de plus près. Pourtant on a beaucoup parlé de la lettre du Pape qui paraît avoir causé en France pas mal de bruit. Mais on s'intéresse ici beaucoup plus à la politique coloniale et aux faits et gestes des habitants de l'autre rive. C'est vrai, la France est loin d'ici. Quand je pense qu'en courant la poste, il faudrait au moins deux mois et demi pour rentrer! Mais tant que la santé est bonne, tout va bien. Dieu se chargera du reste!

J'ai été heureux d'apprendre que vous aviez vu Mizon. Il a dû vous raconter un tas de choses intéressantes et vous donner de bonnes nouvelles de nous. J'espère que vous en avez reçu, ainsi que des photographies, par le *Taygète*.

Je joins à cette lettre quelques épreuves de Pottier, mais le malheureux garçon a un tas de mésaventures avec ses photographies. Un jour, c'est l'eau qui est trop forte et fait fondre ses négatifs; un autre jour, ce sont les cancrelats qui lui en rongent la moitié; on pourrait presque écrire un bouquin avec les mésaventures qui lui arrivent. Cela ne l'empêche pas d'être un charmant garçon et d'une humeur constamment égale, excepté les jours où un de ces contretemps lui arrive, ce qui le plonge dans des désespoirs faciles à comprendre.

Il y a dans ces pays-ci, en dehors des moustiques, dont je ne vous parle que pour mémoire, un tas de petites bêtes qui vous dévorent tout, et vous dévorent vous-même, quand elles ne trouvent pas autre chose. Vous ai-je raconté qu'un jour, à Maladi, j'ai trouvé mes deux éponges complètement absorbées par les fourmis? Ce sont encore de petits épisodes qui charment désagréablement les journées africaines. Mais tout cela n'est rien, paraît-il, en comparaison de l'intérieur. Nous verrons bien!

29 août. — La triste nouvelle que nous redoutions hier a été pour aujourd'hui : le sergent Achour, le plus grand, le plus fort des trois sergents, a été emporté par une attaque terrible de dysenterie. Il est mort aujourd'hui, à deux heures de l'après-midi, et sera enterré demain matin à neuf heures. C'est le deuxième homme que nous perdons. On pouvait s'attendre à la mort de l'autre qui traînait depuis longtemps, mais la maladie de celui-ci a été beaucoup plus foudroyante. Il est vrai qu'ils ne sont pas raisonnables, et qu'on a beau faire et beau dire, les menacer même de punitions très sévères, ils boivent de véritables tonneaux d'eau, et, dame! ce n'est pas un remède, bien au contraire! On peut presque toujours l'attribuer à une imprudence de ce genre, si on passe si vite l'arme à gauche dans ce pays-ci, et rien d'aussi effrayant que la rapidité avec laquelle on meurt. On commettra peut-être vingt imprudences impunément; mais un jour on succombe fatalement pour une gorgée d'eau de trop. Ça n'empêche pas le pays d'être agréable, mais tout le monde n'est pas constitué pour l'habiter et pour en supporter le climat.

Je crois jusqu'à présent que je suis assez fort pour résister aux attaques et pouvoir gaillardement endurer même pas mal de fatigues. Depuis que je suis à Brazzaville, je me sens aussi robuste qu'en France, plutôt même davantage.

Aujourd'hui, je suis sorti un instant pour chasser et j'ai rapporté deux oiseaux. Vous dire leur nom, je l'ignore profondément et, en l'absence d'un naturaliste, je ne puis me prononcer. J'avais l'intention d'en faire empailler un et de vous l'envoyer, car il a un assez joli plumage; mais je ne le ferai probablement pas, parce qu'on vient de me dire qu'il est très commun ici. Je vais aussi chercher à tuer quelques singes. Ils sont, paraît-il, très bons à manger; seulement il ne faut pas les servir tout entiers, car on croirait manger un petit enfant, et bien que nous soyons destinés à nous trouver bientôt au milieu des anthropophages, nous ne sommes pas encore endurcis à ce point-là.

30 août. — L'enterrement du sergent a eu lieu ce matin. Il serait temps que nous quittions Brazzaville, sinon la démoralisation se mettrait peut-être facilement parmi nos hommes, qui viennent de voir deux des leurs expirer ici en moins d'un mois; et puis, quand on est en marche, on pense moins à tout cela que lorsqu'on est en station, où l'inactivité et le manque de fatigue corporelle laissent le temps de réfléchir aux dangers qu'il y a pour les hommes dans ces pays-ci.

Nous attendons toujours avec impatience le retour de X... qui se fait beaucoup attendre, car il devait être revenu ici bien avant la fin du mois, et, dame! demain, c'est le dernier jour d'août. De plus, la nourriture est horriblement chère ici, et on ne peut pas faire grand'chose. Heureusement que nous autres, nous sommes logés dans des maisons qui ne font pas de commerce ; mais la situation n'en est que plus délicate.

5 septembre. — Rien de nouveau, au point de vue de la situation ; mais, comme le courrier part demain, je vous expédie les quelques renseignements que je vous ai promis dans le commencement de ma lettre.

Voici d'abord l'adresse que Mgr Augouard m'a donnée. Vous voudrez bien expédier les vitraux. Ce ne sera qu'une faible rétribution de l'hospitalité qu'il nous a offerte et qui, dans une maison de commerce, se serait chiffrée par plusieurs milliers de francs. Je vous envoie aussi la photographie que Mgr Augouard vient de m'offrir et que je vous expédie de peur que je ne l'abîme en la promenant. J'y joins quelques photographies de Pottier, dont quelques-unes ont été absorbées par les cancrelats.

J'expédie en même temps pour Symone un oiseau vert de Brazzaville que Mgr Augouard m'a donné pour elle. Il s'appelle un foliotocole. C'est un joli nom, un peu long, mais ça ne nuit pas à l'affaire. Là-dessus je ferme ma lettre, parce que le courrier français va partir et qu'il n'y en a plus avant quinze jours. Si je savais une nouvelle d'ici quatre jours, je vous la ferais parvenir par le courrier portugais qui part le 10 ; mais l'arrivée est beaucoup moins sûre.

J'espère qu'on a expédié un théodolite neuf que j'ai demandé par dépêche, car il n'est pas possible de se servir du nôtre.

XIV

CHANGEMENT D'ITINÉRAIRE

NOUVEAU PLAN DE CAMPAGNE. — SOLDATS RÉFORMÉS. — NOUS SÉCHONS. — LA QUININE. — M. DOLISIE. — MESSE ET SALUT. — VOICI LES PLUIES. — HISTOIRE DE CIGARES. — PEUPLADES ANTHROPOPHAGES. — INATTENDUS.

Brazzaville, Congo français, du 8 au 21 septembre 1892.

MA CHÈRE MAMAN,

Quelques minutes seulement après le départ de ma dernière lettre, X... revenait de Lirranga, où je l'avais expédié en toute hâte pour connaître un peu les nouvelles qui arrivaient des Falls. C'était bien ce que j'avais prévu.

Il est de toute impossibilité de passer par là, les Arabes ayant décidé d'attaquer en forces tous ceux qui, pour le moment, tenteraient de passer sur leur territoire, à quelque nation qu'ils appartiennent. Aussi ai-je décidé un nouveau plan de campagne, de concert avec M. Dolisie, administrateur de Brazzaville et ancien camarade de Pierre de La Guiche à Polytechnique.

Je joins à cette lettre un petit topo que vous voudrez bien consulter, *pour la facilité de la compréhension*, comme dirait Ramollot.

La colonie française du Congo tend à se développer du côté du nord vers le Tchad, d'une part, et l'Algérie, et, d'autre part, cherche à annihiler l'influence anglaise dans le bassin du Haut Nil. En 1890, un Français, M. Liotard, arrivait à Brazzaville. M. Dolisie ayant

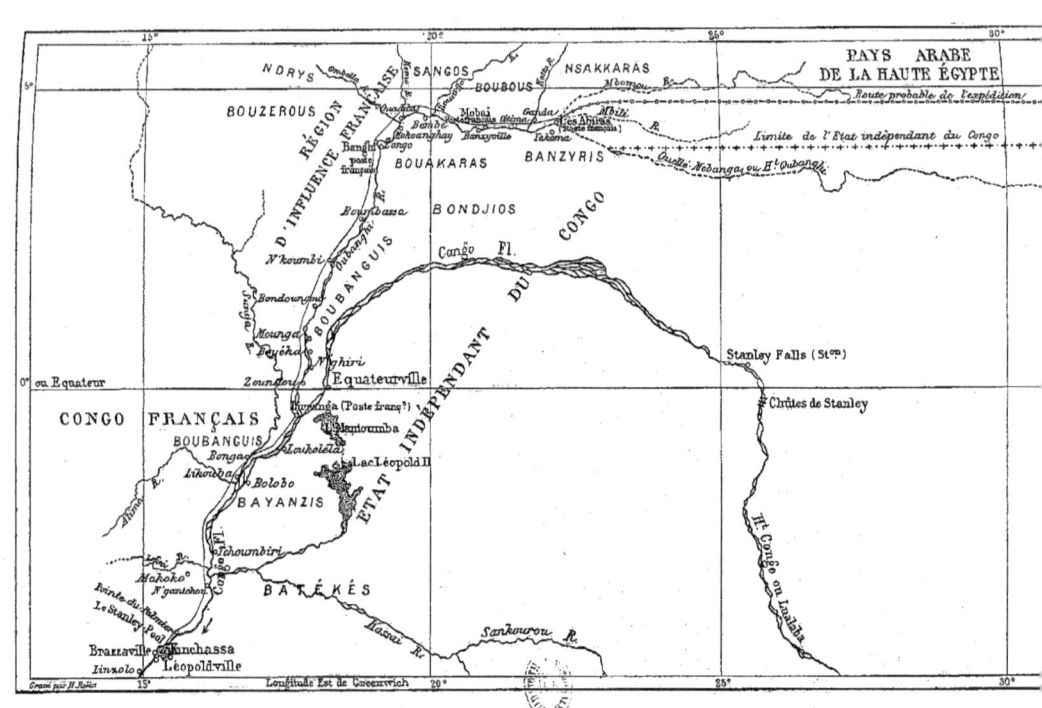

ITINÉRAIRE DU VOYAGE SUR LE CONGO ET LE HAUT OUBANGHI

appris que les Belges cherchaient, dans ce moment-là, à couper la route aux Français et venaient de fonder un poste sur la rive droite de l'Oubanghi, envoya de ce côté M. Liotard. Pour plus de clarté, je vous rappellerai que la conférence de Berlin avait donné comme limites à l'État indépendant l'Oubanghi, et ensuite le 4° degré de latitude nord, ainsi que vous pourrez le voir marqué sur le topo ci-joint. M. Liotard arriva, en 1891, là-haut et fonda le poste marqué sur la carte sous le nom de poste des Abiras, et avança de plusieurs kilomètres au nord l'influence française? Les Belges la trouvèrent mauvaise et essayèrent de soulever contre M. Liotard les populations. Ils ne purent y réussir. Malheureusement, M. Liotard manquait d'hommes pour avancer, et les Belges décidèrent de lui passer sous le nez.

Alors, nous arrivons à Brazzaville à peu près en même temps que les nouvelles des Abiras. M. Dolisie me proposa d'aller par là, prévenir et devancer les Belges, et de pousser une reconnaissance très importante, au point de vue français, dans la rivière Mbomou. La route des Falls étant barrée, il n'y avait pas à hésiter, et le jour même du retour de X... j'acceptai la proposition de M. Dolisie, et nous nous préparâmes à partir.

M. Dolisie met à notre disposition les deux bateaux de la colonie qui sont ici pour nous remonter jusqu'à Banghi. Ensuite nous irons à pied au delà des chutes qui sont marquées au-dessous de Banghi, et nous trouverons des pirogues pour nous conduire aux Abiras. Ce sera très long, mais très intéressant, ce voyage ayant été rarement fait, et étant à peu près inconnu. Arrivés aux Abiras, nous ferons comme nous eussions fait aux Falls; nous resterons quelque temps, et de là nous pénétrerons dans l'inconnu. Ce n'est que de là que je pourrai vous envoyer notre nouvel itinéraire, qui, vous le voyez, est très différent de notre premier projet. Mais à l'impossible nul n'est tenu, et, dame! ce que nous pourrons faire là-bas, même en supposant que nous ne puissions pas rejoindre le Caire, sera très intéressant et très utile au point de vue national.

Il m'est difficile de vous donner des dates; cependant voici celles que je crois probables : départ de Brazzaville le 15 ou le 16 de ce mois-ci;

arrivée à Lirranga (confluent de l'Oubanghi et du Congo) vers le 25. Arrivée à Banghi vers le 12 octobre. A Banghi, séjour de quelques jours, et aux Abiras... je ne sais trop vers quelle époque, probablement un peu avant la fin de l'année.

Les moyens de locomotion ne sont pas rapides, et il faut un certain temps pour se remuer.

Les soldats sont assez encombrants, bien que très nécessaires. J'ai été obligé d'en réformer trois, ce qui, avec un autre renvoyé, réduit mon contingent à quarante-trois hommes blancs et six Sénégalais. C'est plus que suffisant, s'ils ne meurent pas en trop grand nombre sur la route, ce qui ne laisse pas d'être à craindre. Et l'effet moral qu'ils produisent sur les noirs est bien plus considérable que celui d'une troupe de cent hommes de couleur.

9 septembre. — Rien de nouveau à Brazzaville ni aux environs. Ce matin, un triste accident est arrivé ici, à la mission. Des noirs étaient en train de creuser dans une minière et, malgré les défenses faites, s'obstinaient à enlever la terre de façon à former une sorte de caverne dans laquelle ils s'enfonçaient en travaillant, laissant le sol au-dessus de leur tête.

A un moment donné, un éboulement s'est produit, ensevelissant cinq d'entre eux. Un a été tué sur le coup. Deux autres ne valent guère mieux que lui, le quatrième a la jambe cassée et le cinquième seul n'a presque rien. Cet événement a causé une vive émotion dans toute la mission, et puis tout est rentré dans l'ordre. Comme je vous l'ai dit, la mort dans ces pays-ci est regardée par ceux qui les ont habités longtemps comme une chose tout à fait secondaire.

X... a voulu le prendre de haut avec M. Dolisie et lui raconter un tas d'histoires, disant qu'il avait des instructions spéciales et secrètes du ministère; que sa mission était de la dernière importance; que... etc. M. Dolisie a bien vu qu'il lui « montait des bateaux »; et lorsque X... lui a demandé de voir certaines pièces confidentielles dans les archives, il les lui a carrément refusées et me les a communiquées, à moi. X... aurait voulu passer pour le chef; mais j'ai dit nettement à M. Dolisie qu'il n'y avait d'autre chef que moi, et que je ne reconnaissais à personne le droit de me dire quoi que ce fût. Un gros orage nous menace à l'horizon. S'abattra-t-il sur nous? Qui vivra verra.

Quant à moi, cela m'amuse, et j'en discute avec Pottier, qui, étant le confident des deux, se trouve à certains moments dans des positions embarrassantes, dont il se tire, d'ailleurs, toujours avec un merveilleux à-propos.

Mais tout cela n'est pas grave, et, pour le moment, l'horizon me semble beaucoup moins noir qu'il y a quelques jours.

La santé est excellente, sauf naturellement quelques petits accès de fièvre, inévitables, qui m'obligent à avaler de temps à autre des petits cachets de quinine. Il y a quelque chose d'assez curieux à signaler dans notre état, c'est que nous ne maigrissons pas : nous séchons. Moi, par exemple, je ne pèse plus que soixante-neuf kilogrammes. Je dois avouer que ce poids est minime, et que je ne me rappelle pas y être descendu depuis quelques années, puisqu'en entrant au régiment je pesais soixante-treize kilogrammes. Et cependant je ne parais pas très différent, mais j'ai perdu une bonne partie de mon... arrière-train.

Les lettres que vous recevrez de moi après celle-ci seront probablement de plus en plus espacées, non comme envoi, mais comme arrivée. Car il faut compter sur les difficultés et la rareté des moyens de communication. Cependant, j'espère que vous en recevrez une ou deux tous les trois mois. Toutefois, il ne faudrait pas vous inquiéter si leur absence dépassait ce terme et vous étonner d'apprendre que nous sommes morts, au moins une demi-douzaine de fois. Ne le croyez que lorsque je vous l'aurai écrit moi-même, et encore!

Voulez-vous savoir nos occupations à Brazzaville? Le matin à sept heures et demie, je me lève et descends prendre en bas une tasse de chocolat au lait avec du pain. Les Pères se lèvent à quatre heures quarante, mais je trouve cette heure beaucoup trop matinale pour mes faibles moyens, et ne me décide à sortir du lit qu'au coup de cloche de sept heures trente. Après ce déjeuner agréable, je me livre aux douces opérations de ma toilette. Vers neuf heures et demie, nous — j'entends par *nous* ceux qui sont logés à la mission, c'est-à-dire Julien, Pottier et moi — nous nous rendons à la station située à environ deux kilomètres, et après avoir rendu visite aux hommes, vu si leur nourriture était satisfaisante, remonté leur moral par quelques punitions, et quelques bonnes paroles aussi, nous attendons l'heure du déjeuner, qui a lieu vers onze heures ou midi, suivant que M. Dolisie est ou n'est pas trop occupé.

Après le déjeuner, on fume, on cause, d'aucuns font des parties de jacquet, — car nous sommes tous devenus enragés sur le jacquet. — Ce jeu va probablement être le seul auquel nous pourrons nous livrer désormais, et nous allons nous en faire faire un pour charmer les loisirs de notre voyage. Je suis sûr qu'il aura une grande influence sur l'issue de notre expédition.

Quelquefois les amateurs de musique s'amusent à tourner la manivelle de l'orgue de Barbarie, à la grande joie des indigènes, qui trouvent que cet instrument fait « beaucoup de beau bruit très fort ». Peut-être l'orgue de Barbarie sera-t-il plus tard un des grands instruments de civilisation de l'Afrique centrale.

De temps en temps, un des nôtres se détache pour aller chasser ou chercher des vivres à Linzolo. C'est X... qui est chargé de cette dernière fonction. Puis, les hôtes de la mission reprennent la route de leurs domiciles et reviennent y travailler jusque vers six heures trois quarts. A cette heure, il y a parfois salut; d'autres fois, on se prépare pour le dîner, qui a lieu à sept heures précises.

Vers huit heures et demie, les Pères vont se coucher, et nous remontons, soit pour écrire des lettres, comme je fais ce soir, soit pour lire des œuvres de choix ou mettre à jour des notes quotidiennes. Puis on se couche aussi, le cœur content et l'esprit à l'aise, pour... recommencer le lendemain.

De temps en temps, il y a de légères variations au programme, mais rarement. L'autre jour, par exemple, M. Dolisie m'a retenu à dîner, parce qu'il avait inventé des plats sucrés extraordinaires : un biscuit de Savoie, une omelette sucrée aux bananes, des pêches de conserve; tout cela pas ensemble, mais à la queue leu leu. Il y avait aussi de la perdrix aux choux. Mais toute cette bombance est exceptionnelle et ne provenait que d'un effet du hasard. Les vivres sont rares ici, et par conséquent fort chers.

Du reste, je radote et je dois vous avoir raconté tout cela vingt fois; mais il faut m'excuser; la quinine en est la cause. Vous ne sauriez croire combien l'usage de ce médicament, absolument nécessaire dans

L'ORGUE DE BARBARIE FAIT LA JOIE DES INDIGÈNES.

ce pays-ci, vous fait perdre la mémoire et vous affadit le tempérament. Aussi ne soyez pas étonnée si je répète quelquefois à la fin d'une lettre ce que j'ai noté au commencement; vous n'aurez qu'à vous dire : Jacques a pris de la quinine entre le moment où la lettre a été commencée et celui où il l'a terminée. Quand il me vient une idée, j'ai ma lettre, entamée, devant mes yeux, et immédiatement je la saisis pour transcrire sur le papier ce que je crois pouvoir vous intéresser; et ensuite je quitte la lettre pour reprendre autre chose, et ainsi de suite, jusqu'au jour où le facteur rural déclare qu'il va partir.

10 septembre. — J'ai causé aujourd'hui avec M. Dolisie, et je vois que mes calculs ne m'ont guère trompé ; nous ne serons aux Abiras que le 15 ou 20 novembre, en admettant que nous partions d'ici du 15 au 20 septembre. Il faut environ trois semaines pour remonter à Banghi et à peu près autant de temps de Banghi aux Abiras, ce qui, avec la perte de temps dans différents postes, nous fera un trajet d'environ deux mois. Mais là nous serons tout à fait au cœur de l'Afrique et nous pourrons commencer à faire quelque chose. C'est long, mais, je le répète, il n'y a pas autre chose à faire, et, du reste, nous pourrons être très utiles.

Reviendrons-nous par le Caire? Oui, si c'est possible ; mais je ne puis l'assurer, car toutes ces combinaisons modifient étrangement tous nos plans et ne permettent plus de rien prévoir pour l'avenir. Le curieux et l'intéressant de ce pays-ci est de ne jamais savoir par où l'on va passer, et de ne jamais pouvoir dire : Nous ferons ceci demain, et de ne pouvoir être sûr de pouvoir le faire. Ce n'est pas tout à fait la même chose que lorsqu'on voyage avec un billet circulaire, avec un itinéraire fixé d'avance, et je ne crois pas que d'ici longtemps on puisse appliquer ce système au Centre africain. Cela ne me déplaît pas, au contraire. Mais ce serait si bien, ce retour par l'Égypte!

Au moment où je vous écris, ma table est envahie par des myriades de petites fourmis qui viennent avaler les nombreux éphémères qui ont brûlé leurs ailes à la lumière de ma bougie. Elles poussent le toupet jusqu'à venir se promener sur ma lettre et essayent même d'escalader mon porte-plume. C'est un des plaisirs de l'Afrique.

La température remonte sensiblement. Bientôt va commencer la saison des pluies, avec son cortège inévitable d'averses, d'orages, de tornades, d'éclairs et de tonnerre. On aperçoit déjà à l'horizon de nombreux éclairs qui annoncent cette saison désagréable et chaude.

Depuis quelques jours, il n'y a plus de vin à la Mission, et nous sommes réduits à boire de l'eau, ce qui n'a rien de bien suave, surtout pour moi qui avais plutôt la mauvaise habitude de baptiser mon vin le moins possible. Mais ce n'est qu'un léger désagrément. Nous avons heureusement peu de moustiques, mais nous en trouverons, paraît-il, dans le haut un nombre très considérable. Belle perspective !

11 septembre. — Aujourd'hui, dimanche, messe et salut ; suivant les traditions, repos pour tout le monde. Il est vrai qu'aujourd'hui ressemble un peu pour nous aux autres jours, et que nous n'en faisons pas long parce qu'il n'y a pas grand'chose à faire.

Je vais étiqueter pas mal d'objets divers que j'ai recueillis ici, de-ci de-là, grâce surtout à Mgr Augouard, et que je vous expédierai par la plus prochaine occasion, dans une caisse quelconque, rouge et bleue. Je crois qu'on ne l'ouvrira pas en douane, et, en tout cas, il n'y aurait pas beaucoup à payer. Il y a un tas de couteaux, de bracelets, de trompes et d'objets divers, dont quelques-uns sont assez rares et assez curieux. Je vois qu'il y a aussi des lances qui ne pourront pas entrer dans la caisse et dont on sera probablement obligé de faire un ballot à part. Pour elles, j'ai bien peur qu'une main adroite « n'étende son protectorat » dessus, suivant une expression euphémistique.

S'il y avait un poulain d'ici quelque temps, voici une collection de noms où vous pourrez choisir celui dont vous voudrez le gratifier ; ce sera tout à fait neuf et de bon goût : Oubanghi, Mbomou, Sanga. Ce dernier irait mieux à une pouliche. A mon retour, je me divertirai en retrouvant ces noms remplis pour moi de souvenirs lointains.

La cavalerie ici se compose d'un unique cheval que Crampel avait remonté jusque dans ce pays et qui erre en liberté autour du poste, sans jamais s'en éloigner et sans jamais être monté. Il est blanc et me rappelle beaucoup l'ancien Blanc-Blanc de l'Étang de la Tour, à Dupré.

Probablement, quand vous lirez cette épître, aurez-vous déjà pris de nombreux cerfs et sonné maints hallalis. J'espère également, à cette heure, avoir immolé quelques éléphants, hippopotames, crocodiles et autres animaux du même acabit.

Jusqu'à présent, mes chasses ont été peu nombreuses et peu variées. Cela tient à ce qu'autour d'ici les chasseurs sont relativement trop nombreux et qu'il faut faire de longues trottes pour rencontrer quoi que ce soit. Pourtant il y a pas mal de perdrix, d'outardes, quelques singes et antilopes; mais je ne suis pas encore assez acclimaté, et la paresse m'envahit par trop.

Aujourd'hui, après le déjeuner, j'ai fait un whist qui a duré jusque vers quatre heures. Pour chasser, il faudrait partir d'assez bon matin et mouiller plusieurs douzaines de chemises. De plus, on croit tout le temps qu'on va bientôt partir, et ça vous ôte toute idée d'aller faire des excursions, à deux ou trois jours de marche, pour trouver de la grosse bête.

Espérons que dans le haut, ce sera plus facile; et d'abord on sera forcé de se ravitailler en viande fraîche, car la conserve est excellente pour... fatiguer l'estomac. Je suis certain de revenir avec une demi-douzaine de dyspepsies, gastralgies, et toute la clientèle de noms bizarres dont les carabins décorent les maladies stomacales.

Nos charges ne sont pas toutes arrivées; cependant, aujourd'hui, il en est passé quelques-unes qui arrivent par petits paquets. Espérons que nous pourrons nous mettre en route vers le 20. C'est la grâce que je me souhaite. Ainsi soit-il!

14 septembre. — Voici les premiers indices de la saison des pluies qui se succèdent rapidement. Hier soir, il avait fait très chaud; le soir, ainsi que toute la journée, les éclairs se montraient plus fréquents et plus lumineux, et vers dix heures la pluie est tombée, accompagnée de quelques grondements de tonnerre. Elle n'a cessé que ce matin vers sept heures et demie, après avoir abattu, à notre grande satisfaction, l'épaisse poussière qui recouvrait la terre.

C'est très heureux, car sur le chemin de la Mission au poste, la route est tellement poussiéreuse que chaque jour on revient ici avec des pieds de noirs. J'ai rarement vu une poussière aussi sale et aussi pénétrante. Nous aurons désormais des pluies assez fréquentes, car lorsqu'elles ont commencé, elles ne cessent qu'au bout de six mois. Dans le haut ou dans l'intérieur, comme vous voudrez, elles sont encore plus fréquentes qu'ici, à ce qu'on m'a raconté du moins. Je crois que celle de ce matin n'est encore heureusement qu'une fausse alerte, et que nous aurons quelques beaux jours de plus.

La journée s'est achevée très belle et relativement fraîche, absolument comme en France finit une belle journée d'été, après une nuit et une matinée orageuses.

Nous attendons maintenant pour partir que quelques hommes qui doivent remonter au poste des Abiras soient arrivés. Dès qu'ils seront ici, nous nous mettrons en route. Il y a beaucoup de chances pour que ce soit dans le courant de la huitaine. Si les probabilités ne nous trompent point, nous serons en route d'ici sept à huit jours. Ce n'est pas qu'il ne manque encore certaines charges; mais qui trop attend ne fait plus rien de bon; et si les charges n'arrivent pas! Dame, tant pis!

Je vais vous raconter au sujet des charges une histoire qui montrera combien les Européens qui habitent l'Afrique sont peu scrupuleux. Vous savez que j'avais fait mettre dans les charges une caisse de cigares. Elle est arrivée avec des retards insensés... et de plus elle était défoncée. Ce n'est encore rien; mais *on* m'avait escamoté les bons cigares que j'avais fait mettre dedans, environ un millier, et *on* les avait remplacés par des mégots qui ne valaient absolument rien et au nombre seulement de cinq cent cinquante. J'ai trouvé le procédé un peu violent et j'ai réclamé; mais il est peu probable que le « on » dont je parle vienne se dévoiler et raconter son larcin à tout le monde. Je crains donc bien d'être obligé, faute de mieux, de fumer ces horribles *infectados*, ou de ne rien fumer du tout, ce qui serait évidemment préférable, mais inapplicable en pratique, d'autant que je suis persuadé que la fumée de tabac empêche absolument un grand nombre d'accès de fièvre et a de plus l'énorme avantage d'écarter les moustiques autour de vous. Ces intéressants petits animaux ont commencé à faire leur apparition en nombre suffisant et ont déjà entrepris de nous disséquer tranquillement. Heureusement les moustiquaires de la Mission sont bonnes, et on peut dormir sans entendre ces insupportables ronronnements.

15 septembre. — Pour m'écrire, vous n'aurez toujours qu'à adresser les lettres à Brazzaville, et M. Dolisie ou son remplaçant se chargeront de les faire parvenir en toute sécurité. Pour celles que je vous écrirai, elles vous arriveront recommandées par la voie française, c'est-à-dire que l'administration de Brazzaville les fera recommander à ce poste et vous enverra sous pli les bordereaux postaux de recommandation.

Il ne faudra pas vous étonner si des lettres, qui nous seraient adressées par vous, ne nous parvenaient pas, ou si on vous les renvoyait, car j'ai demandé qu'au cas où une impossibilité manifeste se présenterait et empêcherait de nous les faire parvenir, on vous les renvoyât toutes purement et simplement. C'est beaucoup plus pratique comme cela et aussi beaucoup plus sûr. Par la voie belge, il y a beaucoup moins de sûreté, et les lettres s'égarent avec une facilité surprenante.

Nous attendons en ce moment, avec impatience, le courrier qui est parti le 6 août d'Anvers. Mais nous avons reçu les lettres du 6 juillet dont la plupart sont arrivées par le paquebot qui part de Marseille le 25... Je m'embrouille dans les mois et ignore les trois quarts du temps la date où nous sommes; car il me semble impossible que nous ayons quitté Marseille depuis cinq mois déjà.

La chaleur augmente légèrement tous les jours, ainsi que les moustiques; le thermomètre ne descend plus au-dessous de vingt degrés; mais les journées ne sont pas beaucoup plus chaudes, et, somme toute, c'est très supportable.

Il y a bien ces maudits accès de fièvre qui vous torturent successivement pendant deux ou trois jours; mais pour l'instant, tout le monde en est exempt.

Pour moi, j'ai un appétit féroce et je ne maigris pas trop. Il est vrai que la nourriture manque souvent de variété depuis quelques jours, et que les boîtes de conserve entrent en danse avec une régularité désespérante. Heureusement la Mission est riche en fruits et en salades; j'en fais une consommation prodigieuse; mais mon bonheur est surtout d'absorber une innombrable quantité de tranches d'ananas. J'arrive à en couvrir complètement mon assiette, et je vous assure qu'ici on n'est pas rationné pour cela. Sans compter qu'on peut aussi prendre des bananes et des goyaves, sorte de fruit qui rappelle beaucoup par son goût la fraise et la framboise mélangées.

Je ne vous ai pas encore parlé beaucoup des populations noires que nous avons rencontrées sur notre route. Depuis Matadi jusqu'à Linzolo, ce sont les Bangouyos, peuplades occupées d'agriculture et de portage. Ce sont eux qui transportent les charges de Matadi à Léopoldville, ou de Manyanga à Brazzaville. Ils ne sont pas complètement noirs, c'est-à-dire que leur couleur s'approche de celle du chocolat. Leur coiffure n'a rien de bien particulier ; ils portent généralement les cheveux courts et sont assez tranquilles, quand on ne les ennuie pas ; mais quant au portage, ils le font d'une façon assez irrégulière. La langue qu'ils parlent et qu'on a appelée fort improprement « fiotte », ce qui veut dire « langue des noirs », tend à se répandre dans tous les environs, parce qu'elle devient pour les autres une sorte de langue commerciale.

De Linzolo à quelques kilomètres d'ici, se trouvent plusieurs villages de Ballilis ou Ballalis, populations qui ne font que toucher les rives du Congo et s'étendent davantage vers le nord. Ils sont uniquement agricoles et se distinguent assez facilement par des tatouages ou cicatrices qu'ils se font de l'oreille vers les yeux en forme de patte d'oie :

FEMME BATÉKÉ.

ils ont, en ces derniers temps, eu maille à partir avec le gouvernement, par suite de palabres dont les causes sont assez obscures. Tout autour d'ici, sont les Batékés, qui, eux, parlent une langue tout à fait différente des précédentes peuplades et sont adonnés au commerce. Ils ont une coiffure assez particulière ; ils forment avec leurs cheveux et même avec le cuir chevelu qu'ils se tirent dès leur jeune âge une sorte de bourrelet circulaire tout autour de la tête, en forme de couronne très ronde. Leur type est généralement beaucoup plus régulier et plus fin que celui des autres noirs. Ils ont les lèvres moins épaisses et le nez moins épaté. Quelques-uns travaillent le cuivre et les métaux. Je vais vous expédier un ballot où il y a deux bracelets fabriqués à M'pila, village distant de quelques kilomètres de Brazzaville, et qui m'ont été vendus par le fabricant en personne. J'ai joint aussi un autre bracelet, dit « bracelet de Makoko ». Ce bracelet sert aux administrateurs français de Brazzaville pour se faire reconnaître, et leur donner autorité dans les palabres.

C'est, du reste, une des choses les plus curieuses d'ici que de voir les indigènes venir au poste de Brazzaville pour faire palabre, autrement dit, pour venir exposer leurs récriminations et faire les réclamations qu'ils croient urgentes. Ils commencent par se procurer un pavillon français et viennent s'asseoir devant le poste ; puis ils attendent patiemment, quelquefois deux ou trois heures — ça leur est égal — que le commandant — c'est ainsi qu'ils appellent l'administrateur — soit prêt, et ensuite lui exposent leurs affaires et se soumettent à sa décision, après avoir appuyé leurs racontars, souvent faux, par de grands gestes et de grandes paroles.

Ils viennent en groupes, souvent avec leurs femmes ou du moins quelques-unes d'entre elles. Car la polygamie se pratique sur une très large échelle. Le chef d'un village de l'autre côté du Pool, qui venait demander aide et protection à la France et la permission de s'établir sur la rive française, a bien accusé pour sa propre part dix-sept femmes. Presque toutes ces femmes sont esclaves, ledit chef ayant déclaré qu'une seule était libre ; mais ils traitent leurs femmes esclaves sur le même pied que les autres, et même celle qu'il a déclarée comme sultane... — je veux dire comme première femme, — n'était qu'une esclave. D'ailleurs, les Pères qui rachètent les enfants pour les élever, quelquefois même les sauvent au moment où on allait les faire passer à l'état de gigot, disent-ils que le prix moyen d'un enfant mâle est de 600 m'takos, environ 60 francs, et d'une enfant femelle de 1,200 m'takos, 120 francs.

Les Balékés, contrairement aux Bangouyos et aux Ballalis, étaient anthropophages. Ils ne le sont plus aujourd'hui, du moins officiellement.

Mgr Augouard nous a fait à ce sujet une curieuse remarque. Il nous a dit que presque toutes les peuplades noires qui mangent du chien mangent aussi de l'homme, tandis que celles qui professaient le mépris de la viande canine traitaient les anthropophages de sauvages.

Ce que je dis là me rappelle une anecdote que nous a racontée le même Mgr Augouard. Parmi les enfants qu'il avait à élever dans une des missions du haut, alors qu'il s'appelait « le Père Augouard », était un vrai petit sauvage qu'aucune instruction ne parvenait à adoucir. Un jour arrive à la mission un pauvre petit noir, malade de la dysenterie et qui

BATÉKÉ RICHE.

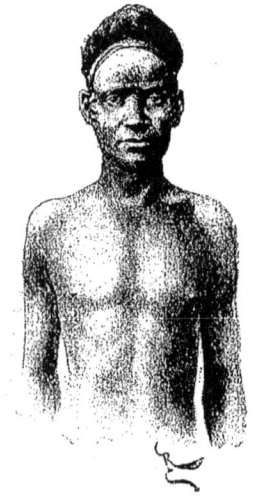

TYPE BALLALI.

ne semblait pas devoir guérir. Néanmoins, le Père le fit soigner et ordonna aux autres enfants d'aller, à tour de rôle, faire le service auprès du petit malade. Quand vint le tour du petit sauvage, il alla trouver le père Augouard et lui dit : « Pourquoi gardes-tu ce malade? Il ne l'est bon à rien ; il salit tes étoffes, et il nous donne du mal, à nous autres; tu ne pourras rien en faire. Baptise-le si tu veux, et après je prendrai le couteau de la cuisine et j'irai lui couper le cou. On en sera débarrassé, et nous l'enterrerons. »

Le gamin qui prononçait ces sages paroles avait peut-être une douzaine d'années. Je ne suis pas sûr que le Père Augouard ne lui ait pas envoyé une bonne taloche ; mais l'autre avait raconté son boniment avec la plus entière sincérité et parut profondément surpris du peu de succès de sa proposition.

Heureusement tous ne nourrissent pas ces idées, et on ne doit les regarder que comme de rares exceptions. Ceux qui sont ici sont assez doux, et plusieurs parlent le français ; quelques-uns ou plutôt presque tous le comprennent. C'est assez curieux, du reste, de les entendre chanter des cantiques en français. Un dimanche sur deux, ils chantent en langue indigène. Tous les noirs, en général, aiment beaucoup la musique, et la classe de chant obtient auprès d'eux un véritable succès. Il n'y a qu'une chose à laquelle ils soient communément très réfractaires : ce sont les mathématiques. Dans les maisons de la côte qui sont plus anciennes que celles-ci, quelques-uns vont jusqu'à apprendre le latin, et même à Loango un élève de la mission est sur le point d'être ordonné prêtre, et viendra probablement un de ces jours seconder ses frères blancs. Ce sera, je crois, le premier missionnaire congolais.

C'est une chose absolument merveilleuse que de voir les missionnaires travailler. Debout à cinq heures moins vingt minutes, aussitôt après leur prière du matin, qu'ils font en commun dans une chapelle provisoire, située au-dessous de la chambre de l'évêque, ils se rendent au travail, prennent un quart d'heure à huit heures pour déjeuner, et ensuite ne lâchent qu'à six heures du soir leur ouvrage, à peine interrompu à midi pour le second déjeuner. Et tous ont quelque chose à faire. Un Père s'occupe des enfants, l'autre de l'économat. Quant aux Frères, ils sont partout chefs de chantier et mettent eux-mêmes la main à la pâte. Aussi, dès que le dîner est terminé, rentrent-ils dans leurs appartements, et vers huit heures et demie tout dort à la Mission. L'évêque s'occupe de tout, surveille tout, est partout. Souvent même on le voit, juché sur les murs de sa cathédrale, en train de pousser ses ouvriers noirs. Il faut bien dire que sans cela ceux-ci ne feraient rien ; car ils ne connaissent que le onzième commandement de Dieu, qui recommande seulement de ne pas se faire pincer.

16 septembre. — Les ouvriers dont je parlais hier ne sont pas tout à

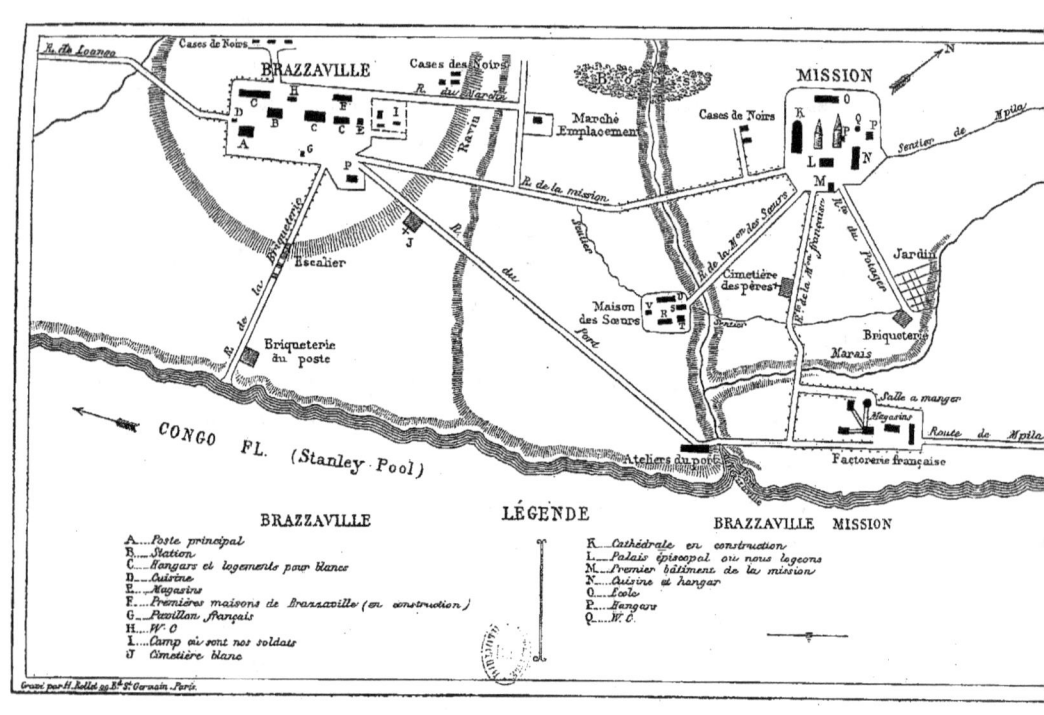

PLAN GÉNÉRAL DE BRAZZAVILLE

fait des indigènes ; ce sont des habitants de Loango ou Loangos qui viennent de la côte et s'engagent pour un an ou deux dans l'intérieur. Ceux des environs du Pool considèrent qu'il ne serait pas de leur dignité de faire tous ces métiers, et laissent même les soins de l'agriculture à leurs femmes. Les Bangouyos ne veulent ou ne savent que porter, et il faudra quelque temps et quelques générations pour les décider à faire autre chose. Peut-être, quand le chemin de fer aura supprimé le portage, se décideront-ils à essayer autre chose. Mais jusque-là ils trouvent qu'ils ont assez, pouvant se nourrir une semaine ou même deux avec six barrettes, ou soixante centimes. L'intrusion des Européens leur cause bien certains nouveaux besoins, et peut-être se croiront-ils forcés de travailler pour satisfaire les habitudes contractées, devenues des nécessités.

Nous avons encore eu un nouvel orage peu violent et de la pluie, cette nuit. Je me suis amusé à vous crayonner provisoirement et de mémoire Brazzaville, pour vous en donner une idée quelconque.

Les principales maisons sont construites en briques. Les autres sont en torchis ; presque tous les bâtiments importants sont construits sur le même modèle, avec une véranda. Seul, le palais épiscopal a deux étages, le rez-de-chaussée et le premier. Tous les autres sont de simples rez-de-chaussée, un peu surélevés. Les photographes ont un tas de mésaventures ici, et le jour est, en général, défavorable aux instantanés ; c'est pour cela que vous avez remarqué le peu de types figurant dans nos envois.

17 septembre. — Je reçois à l'instant quatre lettres de vous, entre autres celles dans lesquelles vous me parlez de Libreville et de ce qui s'y s'est passé. Je sais bien que j'ai eu tort de ne pas aller voir M. de Chavannes. Maintenant, quant à l'épisode du bateau, du dîner, etc., c'est la première nouvelle que j'en ai. J'avais su ici que M. de Chavannes avait été surpris de ne pas me voir ; mais qu'il m'ait fait demander, et que j'aie refusé, cela eût passé toute vraisemblance. Il y a eu un malentendu fâcheux, c'est possible ; mais j'ai écrit de suite d'ici pour m'excuser et lui dire que j'étais le premier à regretter ce qui s'était passé. Je crois à peu près avoir rectifié les affaires, et, du reste, vous pouvez croire qu'on ne nous en a pas voulu à Brazzaville; tout ce que j'ai pu vous raconter jusqu'ici et la façon dont nous avons été reçus par l'administration française le prouvent. Je m'en expliquerai aussi clairement que possible avec M. Dolisie, et comme M. de Chavannes est son camarade, j'espère qu'il lui fera facilement comprendre que mon intention n'a jamais été de le blesser, et qu'il y a tout au plus étourderie de ma part. Je préfère, du reste, recevoir le moins de reproches possible de vous, parce que les courriers étant très rares, quand on en reçoit, on aime mieux que ce soient de bonnes que de mauvaises paroles qu'ils vous apportent, et surtout dans un pays comme celui-ci où les mille et un retards qu'on éprouve dans leur réception nous jettent dans un état d'énervement et de fièvre qui malheureusement aurait son contre-coup sur vous.

Notre date de départ est toujours incertaine, ce qui ne laisse pas d'être agaçant, car nous sommes maintenant sur un perpétuel « qui-vive », et on n'ose rien entreprendre, de peur d'apprendre que l'on part le lendemain ou le surlendemain. Dès que la date sera définitivement fixée, je vous mettrai un mot à la poste qui partira quand il pourra, si par hasard le courrier de ce mois-ci avait pris la poudre d'escampette, emportant cette longue missive.

18 septembre. — A l'instant arrive ici la nouvelle que les soldats sénégalais qui viennent de la côte, pour renforcer M. Liotard, sont arrivés. Les bateaux vont être réparés, et dans quatre ou cinq jours, en avant! Dès demain, je pourrai probablement vous fixer la date de notre départ sur les deux steamers de la colonie : le *Djoué* et l'*Oubanghi*. Après cette lettre, vous ne recevrez donc que de Banghi une nouvelle épître, c'està-dire dans un mois et demi. Quant à nous, les lettres que nous venons de recevoir sont probablement les dernières d'ici longtemps, car les bateaux mettent à peu près trois fois plus de temps à remonter qu'à descendre, ce qui se comprend, étant donnée la violence du courant.

21 septembre. — Le courrier part; je termine ma lettre télégraphiquement. Grave décision prise. Partons vendredi pour les Abiras. Enverrai détails.

Bien portant; tendresses.

JACQUES.

(Importante et confidentielle.)   Brazzaville, le 21 septembre 1892.
(Contenue dans la précédente.)

MA CHÈRE MAMAN,

M. Dolisie, comme administrateur et en vertu de droits à lui conférés, nous donne pleins pouvoirs dans le Haut-Oubanghi, et nous pourrons faire TRÈS BIEN. M. Pottier ne me quitte pas; les autres... Vous recevrez, du reste, un procès-verbal qui vous édifiera. Cette défection vient de ce que j'ai remis la direction militaire de notre expédition — le mot *expédition* est le vrai — à Julien que j'estime et qui mérite cette distinction de ma part.

A un autre jour des détails, et tendresses.

JACQUES.

J'écris dans la fièvre du départ (ne croyez pas que ce soit la fièvre paludéenne).

XV

UNE LETTRE DE Mgr AUGOUARD

DISSENSIONS ET DÉPARTS. — UN ANCIEN ZOUAVE PONTIFICAL. — ADIEUX.

8 octobre 1892.

Nous partons demain matin à six heures. Tout est emballé, et je ne trouve que ce morceau de papier, car tout le monde dort à la mission, et en cherchant je réveillerais la communauté. Comme je vous l'ai annoncé, à la suite de regrettables incidents, X... s'en va. Y... a cru devoir en faire autant, et je ne me plains pas du départ de ce dernier, qui, ma foi, ne me plaisait guère.

Je ne suis pas fâché de quitter Brazzaville et d'avancer un peu vers l'inconnu. M. Dolisie vous enverra les deux procès-verbaux des conversations de X... et Y... qui motivent leur départ. Je n'y ajoute rien pour l'instant, quitte à vous envoyer ces jours-ci quelques appréciations. Probablement, la prochaine lettre que vous recevrez sera datée de Banghi. Nous ne recevrons plus de lettres de vous d'ici quatre mois au plus tôt. Aussi, j'espère que vous continuerez à vous bien porter d'ici là, et que les nouvelles que je recevrai seront excellentes.

La santé est toujours dans le meilleur état, et, sauf les inévitables accès de fièvre qu'occasionne le moindre désagrément, tout est pour le mieux dans la meilleure des santés. Mes deux autres copains, Julien et Pottier, vont aussi très bien, et la navigation sur le Congo s'annonce comme devant être excellente. Il n'y a pas de mal de mer à craindre, et nous ne trouverons pas la pluie avant une huitaine de jours. Dame! après, il faut bien s'attendre à la voir fréquemment et à se faire arroser régulièrement presque tous les jours. J'ai écrit au gouverneur (M. de Chavannes) à Libreville pour m'excuser; tout est donc en règle de ce côté, et vous pouvez dormir tranquille.

Nous partons, officiellement appuyés par la colonie, et allons passer le plus de traités possible au nom de la France. Nous verrons jusqu'où cela nous mènera. En attendant, vous pouvez vous rassurer, Julien me charge de vous le dire; nous serons très prudents, et je ménagerai le fils à maman, ne tenant pas du tout à servir de bifteck et de roastbeef à MM. les anthropophages.

Demain, avant de partir, nous assisterons à la messe de Mgr Augouard, et recevrons, j'espère, sa bénédiction, ce qui ne pourra que nous faire du bien et sanctifier un peu notre œuvre. J'ai dit à l'évêque que vous eussiez été très contente qu'un missionnaire nous accompagnât, pour semer les premiers vestiges de la civilisation chrétienne. Il m'a répondu qu'il aurait été ravi d'aller avec nous dans le Haut-Oubanghi, jusqu'aux Abiras, mais que, pour l'instant, il y avait trop à faire, et lui personnellement était trop occupé pour pouvoir y aller ; que, sans cela, il se serait fait un vrai plaisir de nous accompagner. S'il venait en France et à Paris, pendant mon absence, je serais très heureux que vous le vissiez, mais je ne crois pas qu'il vienne. M. Dolisie, au contraire, y sera probablement dans six mois. Il ira vous voir certainement; en tout cas, invitez-le. C'est un homme très sérieux, très poli et extrêmement bien élevé.

JACQUES.

Lettre de Mgr Augouard contenant la précédente.

VICARIAT APOSTOLIQUE
DE L'OUBANGHI (HAUT-CONGO FRANÇAIS).
—

Brazzaville, le 6 octobre 1892.

MADAME LA DUCHESSE,

C'est avec le plus grand plaisir que je viens m'acquitter d'une commission de la part de votre cher Jacques, qui, presque au départ de

Brazzaville, a rencontré le *Léon XIII*, petit vapeur de la mission, et lui a confié la lettre ci-jointe.

Pendant sept semaines, j'ai eu le plaisir de donner l'hospitalité à M. Jacques, ainsi qu'à MM. Julien et Pottier, et je ne vous surprendrai pas en vous disant que je n'ai eu qu'à me louer de l'amabilité et de l'urbanité de tous ces messieurs.

La famine que nous subissons depuis de longs mois n'a pas permis à notre Père économe de traiter ces messieurs avec tout le luxe des Champs-Élysées, mais du moins l'hospitalité était sincère et cordiale. Aux bons jours, des morceaux d'éléphant ou d'hippopotame formaient les « pièces de résistance », et je dois dire que M. Jacques était toujours le premier à s'accommoder gaiement de ces mets exotiques.

Le samedi 24 septembre, fête de Notre-Dame de la Merci, nos trois hôtes se levèrent à cinq heures du matin pour assister à ma messe, qui fut dite pour le succès du voyage et l'heureux retour des voyageurs. Après le déjeuner, nous descendîmes tous au port de Brazzaville, où tout le personnel de l'expédition était déjà entassé sur le *Djoué* et l'*Oubanghi*, deux canonnières du gouvernement, mises gracieusement à la disposition de M. le duc par M. Dolisie. Bientôt les sifflets des deux bateaux retentirent joyeusement, et toute l'expédition prit la route du haut fleuve, emportant les souhaits les plus sympathiques de tous les Français présents à Brazzaville. M. Jacques vous aura sans doute annoncé le départ de MM. X... et Y... qui sont encore sur la rive belge, ne sachant trop que faire. M. Julien est un noble cœur qui saura suppléer à tout et qui veillera fraternellement sur votre cher fils. Que Dieu les conduise et les ramène tous sains et saufs près de vous, après avoir planté le drapeau de la France au milieu de nouvelles contrées.

Pendant son séjour à Brazzaville, M. le duc, visitant un jour notre cathédrale en construction, voulut bien me promettre deux vitraux de saint Jacques et de sainte Anne, l'un en votre nom et l'autre en son nom propre. Je saisis la présente occasion pour vous remercier de votre offre généreuse, qui, pendant de longues années, redira à nos pauvres noirs votre nom et votre charité. J'ose espérer que vous aurez bien voulu donner à mon correspondant à Paris (M. Couza, 59, rue Meslay) vos armes et les inscriptions que je désirais voir figurer sur ces vitraux.

Si, dans le cours de son expédition, ou à son retour, M. Jacques avait besoin de quelque chose, vous pouvez être assurée, Madame la Duchesse, qu'il trouvera à Brazzaville des cœurs d'amis qui lui rendront bien volontiers tous les services en leur pouvoir.

En qualité d'ancien volontaire de l'Ouest, pourrais-je vous prier de présenter mes respectueux compliments à M. le duc de Luynes, en lui faisant connaître que le général de Charette m'a promis un autel avec le concours de tous nos anciens compagnons d'armes?

Daignez agréer, Madame la Duchesse, l'expression du plus profond respect de votre très humble serviteur en N. S.

† Prosper AUGOUARD,
Evêque de Sinita, vicaire apostolique du Haut-Congo français.

XVI

SUR LE CONGO

DÉPART DE BRAZZAVILLE. — NOS DEUX VAPEURS. — LE POOL. — VIE A BORD. — LE RIZ. — UN LÉZARD. — MISSIONNAIRES PROTESTANTS. — LE FARD DES NÉGRESSES. — CHASSES. — PROVISIONS. — TORNADES. — LES MOUSTIQUES. — UN CERF. — DU BOIS. — VILLAGES NOIRS. — LES CONGOLAIS. — LES ILES DU CONGO. — UN CONCERT. — LA MISSION DE LIRRANGA. — EN AVANT.

A bord du vapeur français *l'Oubanghi*, sur le Congo et l'Oubanghi,
du 24 septembre au 12 octobre 1892.

De Brazzaville à Banghi.

MA CHÈRE MAMAN,

..... Nous sommes partis de Brazzaville le 24 septembre (samedi). Le 24 au matin, nous nous sommes levés à cinq heures et nous avons entendu la messe. Monseigneur nous a fait servir un bon petit déjeuner, pour nous réconforter avant le départ. Il nous a ensuite accompagnés jusqu'au port où les deux bateaux de la colonie, l'*Oubanghi* et le *Djoué*, nous attendaient. Ils étaient sous pression et poussaient depuis quelque temps des sifflements d'impatience. Aussi, à peine avons-nous eu le temps de serrer la main à M. Dolisie, qui, je ne sais si je vous l'ai dit, nous a donné, en vertu des pouvoirs qui lui sont conférés, le droit de passer des traités et de faire pas mal d'actes utiles dans le Haut-Oubanghi, vers lequel nous voguons aujourd'hui. A sept heures quinze, les deux bateaux sortaient du port et nous quittions Brazzaville, en saluant la foule nombreuse qui avait voulu assister à notre départ. Nous

DÉPART DE BRAZZAVILLE

étions tous les trois sur l'*Oubanghi*, Julien, Pottier et moi, avec presque tous les hommes de troupe. Les autres (une dizaine environ) sont sur le *Djoué*. Nous avons à bord avec nous un mécanicien et M. Th..., administrateur de quatrième classe des colonies, qui dépend de Brazzaville même et qui doit aller régler certaines questions à Banghi et sur le Congo.

Sur l'autre bateau, en dehors de nos dix hommes et d'une trentaine de miliciens sénégalais, appartenant au Congo français, sont cinq Européens, dont un capitaine, un mécanicien et trois agents qui doivent remonter dans le Haut. La *Duchesse Anne*, avec une dizaine de soldats qu'elle porte, est remorquée par l'*Oubanghi*.

Les deux bateaux qui nous remontent et contiennent une partie de nos charges méritent une description. Ils sont construits sur le même modèle. Le pont est surélevé avec le chargement d'environ cinquante centimètres au-dessus du niveau de l'eau. Le bateau cale environ un mètre à un mètre dix. Sur ce pont, presque tout l'avant est occupé par les machines et chaufferies. L'arrière contient une cabine à deux places. Par conséquent, le pont où l'on peut circuler consiste presque uniquement en une passerelle d'un mètre de large qui entoure toutes les dépendances. Tout à fait à l'arrière, est ménagée une petite place où se trouve la table sur laquelle on déjeune, dîne, lit et écrit. C'est là que nous nous tenons généralement durant la marche. Au-dessus du pont, un toit en tôle supporte un petit abri pour le timonier. C'est sur cette plate-forme que sont juchés les hommes et une partie de ceux qui, le soir, font du bois. Car ces transports sont chauffés au bois ; mais je vous expliquerai cela tout à l'heure.

Après notre départ de Brazzaville, assez émotionnant, je dois l'avouer, nous avons remonté le Pool du côté français ; malgré certains petits bancs de sable avec lesquels nous avons eu quelques prises de bec... ou plutôt de proue, tout s'est bien passé. Une grande île est située au milieu du Pool, un peu plus rapprochée cependant du côté français, et elle donne un double accès aux bateaux, qui passent indifféremment par l'un ou l'autre bras pour remonter le fleuve. Le soir, nous avons stoppé et couché au banc du docteur Ballay, à la sortie du Pool.

Je vais vous donner exactement la composition et les occupations de la journée à bord de l'*Oubanghi*. Le matin à cinq heures, réveil; on embarque; départ entre sept et huit heures, suivant la quantité de bois préparée ou celle qui reste à faire. Une fois en route, on regarde attentivement le paysage qui se déroule sous les yeux, qui s'efface peu à peu derrière soi pour faire place à un autre, comme en une scène où les changements de décors s'opèrent à vue. Vers onze heures, on déjeune; ensuite on lit, on écrit ou l'on joue au jacquet. Puis, vers deux heures, la machine se ralentit peu à peu faute d'aliment. On arrête près de terre, quelquefois bord à bord, et nous débarquons. Les hommes de troupe dressent les tentes, et, pendant ce temps, l'équipage du bord, formé de noirs, se disperse en tous sens pour scier des arbres, fendre des bûches, et emploie presque toute la nuit à faire du bois pour le lendemain matin. A sept heures, nous dînons à bord et chacun va se coucher, pour recommencer le jour suivant. Maintenant que vous avez saisi la marche générale, je vais me contenter d'inscrire au jour le jour les faits saillants et de rédiger une sorte de journal de bord.

24 septembre. — Départ de Brazzaville à 7 heures 15. Arrivée au banc du docteur Ballay à 4 heures 45. Le *Djoué* campe au même endroit que nous.

25 septembre. — Départ du banc du docteur Ballay à 8 heures 45. Arrivée au campement (*Pointe du palmier sec*) à deux heures; le *Djoué* a pris l'avance et campe plus haut que nous. Je suis allé à la chasse avec Pottier; nous avons aperçu un village en formation et de nombreuses traces d'éléphants. Je vois plusieurs singes, mais ne puis en tirer un seul. En fait de gibier, nous ne rapportons que deux poules, offertes par les indigènes. Ce sont encore des Batékés qui se montrent très aimables pour nous et sont stupéfiés par le tic tac d'une montre qu'ils viennent tous, comme de grands enfants, écouter à tour de rôle.

26 septembre. — Partis à sept heures. Rencontré deux bateaux descendants. Le *Djoué* prend sur nous une grande avance. Arrivée à deux

LES NOIRS DÉBARQUENT POUR FAIRE LE BOIS NÉCESSAIRE

heures au campement, environ à une heure au-dessus de la Rivière noire (sur le côté français).

27 septembre. — Partis à 6 heures 45. Après avoir rencontré une rivière qu'on appelle la « Rivière bleue », et dont les eaux sont vert clair, nous nous arrêtons sur la rive française, un peu avant deux heures. J'ai voulu aller chasser; mais c'était un tel fouillis d'arbres et de lianes entrelacées que j'y ai renoncé, après avoir mis mes vêtements presque en compote. Le *Djoué* nous précède toujours de quelques heures, et nous ne l'apercevons presque jamais.

Le 28, réveil à cinq heures, départ à 6 heures 40, car il faut un certain temps pour plier et rouler nos tentes, embarquer le bois qui a été coupé la veille, appareiller et se mettre en route. Il y a des endroits où le Congo forme des coudes très brusques, et alors le courant devient d'une violence inouïe, si bien qu'à certains moments le bateau semble rester sur place, tellement sa marche est lente et pénible. Le courant du fleuve est d'ailleurs très violent partout, si ce n'est sur les rives où il se ralentit; mais au passage des coudes il lance sur la terre de véritables petites vagues. Par moments même nous dansons comme sur l'Océan. La *Duchesse Anne,* qui suit à la remorque avec une dizaine de tirailleurs, reçoit les flots de tous les côtés et zigzague d'une façon effrayante, quand le courant se met de la partie.

Nous passons aujourd'hui devant N'Gantchou, village assez important près duquel se trouvait autrefois un poste français qui servait à communiquer avec le célèbre Makoko. Ce pauvre Makoko! Il ne comprend pas bien pourquoi on ne lui envoie plus d'étoffes comme jadis, quand on avait besoin de lui. Ce fameux chef est une espèce de vieux singe, féticheur, qui avait pris beaucoup d'influence, grâce à sa femme, que Mgr Augouard appelle irrévérencieusement « Makokotte ». Celle-ci lui persuadait de laisser se battre les chefs trop influents de l'endroit, et elle appliquait si bien le précepte : « Diviser pour régner », que Makoko devint le chef d'une grande partie de la tribu des Batékés dont je vous ai entretenue. Makoko est très imbu du prestige de son autorité, et il a une coutume bizarre et singulièrement gênante : c'est de marcher sur la pointe des pieds, car la plante de ses extrémités inférieures ne doit pas, d'après sa religion, fouler le sol.

Un peu après N'Gantchou, nous traversons le Congo et nous nous trouvons, vers 2 heures 15, à court de bois. Aussi sommes-nous obligés de nous arrêter à quelques kilomètres (deux ou trois) de l'embouchure du Kassaï, sur la rive de l'État indépendant du Congo. Nous trouvons là plusieurs villages dont les chefs viennent nous vendre des pains de manioc, des chèvres et des poulets. Ce sont encore des Batékés avec des coiffures plus ou moins extraordinaires. J'en ai remarqué un dont la tête était rasée, excepté aux environs de la ligne médiane, où ses cheveux formaient une touffe semblable en tous points à un casque de pompier de la Restauration. Ce jour-là, pour la première fois depuis le départ de Brazzaville, le fond de notre nourriture n'est pas du riz, et nous mangeons de la viande fraîche. Eh bien ! je commence à être tellement habitué au riz, que les jours où il n'y en a pas, aux deux repas, je fais presque une tête. J'espère qu'à mon retour ce goût exagéré du riz m'aura passé, car je ne crois pas que vous tiendriez beaucoup à avoir sur la table deux beaux plats de riz matin et soir.

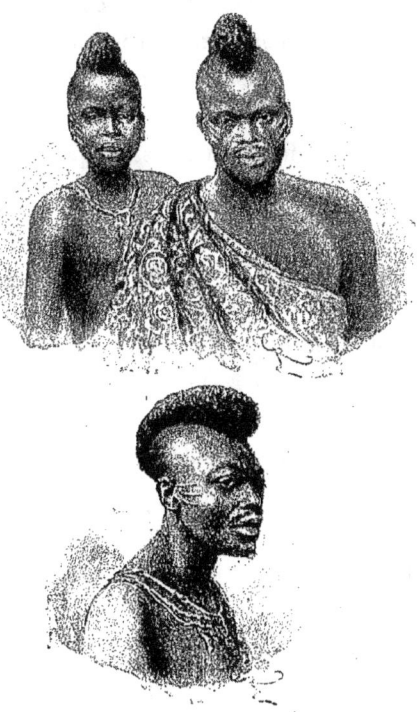

COIFFURES DE CHEFS BATÉKÉS.

29 septembre. — C'est encore à peu près vers la même heure que nous levons l'ancre, aujourd'hui, et que nous reprenons le cours de notre navigation congolaise. Seulement, nous suivons la rive belge, au lieu de la rive française. A peine sommes-nous partis que je remarque très bien que les eaux du Congo sont beaucoup plus jaunes qu'elles ne l'étaient jusque-là. Cela tient à ce que nous approchons du Kassaï, le premier ou le dernier (au choix) des grands affluents du Congo. En effet, nous passons, cinq minutes après, devant une factorerie belge située sur la rive gauche du Kassaï, et nous apercevons la rivière, qui mesure à son confluent cinq cents mètres de large. Immédiatement après, les eaux du Congo reprennent leur jolie couleur pissat de vache. Excusez cette expression, mais c'est la vraie teinte des eaux congolaises, vues sous une certaine épaisseur. Dans un verre, elles prennent l'apparence de thé assez fort.

De l'autre côté du Kassaï se trouve Berghe Sainte-Marie, mission que les Pères belges ont fondée autrefois. Mgr Augouard, entre autres, et les Pères français y avaient leur résidence. Mais depuis, l'État indépendant a fait de telle sorte qu'ils ont été remplacés par des Belges. Nous saluons leur drapeau en passant, mais nous ne nous y arrêtons pas. Nous apercevons quelques villages. Vers onze heures, le bois manque, et, nous trouvant alors plus près de la rive française, nous y accostons, ramassons rapidement des bûches, et en route vers une heure et demie. Quelques minutes après, passage en vue d'une autre grande rivière : la Lefini; mais celle-ci est française, et nous ne l'apercevons que de loin, étant le long de la rive belge, à un endroit où le Congo a bien trois ou quatre kilomètres de largeur. Nous stoppons vers quatre heures et demie.

En arrivant au campement, ou plutôt en débroussant, les hommes découvrent une sorte de gros lézard ayant environ un mètre de longueur. Vous jugez quelle émotion parmi nous. On avait d'abord cru que c'était un crocodile. Mais ce qu'il y a de curieux, c'est qu'après l'avoir assommé à coups de bâton et lui avoir coupé la langue (cette dernière formalité remplie par les indigènes qui la croient nécessaire), on le mit dans un coin, attendant que le camp fût dressé et qu'on pût le vider. Tout à coup, l'animal se réveille, et le voilà reparti, au milieu des acclamations et de l'ahurissement général. Heureusement qu'un coup de sabre sur la tête le réduit à l'état de cadavre, et aussitôt après on retire toute sa viande, pour ne garder que la peau, qui est fort jolie. Les indigènes, ou plutôt les noirs du bord, « s'y en sont régalés ».

Le 30 septembre, nous étions prêts de meilleure heure que les autres jours; mais le bateau se trouvait un peu ensablé, et le temps employé à le remettre à flot ne nous a permis de partir que vers sept heures. La navigation s'est poursuivie sans encombre jusqu'à dix heures et quelques minutes, où nous sommes passés en vue de la mission protestante de Tchoumbiri. Cette mission étant entourée de villages, l'administrateur et le capitaine ont décidé de stopper là, pour avoir des vivres et du bois. Nous y avons donc dressé le camp.

Les missionnaires protestants du Congo sont assez nombreux, mais font peu de prosélytisme. Ils ne se foulent rien, comme on dit. Les uns appartiennent à une secte dissidente américaine, *the American baptist church*, et d'autres font partie d'une secte anglaise. Ceux de Tchoumbiri appartiennent à la première. Le Révérend anglais, bien qu'attaché à la mission américaine, était sur le bord à notre arrivée, et, comme seul à bord je pouvais parler ou baragouiner l'anglais, je lui demandai quelques renseignements. Il voulait m'inviter à déjeuner; mais, me méfiant de sa cuisine, je préférai prendre mon repas à bord, lui promettant d'aller ensuite visiter sa demeure et prendre une *cup of tea*. Je me rendis donc, après déjeuner, chez l'honorable clergyman et fus reçu par lui, sa femme et un de ses bambins âgé de neuf mois.

La maison qu'il habite est assez gentille. Elle est construite en bois du pays et, par conséquent, tout en planches fabriquées par les indigènes, sous la direction du missionnaire. Elle comprend une salle à manger, un salon, une grande chambre à coucher et une salle de bain ou cabinet de toilette. Elle est surélevée d'un mètre à un mètre vingt au-dessus du sol et recouverte en tuiles de zinc et en chaume. Une autre maison identique s'élève à quelques mètres de là et sert de résidence à l'autre missionnaire, qui, pour l'instant, est et sera absent pendant douze mois.

Les missionnaires protestants s'occupent un peu de botanique et d'horticulture, beaucoup de politique, mais presque pas des noirs. Leur ministère se borne à aller faire de temps en temps des conférences dans les villages, et ils sont tous membres de sociétés de tempérance. Quant aux petits noirs, ils ne s'en préoccupent, pour ainsi dire, nullement. Je dois toutefois ajouter, à leur louange, que la *cup of tea* offerte par

M. le missionnaire et mistress la missionnairesse était excellente, accompagnée qu'elle était de petits plum-cakes et de confitures délicieuses. Aussi ai-je usé de leur hospitalité écossaise et surtout de leur théière de façon à leur faire honneur. J'avais oublié de vous dire que l'un et l'autre de mes hôtes étaient natifs de l'Écosse. Après ce léger lunch, absorbé avec plaisir, j'ai laissé le missionnaire et son épouse pour aller faire un tour dans les villages voisins.

Tchoumbiri, ou mieux N'tchumbiri, est une étendue de terrain de plusieurs kilomètres de long et de peu de profondeur, s'étendant sur la rive gauche du Congo, et dont la mission protestante occupe à peu près le centre. Elle est habitée par les Bayanzis, peuplades plus industrieuses et surtout plus travailleuses que leurs voisins, les Batékés. A notre arrivée dans les villages, les noirs ne se sauvent nullement et continuent leurs petits travaux. Comme presque partout dans ces pays, ce sont les femmes qui font à peu près tout, les hommes étant guerriers, pour la plupart. Nous voyons des femmes en train de moudre de la farine de manioc dans des sortes de petites auges qu'elles placent sur des piliers en bois. Elles la font ensuite cuire dans des marmites fermées, après l'avoir préalablement enveloppée dans des feuilles de bananier et l'avoir divisée en petits paquets d'environ huit à neuf cents grammes. Elles se dépêchent le plus qu'elles peuvent, car elles viendront nous les vendre tout à l'heure, au prix d'une barrette, environ dix centimes chacun. Les hommes nous vendent aussi quelques poules; mais le *Djoué*, qui est parti une heure avant notre arrivée à N'tchumbiri, a opéré une rafle pour ses provisions et ne nous a presque rien laissé. Nous avons aperçu aussi une femme en train de faire du rouge, pour s'en barbouiller le corps et se faire des fioritures sur la figure. Vous voyez qu'il n'y a pas qu'en Europe où les femmes se mettent du rouge. Elle pilait, pilait, sur une pierre, du rouge extrait d'une certaine plante, le mêlait avec du sable fin et de l'huile de palme ou de l'eau. C'était une parfumeuse!...

Dans les villages, nous avons vu aussi quelques sièges indigènes, mais il paraît qu'ils ne sont pas de fabrication locale, et que nous trouverons des marchands de meubles plus haut. Pottier lui-même a vu dans sa tournée un vieux féticheur; comme c'était assez curieux, je vous copie simplement la description qu'il m'a faite, n'ayant pu jouir moi-même du spectacle qu'il a eu sous les yeux. Voici comment il s'exprime :

« Au loin, j'aperçois le N'ganga, féticheur et médecin de la contrée. Il se trouvait sous une véranda, occupé à confectionner un piège pour les rongeurs qui abondent dans cette contrée et dont les indigènes sont très friands. C'est une large manne à mailles espacées de quatre centimètres environ, ayant un mètre de diamètre à sa partie la plus large et se terminant par une ouverture à tube intérieur, ressemblant un peu à nos nasses à poisson. Autour de cet homme étaient jetés pêle-mêle, ou rangés, tous les accessoires nécessaires à ses diverses occupations, tels que flèches, hochets de danse, chapeaux à plumes de coq, petites gourdes dont je n'ai pu connaître le contenu. Cet homme étrange, à la barbe grisonnante et teintée de rouge ponceau, le corps peinturluré en entier avec la même couleur, me reçut très cordialement, ce qui se traduit par le mot d'amitié *m'bolé* (bonjour). Sur un ton de rapsodie, il me chanta une chanson dont les *moundelés* (blancs) étaient le sujet; mais sans interprète je ne pus la comprendre. Je lui adressai la parole pour savoir s'il y avait *soussou mingué* (beaucoup de poules). Un jeune N'ganga ébène me répondit : *Soussou té* (pas de poules); mais le N'ganga me fit comprendre que les poules ne rentreraient qu'au coucher du soleil, et qu'alors on pourrait les prendre pour venir les vendre aux blancs. »

Je vous ai écrit ou plutôt recopié ce petit entrefilet pour vous donner une idée de la vie indigène. Les cases des trois villages que nous avons visités ont presque toutes des vérandas où les indigènes se tiennent pendant la journée et se livrent à leurs occupations ou dorment sur les nattes. Le missionnaire me disait que, lorsqu'il était arrivé, les villages étaient beaucoup plus peuplés, mais qu'une maladie terrible, le « sleep-sickness », les avait décimés, et que les guerres continuelles qu'ils s'étaient faites y avaient aussi contribué pour une large part.

1er octobre. — Nous quittons de bonne heure la mission de N'tchumbiri, vers cinq heures trois quarts, et nous filons sur le Congo. Jusqu'à présent, les rives en étaient montagneuses et relativement resserrées; mais vers huit heures nous arrivons à une espèce de pool, beaucoup plus grand que le Stanley-Pool, et dont la navigation est difficile, étant donné qu'il est parsemé d'îles et de bancs de sable. Nous suivons la rive belge, et, la largeur dépassant trente à trente-cinq kilomètres, nous perdons vite de vue la rive française. Mais vers huit heures et demie nous sommes obligés de stopper, ne voulant pas nous lancer dans ce vaste lac avec un temps menaçant. Le tonnerre gronde à l'horizon, et les menaces du ciel font prévoir une tornade imminente. Heureusement, nous en sommes quittes pour la peur, et nous nous remettons en route vers dix heures. Marchant prudemment et à la sonde, nous ne nous échouons pas, et nous nous arrêtons dans une petite île vers deux heures et demie. Cette île était minuscule, et je crois que le moindre Robinson n'aurait pu s'en contenter, d'autant plus que les eaux du Congo commençant à monter depuis quelques jours (depuis le commencement de juin), la moitié de l'île se trouvait sous l'eau. De là impossibilité de dresser notre camp, et force nous fut de camper sur le bateau.

Je voulus faire le tour de l'île et m'embarquai, pour cette opération, sur la *Duchesse Anne*. Arrivé de l'autre côté, j'aperçus une collection de mouettes ou pluviers. Je retourne aussitôt prendre mon escopette, et, grâce à mon habileté bien connue, je parviens à en abattre trois. Deux seulement sont ramassées, la troisième, ainsi qu'un magnifique charo-guard que j'avais dégringolé, s'étant bêtement laissé emporter par le courant.

La nuit à bord a un peu manqué de charmes; nous étions, ou plutôt nous pouvions nous croire à l'Opéra. Les hippopotames reniflaient bruyamment autour de nous, et surtout ces diables de petits cousins ou moustiques nous chantaient des petits duos, solos et chœurs à faire enrager des tempéraments aussi musiciens que le mien. Grâce un peu à une moustiquaire et surtout à ma bonne constitution, je pus dormir tant bien que mal, et vers six heures, le 2 octobre, nous appareillions de nouveau.

A peine avions-nous marché une demi-heure au milieu de tous les petits îlots, qui sont innombrables dans cet endroit, que nous nous mettions sur un banc de sable. Le vapeur, qui se trouvait probablement très bien sur cette couche moelleuse, refuse d'en sortir, et ce n'est qu'au bout d'une heure et demie d'efforts à épouvanter les Grecs et les Romains que nous parvenons à nous dégager et à reprendre notre route, momentanément interrompue.

Vers dix heures, nous faisons halte à un village, un peu avant Bolobo, pour faire des vivres et du bois. Je descends au village, et les indigènes, qu'avait d'abord épouvantés la présence de tous nos soldats blancs, nous entourent et nous promettent des poules, chèvres, etc. Tous avaient à la main des lances et des sagaies, mais sans intentions hostiles. Leur village est assez gentil et très proprement tenu. Les habitants sont encore des Bayanzis. Les cases sont bien construites et ferment avec des portes à glissière. Dans l'intérieur, on trouve des sortes de lits, recouverts de nattes. Autour du village s'étendent de vastes champs de manioc, mais semés avec une irrégularité tout à fait nègre. Je crois qu'il faudra du temps avant de leur inculquer les principes des semences mécaniques.

Ils tiennent leurs promesses et nous apportent des vivres, dont le prix diminue progressivement à mesure que nous montons. C'est ainsi qu'une poule vaut de un franc à un franc cinquante centimes; une chèvre, de vingt à vingt-cinq francs. Ils ont de temps en temps peur des blancs, parce que l'État du Congo les traite assez mal. Certains agents enlèvent leurs enfants pour en faire des domestiques. Mais heureusement qu'ils font une grande différence entre les Français et les Belges, et qu'ils reçoivent beaucoup mieux les premiers, tandis que les seconds sont souvent accueillis par des flèches ou des sagaies, voire des coups de fusil.

Le temps commence à être orageux. Le tonnerre gronde presque toute la journée, et hier soir nous avons eu à l'horizon des éclairs assez éclatants. Comme nous avons besoin de bois, le capitaine mécanicien qui commande l'*Oubanghi* se décide à rester ici, pour y passer la nuit. Aussi pouvons-nous faire une excursion plus intéressante dans le village qui s'étend sur une distance d'environ cinq cents mètres, et se compose de six à sept agglomérations de cases, distantes les unes des autres de vingt-cinq à cinquante mètres.

Je m'occupe spécialement d'aller à la recherche d'œufs frais, qui sont assez rares ici, presque tous étant couvés et les indigènes ne mangeant pas les poulets dans l'œuf, mais attendant qu'ils soient un peu plus gros. Aussi faut-il faire bien attention et mirer avec le plus grand soin les œufs pour ne pas se laisser pincer et voir le poussin sortir de la coquille, au moment où vous vous prépariez à le mettre à la coque. Enfin, je parviens à en récolter une douzaine, et, le soir, nous avons pu manger une excellente crème au café, grâce à une boîte de lait de conserve entamée. Les indigènes nous laissent établir notre campement au milieu du village, et même, vers les cinq heures et demie du soir, plusieurs viennent dans le camp en disant : « Soussou kassumba » (poules à vendre). On se serait presque cru à un marché de village européen. Les denrées les plus appréciées en cet endroit sont les étoffes de couleur et à carreaux. La barrette de laiton de 28 centimètres passe aussi, mais plus difficilement. Les indigènes en ont trop, et cette monnaie de traite commence à être dépréciée. Cela se conçoit aisément. Tous ceux qui arrivent à une certaine aisance ne savent plus où cacher leur monnaie, qui est au moins aussi encombrante que celle des Spartiates. Ils l'enfouissent dans leur case sous la terre ; mais au bout de peu de temps ils préfèrent l'échanger contre des étoffes, et nous en voyons quelques-uns venir nous offrir vingt à vingt-cinq barrettes pour une brasse d'étoffe.

Le soir, le temps devint orageux ; mais la tornade n'éclate pas, et nous n'avons à souffrir que des moustiques, qui commencent à fredonner leur incommodant *brrrr*, dès le coucher du soleil... et nous ne tardons pas à passer à l'état de véritables écumoires. Toute la nuit, l'éternelle musique se continue, et peu d'entre nous peuvent dormir. Quant à moi, ma moustiquaire se transforme en une volière à musique, et le sommeil se fait attendre en vain. A un moment, j'ai une idée lumineuse. Je saute hors de mon lit, je bourre une pipe, je me recouche et remplis ma cage d'une fumée épaisse ; mais je n'obtiens qu'un effet bizarre et nullement tel que je le désirais... Je m'asphyxie aux trois quarts, me donne un mal de cœur extraordinaire, et les moustiques, probablement pour se payer ma figure, redoublent leur bruit. De rage, je jette ma pipe et, chose extraordinaire, je m'endors paisiblement. Le lendemain, je me suis réveillé avec un régiment de boutons et de piqûres... petits désagréments de la vie africaine, mais qui, paraît-il, sont moins sensibles dans le haut du fleuve.

3 octobre. — Appareillage vers six heures et demie. Nous côtoyons encore la rive belge. Nous passons devant la mission anglaise de Bolobo et devant le village du même nom. C'est le plus grand de ceux que nous avons vus jusqu'ici. C'est même une ville nègre qui compte bien un

NOUS RENCONTRONS UNE BANDE D'HIPPOPOTAMES.

millier de cases, à peu près pareilles, construites en bambou et recouvertes de chaume. Nous quittons peu après la rive de l'État indépendant, pour aller à travers les îles rejoindre celle du Congo français; mais la navigation n'est pas très facile, et plusieurs fois nous manquons d'échouer sur les bancs de sable. Le sondeur qui est à l'avant et qui sonde avec une perche de 3^m,50 environ, accuse plusieurs fois 2^m,50, 2 mètres et même parfois 1^m,50 et 1^m,20 de fond. Comme nous calons environ 1^m,10, il est des endroits où nous passons juste et qui nous obligent même à faire demi-tour.

Au milieu des îles, nous rencontrons plusieurs fois des bandes de vingt ou trente hippopotames, que nous saluons de coups de fusil et de carabine; mais comme, la plupart du temps, ils sont à quatre ou cinq cents mètres, ils semblent se préoccuper fort peu de notre artillerie, et, après avoir plongé quelques secondes, ils réapparaissent une dizaine de mètres plus loin.

Vers deux heures, nous sommes obligés de stopper. Les fourneaux de la machine réclament à grands cris leur nourriture, c'est-à-dire du bois. On s'arrête donc dans une petite île aux trois quarts inondée. On coupe rapidement quelques vieux troncs d'arbres secs, et à trois heures et demie on se remet en marche. Nous apercevons la rive française, à quinze cents mètres; mais nous en sommes séparés par une suite d'îles, de sorte qu'à cinq heures et demie nous sommes forcés d'aborder et d'atterrir dans une île.

Je descends un des premiers à terre, et je m'aperçois avec terreur que l'île est infestée de moustiques de toutes tailles; en revenant au bateau, j'en étais littéralement couvert. Le présage n'était pas bon, et nous ne devions pas nous attendre à passer une bonne nuit. Dès le soir, les bataillons serrés de ces sales petits animaux ont commencé à nous livrer des assauts terribles, et pendant tout le repas on voyait tout le monde en train de se gratter les jambes ou de se donner des gifles, pour écraser ces ennemis insupportables. Après le dîner, nous essayons de faire un tour dans la *Duchesse Anne;* mais nous sommes emportés par le courant et nous sommes obligés d'appeler des pagayeurs de renfort, pour nous donner la remorque et nous ramener au port, ou plutôt au vapeur.

Je ne veux pas parler de la nuit, étant de celles qu'on peut marquer d'un crayon noir et dont le souvenir nous restera longtemps cuisant. Les moustiquaires ne servent à rien devant des invasions pareilles, auprès desquelles celle des Perses en Grèce n'est qu'une simple promenade, une visite amicale. Tous les hommes et Pottier passent la nuit debout près de grands feux. Moi, je dors un peu; mais le lendemain quelle figure! Aïe! aïe! Pour un peu, je croirais que l'on s'est trompé, et que ce n'est pas moi que Sliman a réveillé.

Nous voilà au 4 octobre, et je pense que vous avez déjà peut-être sorti les chiens, et que la première curée de l'année de chasse 1892-93 a fait retentir les futaies des forêts de Rambouillet. Nous voyons ici de réelles futaies, mais la viabilité laisse à désirer, et je crois qu'on aurait du mal à suivre une chasse à courre, même à pied.

Nous quittons l'île inhospitalière qui nous a emmoustiqués toute la nuit, et où l'on n'a pu faire que très peu de bois, et nous reprenons notre navigation au travers des îles, vers six heures du matin. Trois petits quarts d'heure après, nous sommes à court de bois de chauffage, et dans un endroit qui paraît propice on fait halte. Quelques moustiques veulent encore revenir nous rendre leurs visites intéressées et peu intéressantes. Ce n'est vraiment plus de jeu. Au moment où nous sommes partis, ce matin, le Congo était couvert en entier d'un brouillard assez épais qui s'est dissipé quelque temps après. On ramasse du bois en quantité suffisante, et vers neuf heures quinze nous nous remettons de nouveau en route, toujours au milieu de ces îles à demi submergées, et dont quelques-unes sont extrêmement boisées. D'autres, au contraire, sont de vastes marécages, repaires des hippopotames, des crocodiles et d'animaux bien plus féroces, nommés moustiques, qui décidément n'ont été inventés que pour faire enrager les malheureux mortels.

Vers une heure, on aperçoit deux énormes cornes qui traversent le bras du fleuve sur lequel nous naviguons. De loin, on aurait pu croire deux bois de cerf... « Un cerf à l'eau! » crie je ne sais plus qui. Nous nous précipitons aux fusils, et le bateau se rapproche rapidement de l'animal qui cherchait à atteindre la rive. C'était une splendide antilope-cheval. Un peu de mousqueterie la salue, on se rapproche, une balle lui traverse le cou, une autre lui casse une corne. Moi, j'enrageais, ne trouvant pas mon escopette. Eh bien! malgré ses blessures, l'antilope parvient à gagner la berge et, bonsoir! s'enfonce au milieu des fourrés, à notre grand désespoir, car nous comptions tous faire un excellent dîner avec cet animal, dont la chair est, paraît-il, excellente.

Cette émotion calmée, nous repartons et sommes bientôt dans le delta de l'Alima, à son confluent avec le Congo. Vers deux heures et demie, stoppage quotidien dans une des îles, à quelque distance de l'embouchure de l'Alima, où nous établissons le camp et passons la nuit. Je mets « nous passons la nuit », mais Dieu sait comment! Jusque vers dix heures et demie les moustiques se taisaient, et je les croyais en train de jouer relâche, lorsque le temps s'est tout à coup mis à l'orage, et les petits *bou... oû... oû...* se sont mis à recommencer, et, malgré la meilleure volonté du monde, le sommeil n'est pas venu. J'ai voulu combattre les moustiques, mais impossible ; j'ai dû leur abandonner le champ de bataille, c'est-à-dire mon lit, ayant les mains, les pieds, les jambes et la

LES BOUCHES DE L'ALIMA.

figure ensanglantés. Je me suis promené presque toute la nuit, quand vers deux heures l'orage a éclaté et m'a obligé de rentrer sous la tente. J'y ai souffert en patience jusque vers quatre heures. Je me suis habillé et je me suis rendu à bord, en attendant le jour. L'orage a été assez violent et nous a aussi pas mal fait enrager. Décidément ces îles du Congo ne sont pas des lieux de délices et ressemblent plutôt aux cachots de l'Inquisition.

Vers six heures, le 5 octobre, nous repartons et passons une heure après devant les bouches de l'Alima et continuons notre route, au milieu des îles couvertes de grandes herbes, de palétuviers et d'autres grands arbres. Nous apercevons quelques villages. Nous sommes sur la rive française du Congo. Vers dix heures et demie, un steamer nous rencontre; c'est l'*Antoinette*, vapeur de la Société hollandaise. Nous stoppons réciproquement. L'*Antoinette* arrive de Banghi, et nous prenons à bord un agent français qui redescendait à Brazzaville et pour lequel nous avions de nouveaux ordres. L'*Antoinette* nous cède deux cabris, et, après le verre d'usage, nous repartons chacun de notre côté, vers onze heures.

A une heure environ, nous arrêtons au petit Likouba, village indigène, situé sur la rive française. Nous nous trouvons ici en face d'une nouvelle tribu de noirs; ce sont les Afourous; ils ont l'air plus sauvages, et ont été, s'ils ne le sont pas encore, anthropophages. Il est vrai qu'ils ont cela de commun avec les autres populations noires du haut Congo. Cependant, je dois avouer que j'aurais eu tort de former un jugement téméraire sur les habitants de Likouba, qui viennent nous vendre un tas de choses, entre autres beaucoup d'huile de palme ou de bambou. Ils vendent la touque (espèce de dame-jeanne en terre), contenant environ quinze à vingt litres, de quatre-vingt-dix à cent mitkos, soit une quinzaine de francs, car la barrette de laiton est un peu plus longue et plus épaisse ici qu'à Stanley-Pool.

Le soir, à Likouba, le village est très animé. Les matelots noirs crient, chantent et font une vie de démons. Le village ressemble en bien petit à un quartier de port de mer, lors d'un débarquement de marins. Les hommes et les femmes, dont l'unique vêtement est un pagne enroulé autour de la taille et pendant jusqu'aux genoux, se coiffent en tire-bouchons. D'autres laissent paresser leurs cheveux en crinières vagabondes et menaçant le ciel. Ils ont quelques tatouages, formés de grosses cicatrices, qui se referment, forment des bourrelets plus ou moins réguliers et affectent des formes de feuillages ou autres.

Le soir, un peu moins de moustiques heureusement, sinon nous fussions presque tous devenus fous.

Le 6 octobre, à cinq heures quarante-cinq, nous sommes en route et poursuivons notre chemin sans qu'il y ait eu d'événement bien remarquable. Nous faisons du bois et nous nous arrêtons vers deux heures, puis repartons pour arriver à Bonga, près de la Sanga, à trois heures quarante-cinq. A Bonga se trouve un grand village, commandé par une femme, nommée Bobéka. A Bonga également se trouve une factorerie française, devenue aujourd'hui propriété de la Société anonyme belge (S. A. B.).

Actuellement y séjournent cinq Français; aussi, le soir, sommes-nous invités à dîner sous la véranda. Le dîner aurait peut-être été très agréable, si mesdames et messieurs les moustiques n'étaient pas venus s'asseoir à nos agapes, d'une façon trop indiscrète. Cependant la nuit s'est passée convenablement, et le lendemain, comme on ne devait pas repartir, je me suis réveillé très tard, vers sept heures et demie.

Nous faisons donc halte un jour ici, 7 octobre. Je profite de l'occasion pour aller visiter le village qui s'étend sur la rive du fleuve à plusieurs centaines de mètres. Il est assez sale et assez pauvre; mais cependant nous y remarquons pas mal de choses intéressantes. Les indigènes se peignent le long des bras et des jambes des raies blanches ou rouges, quelquefois même se font des dessins bizarres sur la poitrine. Nous voyons quelques femmes en train d'en coiffer d'autres. L'artiste capillaire est généralement assise, tandis que la patiente est couchée et repose sa tête sur les genoux de celle qui l'orne. Une de ces coiffeuses s'appliquait à raser les sourcils à une femme avec un petit morceau de fer de la taille d'une grosse aiguille à tapisserie. Plusieurs femmes, après s'être fait coiffer, s'enduisent le corps de rouge, ce qui leur donne un aspect assez répugnant. Des hommes aussi se font parfois la même opération et pourraient, à la rigueur, passer pour des diables échappés d'un vitrail quelconque.

Je vois aussi quelques petits négrillons qui jouent ensemble. Leur jeu ressemble un peu à celui des osselets. Ils prennent une douzaine de fèves et une petite balle, faite avec du manioc entouré de feuilles, ficelées, de la grosseur d'une balle de tambourin. Ils creusent ensuite un trou, comme pour jouer aux billes, et placent leurs fèves dedans. Pour gagner, il suffit de lancer la balle en l'air et de retirer les fèves du trou avant de la rattraper, puis de la relancer de nouveau et de remettre deux par deux les fèves dans leur trou, en renouvelant l'opération jusqu'à ce qu'on les ait toutes réunies, tout comme dans le jeu des osselets. C'est assez simple.

UNE ARTISTE CAPILLAIRE A BONGA.

Un autre jeu, mais que je ne suis point parvenu à comprendre, est le suivant. On pose à terre un tronc d'arbre taillé en rectangle et aplani sur une de ses surfaces. Dans ce grand rectangle on creuse de petites cases disposées six sur quatre, soit vingt-quatre cases. Les joueurs prennent alors une trentaine de fèves et les font passer d'une case dans l'autre, d'après une loi que je n'ai pu trouver.

Les indigènes font ici, clandestinement, bien entendu, le commerce des esclaves et les échangent contre des pointes d'ivoire, des barrettes. Un homme fort et vigoureux vaut, nous dit-on, de mille à douze cents barrettes, environ cent cinquante francs. Les chefs font quelquefois des massacres d'esclaves, à l'occasion d'une mort et d'un enterrement de première classe; mais l'anthropophagie est assez rare, les indigènes trouvant que la viande qui parle est un peu chère; aussi s'en privent-ils. On nous dit ici qu'un peu plus haut, dans le Sanga, les indigènes viennent offrir parfois aux blancs qui leur demandent des vivres de petits morceaux de viande humaine, fumée, et cela le plus naturellement du monde, sans autrement penser à mal.

Il y avait aussi une forge indigène où l'on travaillait le fer et le cuivre, car il existe ici quelques minerais de différents métaux. Le *Djoué* a pris plusieurs jours d'avance sur nous (deux ou trois). C'est la faute de la *Duchesse Anne,* qui, se faisant traîner à la remorque, ralentit notre marche d'une façon très sensible. Nous serons probablement dans deux ou trois jours à Lirranga, embouchure de l'Oubanghi, et comme la poste passe assez souvent dans cette station, ma lettre filera de là vers la France.

Hier, nous avons eu dans la journée un orage assez fort : tonnerre, éclairs et pluie torrentielle. Du reste, nous sommes au commencement de la saison des pluies, entraînant avec elle la chaleur et l'humidité.

8 octobre. — Nous voilà de nouveau en route vers six heures du matin. Encore deux jours de navigation, et nous quitterons le Congo, avec l'espérance de ne plus le revoir. En attendant, nous avançons tranquillement sur ses flots dégoûtants ou plutôt sur ceux que forme le delta de la Sanga. Deux heures environ après notre départ de Bonga, nous flottons sur une espèce de canal qui joint la Sanga au Congo et qui porte le nom de canal Likenzi. Ce canal, large à peine de cinquante mètres, mais très profond, nous fait rejoindre en deux heures la rive française du Congo, le long de laquelle nous naviguons.

A peine avions-nous fini de déjeuner et mangé une excellente pintade qu'un de nos Sénégalais avait tuée hier à la chasse, que nous stoppons à un petit village situé sur la rive française, vers midi cinq minutes. Le Congo se rétrécit de nouveau et n'a guère ici plus de trois kilomètres et demi de large. En face, sur la rive belge, se trouve le village assez important de Loukoléla, que vous trouverez probablement marqué sur les cartes et qui vous donnera notre position à ce jour. Les habitants de ce village, ou plutôt de ces villages, car il y en a toute une suite le long de la rive, nous reçoivent fort bien. Ce sont des Boubanguis, qui nous vendent des poules, des patates, des chèvres, et même un mouton.

A peine débarqué, je cherche à tuer quelques pintades dans les environs. Un indigène et un négrillon m'accompagnent et m'en indiquent un assez grand nombre. Mais elles partent d'un peu loin, et je ne parviens pas à en tuer une seule. Chemin faisant, je traverse de vastes champs de manioc bien plantés et une collection complète de bananiers et de papayers. Chaque champ est entouré d'une palissade en bois formant une sorte de haie, avec quelques rares passages et une petite case au milieu. Les indigènes voudraient même nous vendre quelques enfants, le commerce des esclaves se pratiquant encore de temps à autre. Mais ceux-ci ne sont pas beaucoup plus malheureux que les hommes libres, si ce n'est que parfois on en engraisse un pour s'en régaler dans quelque grande solennité. Une indigène regardait avec curiosité les mains de l'un de nous, et les tâtait comme si elle voulait reconnaître la qualité de la marchandise. Je lui demande par gestes si elle les trouverait bonnes à manger. Elle fit un signe négatif, comme pour m'affirmer qu'elle ne mangeait jamais de ce mets-là.

L'anthropophagie ici n'est que clandestine, et les Blancs peuvent se promener en toute sécurité dans les villages. Dans le haut, paraît-il, il n'en va pas de même, témoin l'histoire qui est arrivée l'autre jour à Banghi. Un blanc qui descendait les rapides, situés au-dessus du poste, dans une pirogue remplie de pointes d'ivoire, a chaviré et s'est noyé. Son corps, rejeté sur les rives, a bel et bien été dévoré par les noirs. Il est vrai que dans ce cas peu importait au défunt d'être mangé par des noirs ou par des asticots.

Presque tous les noirs congolais que nous avons rencontrés jusqu'ici se liment les deux incisives supérieures et les deux incisives médianes inférieures, ce qui n'est pas du plus gracieux effet. Les Boubanguis du village où nous sommes sont d'assez beaux hommes, de teinte chocolat plutôt que noire. Ils sont peu tatoués; quelques-uns s'entourent les yeux de couleur blanche et se font des fioritures sur la figure avec des couleurs jaunes et rouges. Tous portent un pagne enroulé autour des reins, et qui se compose d'étoffe européenne, teinte en lie de vin, bordée d'un petit galon rouge et d'une frange, arrivant un peu au-dessous des genoux, et c'est là tout leur costume national. Les hommes libres portent tous une lance ou sagaie à la main et ont des couteaux de forme bizarre, parfois très bien forgés, et aux manches ornés de clous dorés ou cuivrés. Ils les enferment dans des gaines faites de peau d'animaux, et les portent suspendus en sautoir par des courroies de peau encore recouverte de poils. Les enfants sont, en général, plus dégourdis que les hommes, la plupart du temps abrutis par la polygamie. J'en ai vu un aujourd'hui qui s'était fabriqué un petit fusil joujou, en bois. A une planchette grossièrement taillée en forme de fusil, cet enfant avait fixé, pour servir de canon, une douille en métal, vide, de fusil Gras. Dans cette douille il avait percé un petit trou, représentant assez bien la lumière du canon se chargeant par la bouche. Le petit noir mettait de la poudre dans l'étui de la cartouche et y mettait le feu à l'aide d'un tison. Je sais bien des gamins de sept à huit ans en Europe qui n'en feraient pas autant.

Le 9 octobre, notre départ est un peu retardé par le bois qui n'est pas encore entièrement embarqué, et ce n'est que vers huit heures et demie que nous nous mettons en route. La journée est assez insignifiante, car bientôt nous naviguons de nouveau au milieu des îles et nous n'apercevons presque pas les rives. Toutes les îles devant lesquelles nous passons sont très boisées et d'un bel effet; mais il est difficile d'y aborder à cause de la hauteur des eaux qui les recouvrent presque entièrement en ce moment. Heureusement, vers trois heures et demie, nous découvrons une petite île, grande à peu près comme celle de l'étang de Bonnelles, et qui offre un campement sûr et agréable : sol très sec et pas de moustiques. Aussi y passons-nous une bonne nuit.

Le 10 octobre, à six heures et demie du matin, nous nous mettons en route. Le petit îlot qui venait de nous abriter ne renfermait malheureusement pas de bois sec, et, vers sept heures dix, nous étions obligés de stopper pour faire du bois, ce qui est l'éternelle scie de la navigation congolaise. Sans les retards que nous cause cet indispensable aliment de nos chaudières, depuis longtemps déjà nous serions à Lirranga et même en route sur Banghi. Mais lorsqu'on marche encore bien et que le soleil est encore haut au-dessus de l'horizon, le capitaine est obligé de lancer le traditionnel « Stop! » Et nous voilà, jusqu'au lendemain matin, occupés à regarder scier et hacher les arbres secs des environs. Quelquefois, le bois est tout près, et en quelques minutes on trouve de quoi faire sa provision. Mais le plus souvent, comme les bateaux arrêtent tous ou à peu près au même point d'atterrissage, il faut faire un ou deux kilomètres dans la brousse pour trouver des arbres morts, et vous comprenez que pour les transporter au bateau à dos d'homme il faut du temps. Nous ne pouvons, du reste, avancer très vite, notre transport étant très chargé et traînant toujours à la remorque la *Duchesse Anne*, qui retarde bien un peu l'effort du vapeur. Le courant du Congo est parfois très violent. Aussi, pour éviter sa violence, suit-on de préférence les rives, où elle se fait moins sentir qu'au milieu ; mais c'est aussi une cause de retard, car la forme des rives est assez irrégulière et offre des successions de criques, de caps, de baies et de presqu'îles.

A dix heures, nous nous remettions en route, et vers trois heures on nous signalait la Mission catholique de Lirranga, située à peu de distance du poste où nous devions nous arrêter. Vers six heures, nous faisions halte au poste français de Lirranga, dernière étape sur le Congo; nous allons ensuite nous engager directement sur l'Oubanghi.

Le bateau, trop chargé, ne pouvant aborder contre le poste, nous nous arrêtons à une certaine distance, sur une petite île, et le canot du poste vient nous chercher. Le chef de ce poste se nomme M. Doll. Il est originaire d'Arles, et son accent méridional a résisté à cinq années de Congo. Le poste de Lirranga est très joliment situé sur une berge du fleuve et le domine de deux ou trois mètres à peine. Il consiste en deux maisons ou cases, recouvertes de chaume et construites en bambou. La

POSTE DE LIRRANGA, SUR L'OUBANGHI

première est la demeure du chef de poste et comprend deux chambres et une salle principale ou salle à manger, ornée d'armes et d'objets de toutes espèces venant des environs. La seconde sert de cuisine et de magasin. Il y a aussi d'autres cases qui servent d'ateliers ou d'abris pour les travailleurs ou les miliciens. On y voit une grande place bien unie, au milieu de laquelle flotte le pavillon français qu'on aperçoit de très loin.

Nous avons naturellement dîné au poste, assez bien, ma foi; et ensuite M. Doll nous a offert un concert qui aurait eu un rude succès à Paris dans une baraque de foire. Figurez-vous plusieurs noirs, assis ou plutôt accroupis en cercle devant vous, ayant chacun un instrument qu'ils accompagnent de balancements du haut du corps et de la tête, en poussant de petits cris semblables à ceux que produisent les ventriloques, en débitant des psalmodies à une allure extrarapide. Le principal instrument consiste en une tige de bambou d'un mètre soixante de long, au centre de laquelle est fixée une boîte en fer-blanc qui sert de boîte résonnante. Sur cette boîte s'adapte un piston en bois qui traverse le bambou et se termine, à son extrémité supérieure, par un morceau de boîte ou de calebasse percée de petits trous dans lesquels passent des anneaux minuscules en cuivre qui imitent un peu les grelots. Ce piston sert à supporter quatre cordes qui s'adaptent, en forme de triangles parallèles, sur les côtés du bambou. D'autres petites plaques de fer, du même genre que celle fixée au piston central, sont attachées sur les extrémités du bambou, et même se cognent entre elles dans les quatre cordes. Pour jouer de cet instrument, l'artiste place la boîte sur sa poitrine et joue avec ses deux mains qu'il passe par-dessous, à peu près comme font les harpistes. Sa mélodie se compose de peu de notes, revenant presque toutes dans le même rythme. En même temps, il remue la tête, le haut du corps, et pousse de petits mugissements, en scandant la mesure.

L'autre instrument principal est une courge ou calebasse dans laquelle un instrumentiste pousse, à chaque mesure, un petit cri assez bien représenté par *bou*, ce qui fait un drôle de bruit. Toute cette série de *bouou, bouou*, arrivant en mesure, a la propriété de vous rendre à moitié fou, au bout de quelques minutes. D'autres tapent sur des calebasses ou chantent. L'ensemble de cette cacophonie est pittoresque, mais légèrement abrutissant par son uniformité, bien qu'au bout de quelques secondes les musiciens s'excitent et passent de l'*adagio* à l'*allegro furioso*.

11 octobre. — Nous stationnons encore ici et profitons de la matinée pour visiter le potager du poste, qui, bien que n'ayant que cinq années d'existence, est magnifique. Il s'étend sur une longueur de près de huit cents mètres, sur une largeur de cent cinquante, et comprend presque tous les fruits exotiques et beaucoup de légumes de France, des allées de papayes et d'ananas, des champs de haricots, de choux, de carottes, de navets, des cerises de Cayenne qui rappellent un peu la cerise de France, quoique plus acide, et dont la forme ressemble à une petite tomate, des caféiers, des citronniers, un oranger, sans compter des multitudes de bananiers et d'immenses plantations de manioc; le tout fort bien entretenu. On a même mêlé l'utile à l'agréable, car, outre les fruits précités et beaucoup d'autres dont le nom échappe à ma mémoire, il y a des lilas et quantité de fleurs exotiques. Je viens de voir un ananas dont le volume surpasse celui de tous ceux que j'ai vus jusqu'à ce jour. Ceux de Boursault seuls peuvent lui être comparés. Il est colossal!

Dans l'après-midi, nous sommes allés à la Mission catholique, qui n'est établie à trois kilomètres de Lirranga que provisoirement et est logée dans des maisons de bambou, mais qui va se transporter plus près du poste et construire des bâtiments en briques. Nous avons vu là les fameux morceaux de bois avec lesquels les indigènes allument leur feu. Sur une petite planchette d'un bois assez dur ils frottent un petit bâton du même bois dont l'extrémité est légèrement épointée. Au bout de cinq à six minutes d'un frottement continu, la planchette se creuse et prend feu. C'est encore pire que les allumettes de la Régie, et il faut vraiment suer beaucoup pour arriver à allumer ces allumettes congolaises.

Les Pères nous ont encore fait boire de l'eau-de-vie de papaye, qu'ils fabriquent eux-mêmes et qui a un petit goût sucré très agréable. Leur jardin est aussi très vaste et s'étend le long de la berge du Congo, sur une longueur de quinze cents mètres environ, comprenant à peu près les mêmes fruits que le jardin du poste.

Le Père Allaire, supérieur de la Mission, est à la fois mécanicien, sculpteur, charpentier et bien d'autres choses encore. Mécanicien : car les Pères ont, comme je vous l'ai peut-être déjà dit dans les lettres de Brazzaville, un petit vapeur, le *Léon XIII*, qui va chercher les enfants un peu partout le long du fleuve et fait communiquer ensemble les deux missions de Brazzaville et de Lirranga; bientôt ils fonderont une autre mission dans le Haut-Oubanghi. Sculpteur, le Père Allaire l'est aussi, puisque pour sa chapelle il a fait des statues, un peu dans le genre de celles qu'on voit aux devantures des marchands d'objets de piété, assez bien faites d'ailleurs; Pottier soutenait même que le Père les avait fait venir de Paris.

12 octobre. — Nous restons encore vingt-quatre heures ici; mais, comme nous partons demain matin de très bonne heure, je termine ma lettre. Nous partons déjeuner à la Mission, et, comme vous ne recevrez plus de lettres avant notre arrivée à Banghi, je vous embrasse tendrement, en vous assurant que je continue à me porter à merveille, et que l'état sanitaire de tout le monde est excellent. Du reste, à mesure que nous avançons, le climat s'améliore, tandis que les habitants deviennent plus désagréables. Mais je suis sûr que nous résisterons plus facilement aux habitants qu'au climat, bien que ce dernier nous ait respectés jusqu'à présent. Cette lettre, partant par un bateau d'occasion qui doit passer ici, vous parviendra beaucoup plus tôt que si je vous l'expédiais de Banghi.

En avant!

Lirranga, poste français, confluent de l'Oubanghi, 12 octobre 1892.

XVII

NAVIGATION

CHEZ LES PÈRES. — SUR L'OUBANGHI. — NATURELS. — L'ÉCHANGE DU SANG. — CIEL BLEU. — TOUJOURS DU BOIS. — LES PIQUETS A DÉCAPITER. — UN HIPPOPOTAME. — HUMIDITÉ. — LA PLUIE. — ÉLÉGANTES NÉGRESSES. — POTTIER. — UN GRAND CHEF. — LES RAPIDES. — LE POSTE DE BANGHI. — BONNE ANNÉE!

De Lirranga à Banghi.

A bord de l'*Oubanghi*, du 12 octobre au 6 novembre 1892.

Ne vous étonnez pas trop de la manière un peu brusque dont je termine presque toujours mes lettres, car je les garde toujours jusqu'au dernier moment, pour leur permettre de vous apporter les nouvelles les plus récentes et avoir le temps de les cacheter avant le départ du courrier. Ces derniers sont assez rares, et si l'on en manque un, la lettre éprouve un retard d'au moins quinze jours, jusqu'ici, et plus tard d'au moins deux ou trois mois. J'ai clos ma dernière lettre à Lirranga, au moment où j'allais déjeuner à la Mission, et je vais reprendre mon journal au moment où je l'ai interrompu, pensant que ce sont les faits journaliers, présentés brutalement et au jour le jour, qui pourront le plus vous intéresser actuellement, me réservant un jour de repos, à Banghi ou ailleurs, et de vous envoyer quelques appréciations générales sur tout ce que nous avons aperçu jusqu'à présent. Mais lorsque l'on passe, comme nous le faisons maintenant, on ne voit que des décors qui filent aussi rapidement que les verres d'une lanterne magique, et ce n'est qu'après avoir beaucoup vu qu'on peut faire quelques réflexions et analyser les caractères généraux de choses plus importantes que celles qui ont le plus frappé votre imagination, quand vous les avez entrevues pour la première fois.

Ce beau début terminé, je suis, au 12 octobre, à onze heures du matin, prêt à me rendre à la Mission pour y déjeuner. Nous, — M. Th... et moi, — descendons en canot et, grâce à l'extrême rapidité du courant, nous faisons en vingt minutes le trajet qui nous avait demandé trois quarts d'heure à faire la veille. Les Pères s'étaient mis en quatre pour nous offrir ce que leur jardin contenait de meilleur, et avaient égorgé, à notre intention, un jeune agneau excellent. Un des Pères nous avait confectionné un pâté de pintade exquis, et tout le repas était à peu près dans le même ton et couronné par un bon café, récolté dans le jardin des religieux, et une eau-de-vie qu'ils extraient eux-mêmes de la papaye. Je ne parlerai pas des fruits. Tous ceux que les tropiques peuvent fournir de plus exquis y avaient été rassemblés.

Il serait absurde de juger l'ordinaire des Pères par ce festin de Lucullus, car on courrait le risque, en le racontant, d'éprouver ce qui arriva à Stanley. A l'un des premiers passages du grrrand explorateur à Zanzibar, il fut reçu par les Pères français avec tout le luxe que les pauvres religieux pouvaient mettre à une réception. A peine de retour, Stanley publie un ouvrage dans lequel il raille malicieusement les bons Pères, en reconnaissance de leur hospitalité généreuse. Le consul anglais leur communiqua l'article en question et leur suggéra une idée qu'ils mirent en pratique au voyage suivant du facétieux Américain. Celui-ci se crut encore obligé d'accepter l'invitation de ses anciens hôtes, se promettant de faire encore quelque somptueux repas. Aussi quel ne fut pas son désappointement en apercevant seulement sur la table des légumes et un plat de viande, le tout arrosé de château-la-pompe ! Il comprit la leçon et s'excusa auprès du supérieur, qui lui dit simplement que cette fois il mangeait l'ordinaire de la Mission. Ça n'empêchera pas que plusieurs personnes, bien traitées par les missionnaires, iront déblatérer ensuite sur leur compte. Mais le climat africain porte essentiellement sur les nerfs et n'est certes pas un élément de rapprochement entre civilisés.

Avant de quitter la place, je promis au Père Allaire, supérieur de la mission de Lirranga, de lui expédier tous les petits noirs qu'on voudrait me vendre sur les routes et de les soustraire au sort des poules à l'engrais. Nous partîmes, chargés de fruits et de légumes par les Pères. Chose inappréciable pour la route, les Pères me cédèrent aussi les morceaux de bois allumettes provenant de Baringa, et que je vous expédierai à la prochaine occasion.

Après notre retour au poste, où un dîner excentriquement bon nous attendait, nous allâmes nous coucher. J'avais presque une indigestion; il ne faudrait pas que ça durât ainsi trop longtemps; c'est abusif, mais, au fond, c'est bon! Suis-je assez gourmand! Ne vous étonnez pas si on parle si souvent cuisine. Un bon repas dans ce pays-ci est encore le meilleur fébrifuge et chasse-maladie que l'on connaisse. Voilà bien un mois que je n'ai pas eu d'accès de fièvre.

13 octobre. — Avant l'aube, cinq heures moins un quart, nous étions debout. Il faisait assez frais; la journée de la veille avait été très chaude, et même un orage avait éclaté vers onze heures du soir. L'embarquement dure assez longtemps, car nous sommes à une certaine distance de l'endroit où se trouve le bateau, et le courant, extrêmement violent, est contre nous. L'*Oubanghi* est chargé de légumes et de fruits, envoyés par la Mission et le poste français. Nous en avons pour plusieurs jours. Nous prenons congé de M. Doll, et vers huit heures et demie nous appareillons.

Bientôt nous quittons le Congo et nous nous engageons dans la myriade d'îles que forme l'Oubanghi à son confluent avec ce fleuve. Une pluie assez abondante nous asperge un peu vers neuf heures et demie et nous accompagne jusqu'à onze heures et demie. Puis le temps se rassérène de nouveau, et, à trois heures trente-cinq minutes, nous touchons à un petit village, situé sur la rive française. Il se nomme Djioundou. Il ne comprend guère que sept ou huit cases, mais on y trouve pas mal de ruines. Les habitants ont un petit pavillon français avec lequel ils nous saluent, à notre arrivée, comme on salue les navires de guerre, à leur entrée dans un port. Nous sommes maintenant complètement engagés dans les eaux de l'Oubanghi, et nous montons franchement vers le nord. Nous traverserons de nouveau l'équateur demain ou après-demain, et nous rentrerons dans l'hémisphère nord. Vous pouvez voir à peu près où nous sommes sur une carte quelconque. Une des meilleures, pour suivre notre voyage sur l'Oubanghi, est celle publiée en feuilles (carte d'Afrique) par le ministère de la guerre. Achetez la partie relative à la section des Bangelas ou Bangala. Le village où nous campons est tout petit, et nous ne faisons que peu de vivres. Les indigènes demandent, pour un village voisin, un petit pavillon tricolore, afin, disent-ils, de le mettre à l'abri des déprédations commises par les Européens de l'État indépendant du Congo. Ils nous reçoivent sans crainte, même avec plaisir. Pottier se procure de la résine avec laquelle s'éclairent les habitants.

Le lendemain, 14 octobre, dès six heures dix minutes, nous prenons le large et continuons à remonter l'Oubanghi. Dès huit heures, nous apercevons un grand nombre de villages, situés sur la rive belge que nous longeons. A dix heures et quart, nous passons devant un très grand village où les indigènes agitent le pavillon de l'État indépendant du Congo et nous font toutes sortes de signes pour nous engager à stopper et à venir chez eux. Mais nous avons encore bien assez de bois, et il est trop tôt pour nous arrêter.

Vers une heure, nous apercevons un petit village caché dans la forêt. Nous accostons; les habitants s'enfuient, effrayés; quelques-uns reparaissent; mais comme les environs ne renferment pas de bois sec facile à prendre, nous repartons une demi-heure après, au moment où les indigènes, comprenant que nous ne leur voulions aucun mal, s'apprêtaient à revenir et entamaient déjà avec nous quelques palabres. Enfin, à trois heures trente, nous stoppions définitivement à un village sur la rive belge. Comme dans le précédent, les indigènes s'enfuient à notre approche, mais ne tardent pas à revenir, reconnaissant vite qu'il n'y a dans nos intentions aucune malveillance pour eux.

L'Oubanghi est, jusqu'à présent, une très large rivière, mesurant en certains endroits plusieurs kilomètres de large et se rétrécissant en d'autres jusqu'à sept ou huit cents mètres. Son courant est beaucoup plus rapide encore que celui du Congo. Les eaux sont hautes en ce moment, mais ne vont pas tarder à redescendre, car elles atteignent annuellement leur maximum vers la fin de septembre et ne restent que peu de temps stationnaires. Les îles dont est parsemée la rivière, surtout en ses plus grandes largeurs, sont, par conséquent, presque toutes actuellement submergées, et c'est un effet assez curieux que ces masses de verdure sombre plongeant dans l'eau, sans transition aucune de berges quelconques. La confiance complète ne revient cependant pas aux habitants, que le grand nombre de nos soldats blancs épouvante un peu, et nous n'apercevons pas une seule femme; toutes se sont cachées dans la brousse. Les indigènes nous donnent quelques vivres, mais en très petite quantité.

Navigation sur l'Oubanghi (suite). — Hier, 15 octobre, nous avons beaucoup marché. Notre faible provision de bois ne nous permet pas aujourd'hui la même activité, car, partis à six heures vingt, nous stoppons vers huit heures et nous remettons en marche vers onze heures et demie.

Nous avions encore accosté un petit village dont les habitants avaient fui rapidement et n'étaient revenus qu'en très petit nombre et représentés seulement par le sexe fort. Le beau sexe (!) avait trouvé plus prudent de mettre entre nous et lui la distance de quelques centaines de mètres d'eau et de marécages. La température, qui était de vingt-cinq degrés quand nous nous sommes arrêtés à huit heures, monte rapidement et dépasse trente-cinq degrés. Il fait très lourd; vers une heure, quelques gouttes de pluie nous arrosent, et les orages ont l'air de nous menacer. Cependant, à trois heures cinquante minutes, après plusieurs tentatives, rendues infructueuses par la difficulté de trouver un atterrissage au milieu de toutes ces brousses inondées, nous entrons dans le port d'un village assez important, où notre présence cause encore pas mal d'épouvante. Les hommes nous attendent, mais groupés et armés de lances et de sagaies. Quelques-uns, mais très rares, ont des fusils. Nos bonnes paroles les rassurent à moitié, et le débarquement s'opère sans encombre. Les indigènes ont cependant la précaution de fermer les portes de leurs cases. Quant aux femmes, elles restent de plus en plus invisibles.

Le village d'hier s'appelait Zoundou, celui où nous campons ce soir a nom N'Ghiri. Ils sont situés soit dans des îles ou sur les rives, mais du côté belge. Les populations de ce dernier village sont des Moukiris ou Boukiris. Il est assez difficile de savoir la prononciation exacte, parce que dès qu'un blanc interroge les noirs et paraît prononcer à peu près le nom, ceux-ci disent oui tout de suite, espérant sans doute faire plaisir au blanc par cette marque d'assentiment. J'ai remarqué, à propos des noirs que nous avons vus jusqu'à présent, que pour dire non, ils font comme nous et agitent la tête de gauche à droite et *vice versa*, tandis que pour dire oui, ils se contentent seulement de lever une fois la tête brusquement, produisant une sorte de son guttural, correspondant à peu près à *hum!* prononcé la bouche fermée et par le nez. Les populations rencontrées depuis notre départ de Lirranga et même un peu avant sont beaucoup plus fortes et plus robustes que celles qui avoisinent le Pool. Cela tient principalement à leur nourriture beaucoup plus substantielle que celle des premiers indigènes que nous avons rencontrés. Tandis que les Bangouyos, les Ballilis, les Batékés mangent du manioc, quelques rares morceaux de viande, quelquefois même de la terre, les Boubanguis, les Boukiris mangent de la viande en assez grande quantité, énormément de poisson fumé, des bananes, du manioc excellent, et font leur cuisine à l'huile de palme. Parfois même ils savourent avec délices un morceau de viande humaine. Aussi sont-ils plus fiers et plus farouches. Les premiers blancs qui ont remonté l'Oubanghi, M. Dolisie entre autres, ont eu maille à partir avec eux et ont été souvent attaqués. Maintenant, ils se tiennent tranquilles, mais sur une réserve encore assez grande, bien qu'ils fassent le commerce de l'ivoire avec les Européens. Nous passons là une bonne nuit, quoique la veille au soir nous ayons eu des menaces d'orage qui ne se sont réalisées que vers quatre heures et demie, le lendemain matin.

A cinq heures, au moment de notre lever habituel, la pluie tombe à torrents, et c'est sous une véritable cataracte que nous quittons notre campement à six heures vingt, pour continuer notre route. Heureusement, vers sept heures et demie, le temps s'éclaircit, et on peut stopper, pour faire du bois, pendant une heure et demie environ. Les rives sont toujours très basses et complètement inondées, ce qui rend la coupe et la récolte de notre bois assez difficiles. Nous repartons vers neuf heures et demie, et nous traversons l'Oubanghi pour suivre de nouveau la rive française que nous avions lâchée. La rivière se resserre assez étroitement, mais elle a encore une largeur de huit à neuf cents mètres et coule en une seule nappe d'eau dont le courant est très rapide. A une heure dix minutes, stoppage. Je remarque, au village où nous nous arrêtons, un crâne qui sert à marquer les bornes du port, si l'on peut appeler ainsi les petites criques où les indigènes abritent leurs pirogues. Nous sommes en plein chez des ogres, plus réels que ceux du petit Poucet, mais cependant nous pouvons descendre sans crainte pour nous, sinon pour eux. Ils font toutefois bonne figure et nous promettent des vivres.

Tous ces jours-ci, nous voyons de tous côtés une collection de papillons aux couleurs les plus variées. Quand nous ferons une halte un peu longue, je compte en envoyer une série en France.

Nous ne sommes pas longtemps à nous apercevoir que nous sommes sur la rive française, car les femmes s'apprivoisent peu à peu et viennent nous examiner avec une curiosité qui ne craint pas d'être indiscrète. Je me procure un morceau de bois avec lequel elles fabriquent le rouge dont plusieurs se peignent le corps. Les femmes ne mettent plus ici le pagne en étoffe, mais une sorte de jupon en filaments, tout à fait autochtone et qui a beaucoup plus d'originalité que les jupons ordinaires. Les habitants sont des Malaï, du moins autant que nous pouvons le comprendre, et toujours avec une certaine incertitude, causée par ce que je vous ai exposé plus haut. Le chef du village voulait faire échange de sang avec un de nous, mais on n'a pas jugé à propos de le contenter, puisque ce village n'est qu'une étape insignifiante le long de notre route. Julien s'est borné à se faire frotter vigoureusement un bras contre celui du chef, ce qui est une manière d'affirmer son amitié, tout en se disant un tas de « malamou, malamou mingué » (bien, très bien).

Pendant que j'y pense, je veux vous parler de cet échange du sang,

L'EMBARQUEMENT PENDANT L'ORAGE

très en honneur chez les populations oubanghiennes. Les deux personnes qui veulent s'unir par les liens d'une amitié éternelle et devenir, suivant l'expression noire, « frères volontaires » (l'expression est peut-être de moi, mais ça ne fait rien), s'asseyent l'une à côté de l'autre. Alors, un féticheur, à la fois prêtre, médecin et magicien, s'avance au milieu de la foule assemblée et fait une petite entaille avec un canif à l'avant-bras de chaque patient. Tous deux se frottent mutuellement leurs deux plaies, de façon à opérer le mélange du sang, et ça y est. Le chef du village où nous devons dormir avait environ cent dix cicatrices. C'est pousser un peu loin l'affection pour le premier venu, et la banalité de l'opération prouve qu'on ne doit pas y attacher une grande importance.

Pourtant, à Brazzaville, un chef Batéké devait faire avec M. Dolisie l'échange du sang. Au moment de l'exécuter, il lui dit : « Tu es jeune; moi, je suis vieux, et comme je vais bientôt mourir, fais l'échange avec mon fils et successeur. » Il faut dire que parmi les noirs qui le font de bonne foi, la croyance est répandue que deux amis liés par l'échange du sang doivent se suivre de près dans la tombe.

A peine étions-nous couchés, vers neuf heures, que la pluie commence à tomber, sans orage; mais quelques minutes après, soudain un éclair large et brillant déchire la nue, suivi aussitôt d'un formidable coup de tonnerre; puis, plus rien. Je dois avouer que ce coup isolé, troublant d'une façon si imprévue le calme des alentours, est assez impressionnant et agit violemment sur les nerfs.

Vers trois heures et demie du matin, le 17 octobre, un orage nous réveille; le tonnerre gronde sans interruption, et, à cinq heures et demie, la pluie et l'orage font fureur. L'embarquement sous ce déluge est assez piteux. Le bois lui-même refuse de flamber, et nous n'avançons que très lentement; notre départ avait eu lieu à sept heures cinq minutes. Nous rencontrons une île sur laquelle nous apercevons un arbre foudroyé par la tempête de la nuit, et vers onze heures et demie nous nous arrêtons pour faire du bois. L'atterrissage offre plusieurs péripéties; le courant, très violent, nous rejette sur la rive; à un moment donné, l'amarre qui relient la *Duchesse Anne* à notre bateau s'engage sous une hélice, et, cahin-caha, nous rejoignons, ou plutôt nous sommes rejetés contre la rive. Un moment après, autre émotion : la *Duchesse Anne*, qu'on avait amarrée contre le bord de l'*Oubanghi-steamer*, reçoit le choc d'une île flottante considérable et se sauve à la dérive, en cassant les cordes qui la retenaient. Heureusement, trois hommes étaient dedans, et ils parviennent à l'amener à la berge... Ouf!

Nous repartons à deux heures quarante-cinq, par un temps assez beau, et notre marche s'accomplit en de meilleures conditions. Vers quatre heures et demie, on cherche un endroit pour camper ; mais l'inondation des berges rend ce travail très difficile, et le vent nous gagne. Heureusement, à six heures quarante minutes, le soleil couché depuis plus d'une heure, nous arrivons, presque à tâtons, à un village, situé dans une île du côté de la rive belge. Par bonheur, les bateaux ont l'habitude d'y atterrir et les indigènes ne sont pas effrayés de notre arrivée.

Le lendemain matin, 18 octobre, pendant qu'on fait le bois, car notre provision d'hier est complètement épuisée, nous pouvons étudier les habitants. Ce sont encore des Malaï. Leur village a un petit port, composé de deux arbres immergés et flottants que sépare une entrée, dans laquelle les pirogues sont toutes à l'abri du courant et des voleurs. L'intérieur du village ressemble à la plupart de ceux que nous avons rencontrés. Les indigènes ont tous des bancs devant leurs portes, et dont quelques-uns même ont des dossiers. Leurs principales industries paraissent être la pêche et la chasse. Nous voyons des quantités de têtes d'éléphant, d'hippopotame et de buffle sur leur place principale. Ils fabriquent des filets et des pièges à poissons de différents genres. Ils nous offrent du poisson, mais il est malheureusement fumé et exhale généralement une odeur peu agréable. Comme nous pouvons avoir des vivres frais, nous dédaignons ce hareng saur nouveau modèle, et nous nous contentons d'acheter des poules et des patates. Les hommes de l'escorte achètent de la canne à sucre, du maïs et des bananes en assez grande quantité. Le manioc devient plus rare.

Le temps est superbe, et, presque pour la première fois depuis que nous sommes en Afrique, nous avons un beau ciel bleu ; au lever du soleil, le brouillard était très épais et l'humidité fort grande. Cette dernière est cause de l'insalubrité du climat, et, si l'on pouvait s'en préserver, on aurait peu de fièvres à redouter; mais elle pénètre partout et vous imbibe en quelque sorte. Le nom du village où nous sommes en ce moment est Monpourengo; celui d'avant-hier s'appelait Youmbi. Vers midi trente-cinq minutes, après les coups de sifflet réglementaires, nous filons rapidement, car le bois sec nous permet de marcher à grandes allures. Comme il fait un peu chaud, je ne tarde pas à m'endormir du plus profond sommeil et je fais une excellente sieste. Pendant ce temps, paraît-il, un orage assez fort se produit et le tonnerre fait un boucan énorme dont je me garde bien d'entendre le moindre écho, et, quand je me réveille, le temps s'est complètement remis au beau.

La navigation, un peu monotone, sur l'Oubanghi se continue jusqu'à quatre heures quarante, où nous stoppons le long d'une berge assez haute. Quelques cabanes sont auprès de nous. C'est le village de Mopenzélé. Le fils du chef a servi sur les bateaux de l'État français, et nous sommes bien reçus, malgré la pauvreté qui semble régner partout dans les cases. Je dois faire une exception, pour être juste, en faveur d'une case isolée, située au milieu d'un beau champ de manioc bien planté et de patates bien alignées et cultivées avec soin. On sent un peu l'influence européenne; la clôture qui entoure ce champ en est particulièrement bien faite et très solide.

Le soir, une véritable tornade nous arrive de l'est, poussée par un vent furieux; les vagues, le clapotis, les éclairs incessants et le tonnerre, le tout suivi d'un peu de pluie, tels sont mes compagnons de voyage de huit à dix heures. L'humidité a encore augmenté, et j'ai un mal énorme à en préserver mon lit; avant-hier, je me serais cru couché dans un vrai bain, tant elle était grande. Il est temps que nous arrivions à Banghi pour remédier à un tas de petits inconvénients et d'avaries dus au débarquement quotidien de nos tentes, de nos effets, et à leur montage et démontage perpétuels.

19 octobre. — Un peu de pluie au départ, qui a lieu vers six heures quarante-cinq. Nous stoppons à sept heures trente-cinq pour faire du bois (scie perpétuelle!) à un village peu intéressant, mais où nous remarquons que les cases sont bordées, à leur base, d'un mur en argile d'une hauteur de trente centimètres, dans lequel s'adaptent des bambous, au lieu d'être simplement fichés en terre comme dans les autres villages. C'est une défense contre les inondations et l'humidité, très grande ici, causée par les crues fréquentes et le peu d'élévation des berges de la rivière. Je signale les heures de départ et d'arrivée, et aussi celles des haltes, pour que vous vous rendiez à peu près compte du chemin parcouru. Nous allons doucement, à cause de notre chargement. Le *Djoué*, au dire des indigènes, avait six jours d'avance sur nous, hier soir. J'envoie des Sénégalais, avec des cartouches, à la chasse, et ils me rapportent deux pintades. De mon côté, j'y vais aussi et je rapporte un milan ; mais le terrain est tellement glissant que je m'aplatis deux fois sur le sol. Dégoûté de la promenade, mon fusil plein de terre, je rentre au bateau, cahin-caha.

A une heure quarante-cinq minutes, nous repartons à notre train ordinaire, marchant assez bien. Vers cinq heures cinquante, nous accostons sur la rive belge, à un village appelé Boyéka. Les habitants sont des Bondjios, une des plus grandes tribus de la rive gauche de l'Oubanghi. Ce sont, paraît-il, de farouches anthropophages ; ils ont pourtant, dans leur village, l'air d'être tranquilles, mais un peu plus abrutis que les peuplades précédentes. Leurs constructions sont bien alignées, et devant chaque porte se dressent des bancs et des sortes de grils en bois, destinés à faire sécher le poisson. A mesure que nous avançons, les bananiers augmentent dans les villages, mais le manioc disparaît ou diminue dans des proportions considérables. Le sol sur lequel nous campons est argileux et garde l'humidité d'une façon très désagréable. Le matin, les rosées sont très abondantes.

20 octobre. — C'est du bois, du bois, du bois, c'est du bois qu'il nous faut, oh, oh, oh, oh ! Nous pourrions encore chanter cette ritournelle ce matin, puisque la mise en route a été retardée par le temps employé à chercher du bois sec, à le porter au bateau et à le débiter avant de le rentrer dans les soutes. A dix heures dix, on lève l'ancre, et la navigation continue. Vers midi trente-cinq minutes, le thermomètre marquait trente-deux degrés au-dessus de zéro. Un orage point à l'horizon, on craint une tornade qui pourrait être dangereuse, étant donné notre chargement, et l'on se gare dans une crique. A une heure et demie, la pluie tombe à torrents, avec accompagnement de tonnerre et d'éclairs; mais le vent ne se mettant pas de la partie, on part une demi-heure après. Le thermomètre est descendu en quelques minutes à près de vingt-trois degrés. Nous avons froid et endossons nos manteaux. Vers quatre heures quinze, on stoppe sur la rive belge, à un village belge (je dis belge au lieu de situé sur la rive de l'État indépendant). Son nom est Mounga, et la population est bondjio. Ici l'anthropophagie commence à devenir de toute évidence, et les habitants, quand nous leur montrons un crâne, nous expriment par gestes qu'ils ont mangé le reste du corps après lui avoir tranché la tête, et ils s'évertuent à nous faire comprendre que ce mets est excellent.

Les Bondjios se distinguent surtout par l'absence des quatre incisives supérieures, qu'ils s'arrachent pour faire mieux ressortir leurs canines. Ils se font aux épaules des cicatrices et des tatouages qui ressemblent beaucoup aux manches de gigot. Les dessins sont réguliers, en forme de feuilles de laurier, sur une longueur d'environ cinq à six centimètres et autant de largeur. J'ai rencontré un jeune garçon de quinze à seize ans tellement maigre que je voulais l'engager pour jouer les squelettes au Muséum; mais malheureusement il n'a rien compris à mes propositions, très avantageuses pour lui cependant! La saison des pluies bat son plein (suivant la belle expression usitée à Paris), et c'est dans une véritable inondation que nous dressons nos tentes. La moitié du village est sous l'eau, et l'autre moitié ferait la joie des canards. J'ai le plus grand mal à tenir mon lit sec, et c'est pourtant une condition indispensable de santé. Du reste, depuis mon départ de Brazzaville, je me porte comme un charme, je mange comme huit et dors supérieurement. Les méchantes langues prétendent même que je dors trop, mais il ne faut pas les écouter.

21 octobre. — De bonne heure, à six heures quarante, nous nous mettons en marche, et au bout d'une heure Sa Majesté le Bois nous ordonne de nous arrêter, et, comme il est maître absolu, nous lui obéissons et stoppons à un village dont les habitants montrent une bravoure exagérée et s'enfuient de toute la vitesse de leurs jambes, et point ne les revoyons. Il est huit heures; pendant qu'on apporte le bois, j'envoie deux de nos Sénégalais à la chasse. Ils reviennent bientôt avec quatre pintades, qui nous permettent de varier notre ordinaire. D'ailleurs, nous n'avons pas à nous plaindre à ce point de vue; depuis notre départ ou plutôt depuis M. Goudchau, presque tous les jours, nous avons des vivres frais, œufs, poulets, pintades, quelquefois cabris et moutons, mais ces derniers sont beaucoup plus rares. Je stupéfie littéralement les noirs avec mes gants. Ils s'approchent de moi et veulent absolument savoir s'ils se détachent des mains. D'autres trouvent étrange de se noircir les mains, quand on les a blanches.

A Lirranga, les noirs de la mission ont dit aux Pères : « Sont-ils drôles, ces gens-là! voilà qu'ils portent maintenant des chaussures aux mains. »

Nous quittons le mouillage provisoire à deux heures cinquante pour marcher jusqu'à la nuit et arrêter à six heures trente-cinq au village d'Impondo. Il est trop nuit pour visiter le village, et ce n'est que le lendemain, 22 octobre, que nous pouvons faire une petite promenade dans la rue principale qui s'étend le long de la rive du Congo, pendant plusieurs centaines de mètres. Impondo est un grand village, mais remarquable par son excessive saleté. La population est encore bondjio et très anthropophage. Les gens se nourrissent d'hommes, de chiens, de chèvres, de bananes et de manioc.

C'est là que, pour la première fois, nous voyons ces fameux piquets à décapiter. Devant chaque maison principale se trouve une perche, longue de quatre mètres environ et munie à son extrémité supérieure d'une corde. Le patient est amené près de cette perche, dont on fait fléchir l'extrémité supérieure à l'aide de la ficelle. On la passe autour du cou du malheureux, qui se trouve de la sorte à moitié étranglé. Le bourreau s'approche alors et lui coupe le cou d'un seul coup. La tête, qui n'est plus retenue par le poids du corps, se trouve violemment entraînée par la ficelle, et la perche, faisant ressort en reprenant sa position normale, la fait voltiger en l'air, tandis que la foule porte le cadavre vers la marmite où doit se cuire ce ragoût horrible, qui, disent-ils, est bien supérieur à tous les autres aliments. Près de ces perches sont alignés des crânes dans un ordre absolument parfait, et c'est un habitant du pays qui nous explique le procédé, avec accompagnement de gestes très expressifs, et sans manifester la moindre honte et la plus légère émotion en racontant ces horreurs. Et pourtant les bateaux sont toujours bien accueillis ici, et les indigènes pleins de respect envers les « Moundelés » (Blancs). Quand nous arrivons, ce sont des « malamou » sans fin ; ce qui signifie à la fois bon et bonjour. Pour le reste, la langue a beaucoup changé depuis Brazzaville, et du peu que nous comprenions, nous ne saisissons ici plus rien du tout.

A dix heures trente nous nous remettons en route, et arrivons à une heure cinquante à l'ancien poste abandonné de Manzaca. Ce poste, dont l'utilité avait été jugée assez grande au début des explorations dans l'Oubanghi, fut supprimé l'an dernier, au mois de juin, par raison d'économie, et aussi comme n'offrant pas une importance assez considérable. Les postes de Lirranga et de Bonghi sont jugés suffisants pour maintenir la tranquillité dans la rivière, étant donné qu'elle est navigable entre les deux points.

Nous trouvons là un campement très agréable, d'autant plus que les jardins du poste sont encore suffisants pour notre consommation, bien que la brousse les ait envahis et que les éléphants, les bœufs et les hippopotames s'en servent comme salle de danse. Au moment où nous arrivons, un superbe alligator faisait sa sieste au soleil. En nous apercevant, il s'est immédiatement replongé dans son élément, évidemment très contrarié de l'arrivée de la « pirogue à pioche d'eau » (nom donné par quelques noirs aux bateaux à hélice). A peine descendus à cet emplacement de feu Manzaca, nous nous précipitons et faisons tout d'abord une ample provision de citrons ; puis quelques ananas, plusieurs papayes et des patates complètent nos conquêtes, destinées aux repas futurs. A peine le camp est-il dressé qu'un de nos Sénégalais vient nous trouver en nous disant qu'à cent mètres à peine, il a aperçu des éléphants et des bœufs. Je saute sur mon fusil, et, accompagné de Pottier, du mécanicien de bord, un Sénégalais, nommé Oousmann, armés tous deux de carabines Gras, modèle 74, nous partons pour la guerre. A quelques mètres, en effet, nous remarquons des traces fraîches des énormes pachydermes et nous nous mettons à leur poursuite. Mais les rusés animaux nous avaient probablement éventés, et, après une marche de deux heures dans les sentiers tracés par les fauves, à travers des marécages où l'on enfonçait jusqu'aux genoux, et faisant irruption au milieu d'une végétation si luxuriante que les plantes les plus rares y paraissent de mauvaises herbes, nous rentrons au campement, heureux de nous plonger dans les eaux plus ou moins propres d'un tub rempli par l'Oubanghi.

Le soir, aussitôt après le dîner, un sergent vient nous prévenir qu'on a entendu un éléphant près des tentes des hommes. Nous y courons; ce n'était qu'un hippopotame, à ce que nous avons jugé au bruit, car à notre approche il s'est jeté à l'eau, et nous ne l'avons plus aperçu. La nuit était superbe à ce moment, et en marchant dans l'herbe on aurait cru se promener sur un fleuve de diamants, tant les lucioles lançaient leurs brillants éclats parmi les herbes, tandis que plusieurs d'entre elles voletaient autour de nous, s'éteignant et se rallumant tour à tour à intervalles réguliers. Brrr... je deviens poétique, mais en vérité le spectacle valait bien la peine d'être vu.

23 octobre. — A six heures trente, nous quittons le mouillage, et vers dix heures trente-cinq, nous stoppons à un village situé sur la rive belge et portant le nom de Loumi. Les habitants nous font des signes pour nous dire d'accoster, et se portent tous au-devant de nous. Une heure avant, nous avions aperçu un autre petit village dont les habitants nous avaient adressé la même gracieuse invitation, que nous avions, du reste, déclinée. A peine accostons-nous à celui dont je parle que les indigènes nous entourent, poussant des « malamou » sur les tons les plus variés, en signe de joie et d'amitié, et viennent nous offrir des tas de vivres à acheter. Les petits négrillons sont stupéfaits de nos gants et poussent des hurlements de joie chaque fois que nous les mettons et que nous les retirons. Ils n'en reviennent pas. Les hommes eux-mêmes montrent le même étonnement. Un des petits drôles comprend cependant quelques mots de français; c'est probablement un ancien élève d'une mission où

ILS ÉTAIENT STUPÉFAITS DE NOS GANTS

le domestique d'un voyageur quelconque. Mais où l'enthousiasme est à son comble, c'est lorsque j'approche une montre de l'oreille de l'un d'entre eux. Tous, à tour de rôle, veulent en écouter le « tic tac », comme ils disent. Les femmes elles-mêmes veulent l'entendre; mais, plus pratiques que leur progéniture, elles nous demandent des miroirs. Je crois que pour elles c'est l'objet de traite qui a le plus de valeur et qui pourrait servir de monnaie d'échange dans toute l'Afrique occidentale intérieure.

Le village de Loumi est situé sur une berge abrupte où les étrangers ont peine à accoster, et lorsque les indigènes veulent en défendre l'accès, rien ne leur est plus facile, puisqu'ils ont ajouté à cet obstacle naturel une forte palissade en haut de cette berge. Quoiqu'ils soient de la race bondjio, leur commerce avec les blancs est plus important que celui des villages rencontrés jusqu'ici, par la raison que la plupart des bateaux y font escale. Cependant les femmes ou quelques-unes d'entre elles nous regardent d'un œil étrange ou même se cachent le visage à notre approche, ne voulant probablement pas profaner leurs regards à la vue d'êtres aussi laids que nous. J'avoue avoir été très flatté de cette opinion du beau sexe noir à notre égard. Les habitants veulent à toute force nous retenir et nous demander de passer la nuit dans leur village; mais le bois est, paraît-il, suffisant aujourd'hui, et, malgré toutes leurs supplications et promesses, nous repartons au milieu des « acclamations d'une foule en délire » (style journaliste).

La chaleur est très forte à midi et demi, heure de notre départ de Loumi. Le soleil tape dur, l'atmosphère est lourde; tout fait prévoir un orage pour tantôt. Cependant, lorsque nous arrivons au village de Bondoungou, sur la rive française, à trois heures et quelques minutes, il n'a pas encore éclaté. Les habitants sont moins braves et font une tête mi-chair, mi-poisson, en nous voyant débarquer. Ils viennent cependant nous dire bonjour; mais ils veulent absolument faire l'échange du sang. Julien et Pottier se sacrifient et font cet échange. Moi, je regarde cette cérémonie. L'opérateur, comme je vous l'ai dit, fait une légère incision cutanée en pinçant légèrement la peau, et met ensuite une sorte de terre glaise et de poussier de bois sur les deux plaies que les deux nouveaux amis se frottent l'une contre l'autre avec frénésie. Puis, après deux ou trois gestes bizarres exécutés sur le blanc et l'indigène, tout est terminé, et l'assistance pousse des clameurs variées, en intercalant un nombre considérable de « malamou » et des « hou », des « ha » de toute sorte. J'ai préféré regarder et demander aux autres leur impression. J'ai toujours bien le temps de me faire faire au bras cette petite piqûre qui n'a rien de bien agréable. La cicatrice marque assez bien, et tous les chefs en ont sur les bras une collection, qui s'ajoute à leurs tatouages pour former leurs vêtements, réduits ici à bien peu de chose.

Je crois que j'aurai chaque jour quelque chose de neuf à vous raconter au point de vue de la cuisine qu'on peut faire avec un homme. Les indigènes voyant un de nos soldats malades, et ayant l'air de dormir, nous ont proposé de l'acheter pour le manger, disant qu'il serait excellent! Jugez de l'effet produit par cette demande au moins indiscrète adressée aux camarades de cet homme! Ils se sont bien tordus de rire pendant plusieurs minutes. L'orage que nous craignions s'est heureusement réduit à des éclairs et du tonnerre dans le lointain.

24 octobre. — Le bateau, toujours à cause du bois, n'est pas paré (terme de marine) à la première heure, et, comme dans la chanson, je me promène en attendant. Je m'arrête au milieu d'un groupe de sauvages, et je les regarde, appuyé contre un arbre. Plusieurs s'approchent de moi et me débitent des discours auxquels je ne comprends pas naturellement un traître mot. Finalement, ils s'enhardissent et commencent à me tâter avec curiosité. Un attroupement se fait autour de moi : les uns me tripotent les mains et les regardent avec attention; d'autres, plus hardis, déboutonnent les manches de ma chemise et passent leurs mains le long de mes bras; quelques-uns, plus audacieux encore, me passent la main dans le dos. Je me laissais faire tranquillement, et cela m'amusait. D'un commun accord, cet examen passé, ils me firent comprendre par gestes, en se passant la main sur le ventre, que je devais être excellent à manger. Cette perspective ne m'a pas du tout séduit, et, bien qu'ils m'aient vivement engagé à rester, je suis remonté sur le bateau, qui filait à huit heures quinze. Ce qui m'a stupéfié, c'est la tranquillité avec laquelle ils m'ont raconté tout cela, en me faisant même toutes sortes de protestations amicales.

Après une navigation assez rapide, de trois heures environ, nous stoppons de onze heures à une heure quarante-cinq pour ramasser du bois mort, et nous repartons. A trois heures quinze, nous nous arrêtons

JE DEVAIS ÊTRE EXCELLENT A MANGER.

au village de Madjembo, situé à cinq ou six cents mètres de l'Oubanghi, sur une rivière du même nom (rive française). Ce village est entouré d'une forte palissade, où sont percées quelques ouvertures, faciles à fermer à l'aide de portes se soulevant en l'air et retombant par le jeu de bascule. Ces portes sont extrêmement étroites et basses, de sorte qu'on ne puisse pénétrer qu'un à un dans le village.

Les habitants sont toujours de la race des Bondjios que nous avons rencontrés précédemment, avec lesquels ils diffèrent peu. Ils paraissent assez riches et ont des moutons, des chèvres et des poules en assez grand nombre, mais ils sont peu disposés à les vendre, et ils cèdent à nos hommes quelques œufs, des épis de maïs et du manioc en très petite quantité. Ils s'opposent même à ce que nous coupions du bois, mais ils viennent en vendre très peu, il est vrai. Ils espéraient que l'administrateur, M. T..., qui est avec nous à bord, ferait l'échange du sang; mais celui-ci, pour une raison ou pour une autre, refuse la cérémonie et leur offre des cadeaux... Ce n'est qu'au bout de quelque temps qu'ils sont rassurés et qu'ils amènent à bord un cabri et un mouton. La pluie était tombée en assez grande abondance à la fin de la journée, pendant deux heures environ, de deux à quatre heures, et le village était boueux et marécageux.

25 octobre. — Voilà six mois aujourd'hui que je suis parti de Marseille. Certes, nous n'avons pas avancé à des allures extraordinaires et nous n'avons fait qu'un chemin assez restreint; la partie intéressante de notre voyage n'est pas encore commencée, mais nous avons fait un bon apprentissage, et diverses écoles qui nous serviront de leçons dont nous tâcherons de profiter dans l'avenir. Grâce à Dieu, je n'ai eu, pour ainsi dire, jusqu'à présent aucune maladie et me porte à merveille. Je ne demande qu'une chose, que cela continue, car dans ce pays-ci surtout la première condition indispensable au bon état de l'esprit est un corps de fer et une santé inaltérable. Ce matin, le temps est gris et triste, il ne fait pas très chaud, mais la pluie ne tombe pas. Nous sommes encore retardés par la recherche du bois. On n'en trouve pas, et on se décide à partir avec la provision de la veille. Du reste, cette pénurie nous joue un assez mauvais tour. On part à huit heures et demie, et pendant quelque temps ça marche assez bien; mais à un moment, vers onze heures, le bois tire à sa fin, et tout est inondé autour de nous. Les arbres baignent dans un ou deux mètres d'eau, chose extrêmement peu commode pour couper et débiter le bois, comme vous pensez! Tant bien que mal, on en fait un peu qui suffit à nous faire avancer une heure de plus; mais après plusieurs arrêts successifs, dans le vain espoir de trouver une terre abordable, nous sommes surpris par la nuit, et obligés de nous loger tant bien que mal sur le bateau que l'on amarre à un arbre.

Pendant des journées comme celle-ci, on fait bien peu de chemin, et si cela continue, nous ne serons pas de sitôt à Banghi. Nous mettrons près de quarante jours pour y arriver, et encore sera-ce avec beaucoup de peine.

26 octobre. — Il a plu un peu cette nuit, et le jour qui se lève est gris et peu engageant. La rivière et le ciel ont exactement la même teinte, la première coule en masse uniforme entre ses rives plates et boisées. Je dis *entre,* mais en réalité c'est *par-dessus* qu'il faudrait dire. Les deux masses de vert sombre qui la bordent de chaque côté paraissent l'encaisser, bien qu'elles s'étendent fort loin au-dessous d'elle. Nous n'avons pas à nous plaindre de la température, qui n'est guère plus élevée que celle d'un été moyen en France. Je supporte même très facilement à bord les vêtements de drap, et dans la matinée je suis souvent obligé de mettre un capuchon pour ne pas souffrir de la fraîcheur et de l'humidité. Cette dernière est de beaucoup la plus désagréable ici. Elle pénètre partout et détériore tous les objets, quels qu'aient été les soins apportés à leur emballage.

Je ne vous ai plus parlé de moustiques. Ces intéressants animaux s'étaient décidés à nous laisser à peu près tranquilles; mais hier ils nous ont assez incommodés. Une des suites désagréables de leurs visites, ce sont les plaies qui se forment sur les écorchures qu'on se fait en se grattant, et qui constituent une sorte de maladie, appelée cran-cran ou sarnes. Ce n'est pas très douloureux, mais c'est très désagréable. Pour l'instant, j'ai les tibias enveloppés de compresses d'eau phéniquée, absolument comme un vieux cheval de steeple-chase.

Pendant que j'écris cette prose splendide, qui caractérise généralement mes lettres, nous attendons le bois, et, comme sœur Anne, nous ne voyons rien venir, même pas de « soleil qui poudroie, ni de route qui verdoie » ! Le bois est tellement long à trouver et à faire que nous n'avons marché que juste sept minutes aujourd'hui. On a à peine chauffé pour arriver à l'endroit où la terre émergeait un peu, et, après quelques tergiversations, on s'est décidé à rester la journée et la nuit dans ce petit réduit. Nous n'avons pas, du reste, campé à terre, mais nous sommes restés sur le bateau, la terre visible se réduisant à un peu de brousse marécageuse. Ma foi! je dois avouer que cette journée nous a paru bien insipide, employée simplement à couper du bois. Ce n'était pas du bois sec, cette fois, mais une sorte de bois vert, appelé par les indigènes « egona », et qui ne brûle que s'il est dégagé complètement de son écorce. Les moustiques ont tenu à prouver leur existence, et sont venus nous rendre visite en nombre suffisant. Une petite tornade, accompagnée de vent, est venue aussi nous secouer vers quatre heures, aidée par la pluie et le tonnerre.

27 octobre. — C'est la pluie qui nous réveille, ce matin, une pluie régulière et bien espacée, qui mouille carrément. A sept heures moins le quart, nous partons enfin et filons à une bonne allure vers le haut. La pression se maintient bien, et par bonheur, vers huit heures, le temps se lève. Vers dix heures, nous passons en vue d'un village abandonné, situé sur la rive française et que les indigènes ont brûlé dans une de leurs guerres entre eux. Il s'appelait Bayelé. A onze heures, nous stoppons, pour faire des vivres, au village de Bondoungou, situé sur la rive française, au-dessus d'une berge qui dépasse le niveau de l'eau actuellement de trois mètres à trois mètres et demi. Les habitants nous accueillent avec joie et offrent de nous vendre un tas de babioles. C'est un échange très curieux à contempler entre nos soldats et les indigènes. Les soldats, du haut du toit, tendent aux noirs les barrettes, des perles (bayocas), et autres pacotilles. En échange, les habitants, hommes et femmes, offrent de l'huile de palme, des bananes, du manioc et quelques autres fruits indigènes. La confiance est réciproque : une main tend le payement, l'autre reçoit l'achat, et chacun lâche sa proie en même temps. La femme du chef auquel je rends visite trouve ma vieille paire de gants tellement étonnante qu'elle la garde. Le chef m'offre deux moutons pour ma veste en drap; mais c'est la seule que je possède, et je dédaigne cet échange avantageux.

Ce qui ne coûte pas cher, par exemple, ce sont les petits enfants. On nous en offre de tout jeunes pour quelques perles. Malheureusement ils sont trop petits, sinon j'en aurais envoyé deux ou trois à la Mission de Lirranga pour y être élevés. Au moment où j'écris, la vente et l'échange sont à peu près terminés; mais c'est encore un charivari extraordinaire parmi les noirs qui se montrent mutuellement leurs acquisitions. Au moment où nous arrivions, les noirs du haut de leur berge avaient absolument l'air de pitres de foire, faisant un boniment sur leur estrade, pour nous engager à entrer. Par malheur, nous n'avons pas d'interprète, ou plutôt nous en avons bien un à bord, mais il est occupé tout le temps et ne peut qu'accidentellement nous donner des renseignements. Nous restons ici pour passer la nuit; nous pouvons donc visiter un peu le village.

Il est en quelque sorte fortifié, entouré d'une palissade en bois de trois mètres de hauteur et borné, aux trois faces qui ne sont pas limitées par l'Oubanghi, d'un fossé à pic d'une profondeur de 2^m,50 environ. Bien que toutes les populations que nous ayons rencontrées depuis plusieurs jours appartiennent aux Bondjios, ils se font encore assez souvent la guerre entre villages voisins; ce qui constitue pour eux un moyen très pratique de se procurer de la chair fraîche. L'ablation des quatre incisives supérieures est bien un des caractères distinctifs des peuples bondjios. Ils ont presque tous l'oreille droite percée, et s'y introduisent des ornements d'une dimension phénoménale. J'ai vu aujourd'hui une femme portant à son oreille droite une boîte de cotignac; le lobe de l'oreille en faisait exactement le tour. Ça devait être « rudement » agréable à porter. Mais c'est égal, cette malheureuse boîte de confitures du pays de la Pucelle devait être joliment surprise de se trouver transformée en pendant d'oreille.

Il est assez rare que les femmes se percent les deux oreilles; cependant beaucoup d'oreilles sont percées et privées de tout ornement. Je crois que quelques bimbeloteries, s'adaptant à ces organes, auraient beaucoup de succès, même auprès de la plupart des hommes, qui, sous ce rapport, sont aussi avides d'ornements que les femmes elles-mêmes. Ni les hommes ni les femmes ne se percent autre chose que les oreilles. En fait d'autres parures, le beau sexe ne porte guère que des bracelets au pied, en cuivre tourné, soit du cuivre rouge, soit du laiton.

Leur unique vêtement se compose d'une jupe en filaments végétaux, teinte en rouge sombre, en jaune ou en plusieurs couleurs : jaune rouge et noir. Les élégantes portent quelquefois un second jupon par-dessus le premier, qui est du plus gracieux effet. Un peu avant d'arriver à Banghi, à un village qui s'appelle N'Koumbi, nous devons trouver la grande fabrique de ces pagnes, et j'espère m'en procurer quelques-uns pour vous les expédier avec un colis de divers objets, récoltés le long de la route. J'ai acheté, ou plutôt Pottier a découvert et acheté pour moi une petite pirogue d'enfant qui est exactement le modèle des pirogues indigènes et qui fera très bien dans une collection d'objets congolais. Cette pirogue appartenait à un petit bambin qui pouvait bien avoir trois ou quatre ans, et il a fallu son assentiment pour se la procurer. Du reste, c'est le père qui en a touché le payement. Les indigènes, pour se préserver des moustiques, qui sont très nombreux ici, font de grands feux ; mais ils n'ont pas de moustiquaires, comme ceux de l'embouchure de la Sanga.

Nous n'avançons qu'avec une extrême lenteur, puisque nous allons mettre plus de quarante jours pour faire une traversée qui n'en demande généralement que vingt-cinq à trente. Cela tient à beaucoup de raisons que je vous expliquerai ultérieurement ; mais au moins avons-nous l'avantage de voir un peu plus de villages et de pouvoir nous renseigner un peu sur les mœurs des riverains quand nous pouvons coucher à terre.

28 octobre. — Le bois avait été assez abondant hier ; partis aujourd'hui à six heures quinze minutes, nous faisons un bon bout de route. Le temps est toujours gris, et la pluie tombe à intervalles irréguliers. Il ne fait pas très chaud, mais une tiédeur humide qui se maintient entre vingt-cinq et vingt-sept degrés centigrades. Vers midi moins le quart, nous longeons une sorte de falaise en terre rouge, de douze à quinze mètres d'élévation au-dessus du niveau oubanghien, au haut de laquelle est perché un village considérable. La falaise s'abaisse en pente douce, pour tomber ensuite à pic sur la rivière, et les maisons, construites sur l'inclinaison légère, semblent toutes penchées, et le sont effectivement. La ligne des toits forme avec le plan horizontal un angle assez prononcé. Ce sont de vrais repaires. Vers une heure et demie, nous stoppons quelques instants; un coup de vent très violent nécessite cet arrêt. Cette tornade est arrivée si brusquement que plusieurs chapeaux volent en l'air, et deux, faisant complètement séparation de corps, s'en vont à vau-l'eau, emportant une lettre écrite par Pottier, et allant donner de ses nouvelles aux poissons, qui n'auront certainement pas la délicatesse de la faire parvenir à son adresse.

Je profite de cette occasion qui se présente de parler de Pottier, pour vous dire tout le bien que je pense de lui. C'est un charmant garçon, connaissant une foule de choses pratiques et utiles; de plus, gai compagnon et ayant appris la vie par son propre travail. Il est arrivé à une assez jolie situation au journal *l'Illustration*. Il souffre beaucoup en ce moment de ne pouvoir s'adonner à son art, mais, par suite d'un malentendu regrettable, son appareil a été mis dans les cales du *Djoué*, et il se trouve dépourvu de ses instruments, à notre grand désespoir, car certaines scènes de mœurs et de vie intérieure ou intime des habitants valaient bien la peine de salir quelques plaques. Il compte bien se dédommager à partir de Banghi, et de ce point j'espère bien aussi vous envoyer quelques vues de Brazzaville.

(*Confidentiel.*) Je pose ici une parenthèse, ou plutôt je profite d'une halte pour la continuer. M. Dolisie doit prochainement retourner en France. Il serait de la plus haute importance que vous appreniez de sa bouche les causes de ce qui s'est passé à Brazzaville. C'est un homme très capable, très froid et très instruit, qui vous expliquera tout cela mieux que moi, et d'une façon plus explicite que les lettres, les *pourquoi* et les *parce que* de bien des choses qui peuvent vous paraître obscures. Il est le seul qui les connaisse bien à fond, car il en a été, sinon le principal, au moins un des premiers personnages. C'est sur son avis et d'après ses conseils que j'ai agi, et d'après les approbations de Mgr Augouard. Je regrette pour X... ce qui s'est passé, mais il n'a pas été habile, et, pour ne vous citer qu'un fait, Mgr Augouard ne voulait pas le voir, depuis quelques jours déjà, avant mon départ de Brazzaville.

Il est possible que dans mes lettres se glissent quelques fautes d'orthographe; mais je suis bien trop paresseux pour relire ces épîtres, d'une composition, du reste, assez bizarre. Chaque fois que, pour une raison ou pour une autre, le bateau stoppe, je me précipite sur la plume et l'encrier et je commence à griffonner, et comme souvent on fait du bruit autour de moi, on m'interpelle, je perds le fil de mes idées, et mes lettres doivent s'en ressentir un peu. J'espère que si elles ont les honneurs d'une lecture dans la salle à manger de Bonnelles ou de Paris, on aura la charité de corriger les redites et de ne pas trop railler les fautes échappées à ma plume rapide. Qu'on réfléchisse qu'en trois mois et demi de route que font mes lettres pour vous arriver, il peut bien se faire que quelques mots s'oublient en chemin, et que l'orthographe prenne un bain de mer ou d'eau congolaise, et dame! comme cette eau est très sale...

A cinq heures et demie, nous arrivons à un village situé sur la rive française et qui, à première vue, peut bien contenir deux milliers d'habitants. Ce sont encore des Bondjios; le village s'appelle Mikinda et s'étend sur une berge de deux mètres au-dessus du niveau actuel des eaux, sur une longeur de douze à quinze cents mètres et une profondeur de trois à quatre cents.

A notre arrivée, une foule d'indigènes de tous les sexes se précipitent pour nous offrir des vivres. Quelques-uns même ont la hardiesse d'escalader le bateau sans paraître trop étonnés. Un petit pavillon français flotte au-dessus du village, en face de la case du chef principal. Celui-ci a, en effet, deux autres chefs sous ses ordres, et qui se partagent l'autorité suprême.

Ici, tout est à vendre, et en peu de temps une collection de pains de manioc s'entasse sur le vapeur pour les hommes. La monnaie courante est toujours la petite perle blanche dite bayoca. Une cuillerée de ces petites perles suffit à payer ces pains de manioc qui pèsent de huit cents grammes à un kilo. Ils nous vendent aussi de petits poissons, rappelant beaucoup, en friture, les *whitebeasts* de Londres. On échange aussi des poules et des bananes pour de l'étoffe rouge. Une poule revient à 1 fr. 25 environ. Les femmes portent au cou des carcans en cuivre rouge assez curieux. Ce sont des cercles horizontaux de dix centimètres de haut, en forme de faux cols, entourant un autre petit cercle concentrique du même métal. On peut acheter aussi quelques lances, poignards et couteaux. A la nuit, le marché cesse subitement, et seuls les hommes libres restent le soir auprès de feux allumés par les soldats.

29 octobre. — Le grand chef de Mikinda, qui offre de vagues ressemblances avec Quasimodo, avait promis hier, au bateau, des bûches et du bois sec pour le lendemain matin; mais il n'en apporte ici que fort peu, et, comme on avait un peu trop compté sur ses promesses, le départ se trouve une fois de plus retardé. Le marché, si animé la veille et brusquement interrompu, reprend à la nuit avec une intensité nouvelle. Tout est à vendre; c'est pire qu'au bazar de l'Hôtel de ville. Les hommes offrent leurs couteaux, leurs lances; les femmes, leurs pagnes en étoffe, et les « pitchoun » vendent des nattes fabriquées dans le village. La perle bayoca fait fureur, et pour une pincée on a un tas de choses. La valeur d'une poule en bayoca est d'environ deux ou trois centimes. Quelques indigènes s'occupent immédiatement à les enfiler et s'en font des ceintures, des bracelets, des écharpes, qui les font vaguement ressembler à des monuments funéraires. En général, l'étoffe est bien reçue par eux, et je vois une femme changer l'élégant et gracieux pagne indigène en fibres pour une vieille serviette sale! Ils sont enragés pour acheter tout ce qui appartient aux blancs. Tour à tour ils nous demandent d'échanger contre leurs objets les plus précieux nos vestes, nos ceintures, nos casques, quelque chose enfin que porte le blanc! Pourtant, ces indigènes sont plus dégourdis et plus intelligents que ceux de la côte à Brazzaville et des environs du Pool. L'un d'eux, voyant les soldats fendre du bois, avant de le faire entrer dans les soutes, veut en faire autant et se met à l'ouvrage avec une ardeur remarquable, poussant des exclamations de joie chaque fois qu'un morceau se fend.

Les chefs nous assurent, et c'est une particularité géographique assez curieuse, qu'au-dessus et même peut-être au-dessous du village, il y a une ou plusieurs communications entre l'Oubanghi et la Sanga. L'administrateur qui nous accompagne doit, en redescendant, explorer un de ces passages qui sont encore inconnus des Européens, mais que les indigènes pratiquent depuis longtemps. Vous jugez de l'importance que cela peut avoir au point de vue des facilités de communication, et vous pouvez aussi vous rendre compte du peu d'élévation qu'offre la grande forêt au-dessus du niveau des eaux et de l'humidité dont on peut y jouir. Ce matin, nous avons eu encore de la pluie pendant une heure environ, entre quatre heures et cinq heures et quart; mais dans la journée le temps est beau et chaud. Nous ne quittons l'hospitalière Mikinda ou Bikinda que vers trois heures vingt-cinq, et nous filons rapidement dans la direction du nord-est. La nuit ne tarde pas à nous surprendre, et, après quelques minutes de navigation au clair de la lune, nous nous amarrons dans une brousse inondée, sur la rive française, vers six heures cinquante-cinq, obligés une fois de plus de coucher sur le pont et sur la toiture. Heureusement, peu de moustiques et beau temps.

30 octobre (dimanche). — Un brouillard très épais couvre la rivière dès six heures du matin et épaissit de plus en plus jusqu'à sept heures et demie. A huit heures, le soleil montre le bout de son nez. A huit heures quarante-cinq, nous nous mettons en route, et nous stoppons à dix heures trente contre une berge assez élevée où l'on coupe du bois (couper du bois, c'est le refrain de ma lettre). Départ nouveau à trois heures, arrêt à six heures quinze, dans la brousse, en vue des collines de N'Koumbi. Journée absolument insignifiante et sans aucun intérêt. Nous ne rencontrons qu'un petit village. Pottier fabrique différents objets avec des pointes d'ivoire qui ne sont pas chères ici. Quant à moi, je m'impatiente. Un de nos hommes s'est empoisonné avec des bananes vertes et de l'absinthe pure; il va très mal, et moi, j'ai des cran-cran qui me gênent horriblement.

31 octobre. — Au réveil, j'aperçois un singe que je m'empresse de faire dégringoler avec mon fusil, et puis nous attendons le bois avant de repartir. Il fait assez chaud, et le temps est très beau. A onze heures et quart, on se met en route vers les collines de N'Koumbi qu'on aperçoit à l'horizon. Vers midi, le tirailleur nommé Lakhder-ben-Madoni meurt d'une dysenterie, compliquée de la décomposition générale du sang.

C'est le troisième depuis Marseille, ce qui, avec six renvoyés dans leurs foyers, réduit l'escorte blanche à quarante hommes, plus X... et cinq Sénégalais : total quarante-six. On s'arrête vers une heure dix minutes pour le mettre en terre, et, dès que cette opération funèbre est terminée, nous nous remettons en route, à trois heures et quelques minutes. On stoppe au milieu des agglomérations de villages, entre deux d'entre eux. Les indigènes viennent en pirogue nous vendre du vin de palme, mais ils sont en petit nombre et ne font plus partie des Bondjios. Ils appartiennent à la race des M'Bouakas et ont les incisives taillées en pointe, au lieu de les avoir arrachées, comme les premiers.

Un orage est imminent à l'horizon et la chaleur atroce, ce qui m'enlève toute verve. Du reste, j'ai peu de choses à vous dire sur cette journée, pendant laquelle nous n'avons vu qu'un seul village assez élevé au-dessus de l'Oubanghi.

1er novembre (la Toussaint). — L'orage qui menaçait la veille au soir nous a charmés toute la nuit par ses grondements et ses illuminations électriques. C'est donc par la pluie que nous nous réveillons le jour de la Toussaint, et par une température de treize à vingt-quatre degrés. Je suppose que vous n'en avez pas autant, en cette saison vers neuf heures quinze du matin. Le bois nous permet de partir, et nous commençons à défiler devant les grands groupes de populations, dénommées généralement N'Koumbi. Les premières habitations sont situées sur des berges assez élevées, d'environ quatre à cinq mètres, puis descendent insensiblement. A neuf heures, première mise en route le long des villages. Nous stoppons à onze heures quarante-cinq, pour faire du bois, à un grand village qui est à peu près au centre de N'Koumbi. Bordé de fortes palissades du côté du fleuve, il ne le domine en ce moment que d'un ou deux mètres.

Ah! par exemple, ici ce sont des commerçants : en quelques secondes, le bois s'accumule dans les soutes; pour une caurie ou deux on a une bûche. Les cauries sont de petits coquillages ronds, qui sont presque exclusivement la monnaie du pays. Les indigènes, pour en avoir davantage, coupent le bois et l'apportent tout débité, de la grosseur et de la longueur voulues, ce qui vous fait gagner un temps précieux. Quel dommage que l'on n'ait pas inculqué cette excellente habitude à tous ceux que nous avons rencontrés précédemment! nous serions depuis quinze jours à Banghi. Pendant une heure environ, c'est une vraie rage; hommes, femmes, enfants, vieillards, — et ces derniers sont généralement rares, la plupart des noirs mourant de la poitrine, — se bousculent à une des portes qui donnent accès à l'endroit où nous avons atterri, et veulent à toute force faire accepter leurs bûches. D'autres apportent des bâtons de manioc, des chèvres et des chevreaux, des poules, du maïs, des œufs, le tout en grande quantité. Pour les œufs, il ne faut jamais les acheter qu'à caution. Les noirs n'en mangent pas, offrent aussi bien les frais que ceux qui ont été couvés pendant quinze jours.

Mais je quitte le vapeur quelques instants, et vais faire une petite tournée dans les villages, malgré mes cran-cran qui me font souffrir et me donnent à peu près la démarche d'un infirme. De la première maison que je rencontre un indigène sort et m'offre du tabac. Pendant que je marchande, il se précipite et revient avec un siège indigène, m'offrant poliment de m'asseoir. Sa demeure est ornée de quelques peintures rouges, bordées de noir, qui ressemblent beaucoup à celles que pourrait faire un enfant de trois ou quatre ans, en Europe; mais l'artiste a eu l'idée très vague de représenter un animal quelconque. La chaise dont je vous parlais tout à l'heure est un morceau de bois à plusieurs bras, comme les chausse-trapes, en style militaire, disposé à peu près en pliant de peintre. On n'y est pas très confortablement assis; mais enfin on n'y est pas trop mal.

Les habitants ici sont des M'Bouakas. Ils portent beaucoup d'ornements, tels que bracelets de jambe et des colliers, très artistement travaillés, en cuivre rouge et jaune. J'ai pu me procurer pas mal de ces derniers, ainsi que quelques lances et couteaux. Ils travaillent aussi le fer, et leurs forges sont très curieuses. Elles ont de grosses pierres pour pilons. Parmi les bracelets, je m'en procure un ou deux en dents humaines; car il ne faut pas oublier que nous sommes chez des sauvages anthropophages, et, véritablement, on n'y pense guère quand on est là. Cependant, presque à l'endroit où nous sommes amarrés, deux crânes se balancent, à une hauteur de cinq à six mètres, au bout d'une longue perche. Les femmes ont pour unique vêtement le joli pagne indigène en filaments que je me procurerai au prochain village, car ici notre séjour est court, et nous passons comme un météore.

A une heure cinquante-cinq, nous repartons. Nous passons quelques

DANSE INDIGÈNE AU DERNIER VILLAGE N'KOUMBI.

minutes après devant un arbre qui n'a comme ornements que des crânes et des ossements : c'est charmant! Le temps est très beau, et, après une heureuse navigation, nous arrivons vers cinq heures au dernier village de N'Koumbi, où nous campons tant bien que mal, parce qu'il est bas et aux trois quarts inondé. Nous recevons le même accueil que dans l'après-midi et nous pouvons même assister à une danse indigène très curieuse. Les hommes se groupent en cercle l'un derrière l'autre et dansent sur place, en faisant des gestes bizarres avec les bras et les jambes. Quatre musiciens, placés au centre, frappent dans un rythme cadencé sur des tambours d'une longueur d'un mètre vingt. Là-dessus est une peau tannée qu'ils tendent et tirent en frappant avec le creux de la main sur les côtés. La peau est retenue par des fibres en peau d'animaux, à peu près par le même système que nos tambours. Tout d'un coup, du cercle se détachent deux individus qui s'en vont à une vingtaine de mètres dans une sorte de pas gymnastique sauté, en renvoyant assez haut leurs talons en arrière. Arrivés au bout de leur course, lorsqu'ils se jugent assez éloignés du cercle des autres danseurs, ils retournent l'un vers l'autre, se frappent dans les mains et, toujours dansant, reviennent vers le cercle. Lorsqu'ils n'en sont plus qu'à quatre ou cinq mètres, une partie de ceux qui dansent autour des tambourins se détache et va au-devant d'eux, au nombre de quatre, cinq, six ou sept, et leur frappent aussi dans les mains; puis tous rentrent dans le cercle. Pendant ce temps ou un peu après, d'autres sortent et recommencent la même scène. Chose extraordinaire, je n'ai pas vu de femmes prendre part à ce genre d'exercice. Un spectacle navrant, c'est de voir des femmes en train d'allaiter leurs enfants se les arracher du sein pour nous les offrir en vente! Par quelles phases de l'existence passeront ces pauvres petits êtres avec des maîtres successifs avant de finir la plupart par être mangés? Malheureusement, nous n'avons pas de nourrices à bord, et ce serait les tuer sûrement que d'essayer de les envoyer à une mission. S'ils avaient pu se nourrir eux-mêmes, je les aurais certainement achetés et envoyés à Lirranga, à la mission catholique. Et, par un étrange contraste, en voyant rire et s'entretenir avec nous ces sauvages, on serait loin de se croire au milieu de féroces anthropophages. Ce soir, après le dîner, Pottier s'amusait, en se promenant, à imiter le cri de divers animaux, et plusieurs femmes, de l'intérieur des cases, lui répondaient en l'imitant plus ou moins bien. Une première danseuse est même venue nous offrir une représentation et faire ensuite la quête pour obtenir une caurie ou quelques petites perles bayocas. Si jeunes et déjà saltimbanques!

2 novembre. — Ce n'est pas le bois qui nous retarde ce matin, puisque hier on en a fait une provision considérable; non, mais une manœuvre à demi ratée a démantibulé la pirogue du bord, et le temps de la calfater a un peu retardé notre mise en route. A huit heures environ, après avoir acheté pas mal d'objets, nous filons encore une fois vers Banghi, dont nous ne sommes plus séparés que par deux ou trois journées de marche à une allure raisonnable. Ce n'est vraiment pas trop tôt. La végétation

LES RIVES DE L'OUBANGHI.

est splendide, et une forêt vierge impénétrable borde les deux rives de l'Oubanghi, lui formant deux remparts naturels. Les lianes s'entremêlent aux brousses et aux arbres, et de chaque côté la vue est limitée par des murs de verdure de vingt à trente mètres de hauteur, car en certains endroits la berge va en s'étageant un peu.

Vers onze heures cinquante, nous apercevons un village perché sur la rive française à une assez grande hauteur, sur un plateau en pente relativement douce. Les indigènes se précipitent pour nous offrir du bois en grande quantité, et ce serait vraiment mal reconnaître leur bonne volonté que de ne pas stopper quelques instants pour leur en acheter, d'autant plus que, suivant l'habitude, nous n'en avons presque plus.

Le courant est extrêmement violent en cet endroit, et l'atterrissage offre quelques difficultés. Heureusement que les indigènes nous prêtent la main, et le bateau est entouré en un clin d'œil de pirogues chargées de bois et de provisions de toutes sortes. La caurie est la monnaie qu'ils préfèrent, et en un instant ces petits coquillages sont métamorphosés en bûches de toutes les grosseurs. Les vivres abondent, et pour rien ; nous n'avons pas à nous plaindre, et, suivant mon système, essentiellement pratique, je prends l'avance sur l'ennemi en mangeant avec appétit, pour avoir des forces le jour où les vivres seront plus rares et où nous aurons à serrer notre ceinture. Depuis deux jours, les mêmes scènes de marché se renouvellent à chaque village où nous nous arrêtons, et je crois inutile de les décrire de nouveau, car elles sont forcément un peu uniformes, bien que pour nous elles semblent encore nouvelles et que les lieux se transforment. Le village où nous sommes s'appelle Boumbassa. Costumes et armes sont à peu près identiques à ceux que je vous ai dépeints jusqu'à présent, avec cette différence que le vêtement de ces dames est encore réduit (shocking!). Une heure d'arrêt! Buffet! Et le vapeur siffle de nouveau, et tch! tch! tch! en avant la musique!

Nous arrivons peu après à des rapides qui sont assez visibles à la saison sèche, mais qui, dans les moments de crue comme celui-ci, se dessinent par des courants très violents. A quatre heures, nous passons le seuil des rapides, et à cinq nous stoppons quelques minutes au village de Bakassa, sur la rive belge. Le grand chef de la localité a, chose extraordinaire, une paire de moustaches superbes qu'il porte contrairement à la mode indigène, qui veut que la lèvre supérieure soit rasée ou épilée. Probablement est-il un grand réformateur! Les baraques sont entourées de palissades, comme dans la plupart des autres villages; mais ici nous campons en dehors du village.

Le temps est superbe. La lune brille d'un éclat radieux; il fait frais : vingt degrés à peine. Une légère brume couvre seule la rivière, et tout est pour le mieux dans le meilleur des mondes. Vous pouvez remarquer que j'écris au jour le jour; de là ces alternatives d'agacement et de satisfaction retracées par une plume trop docile, sous l'influence du moment, et qui ne demande qu'à vagabonder sur la surface de papier blanc offerte à ses ébats! Vente de vivres et de bois, c'est entendu; tout marche bien. Nous trouvons chez les épiciers de Bakassa une nouvelle denrée : c'est l'igname, qui remplace la pomme de terre sans trop la faire regretter.

3 novembre. — Aux premières lueurs de l'aurore aux doigts gris, on allume les feux, et, par une brumeuse matinée (de novembre, c'est le cas de le dire), nous levons l'ancre vers six heures du matin. On compte arriver dans la soirée au poste de Banghi-les-Bains. Je trouve qu'on s'est levé un peu trop tôt, et je m'introduis dans la cabine où je m'étends, pour ne me réveiller qu'au moment de déjeuner. Ah! j'allais oublier de vous donner un menu de déjeuner. J'en prends un au hasard dans ma mémoire, celui d'un jour où l'on avait eu des vivres en abondance, comme ces jours derniers :

Potage julienne au gras.
Ragoût de mouton avec ou sans riz.
Foie de mouton et rognons sautés.
Gigot rôti, patates duchesse.
Crème (rare) au chocolat ou gâteau de Savoie.
Desserts : bananes et ananas, quelquefois papayes.
Café et vin rouge.
Pain blanc.

Ce n'était pas tous les jours la même chose, mais certains jours seulement; d'autres fois, les bananes frites remplaçaient les patates. La crème et le gâteau étaient réservés aux grands jours. Enfin, on avait très bien de quoi ne pas mourir de faim. Depuis Brazzaville, je n'ai pas manqué un repas, et cette exactitude est un bon signe, ou je ne m'y connais pas. Sans ces maudits cran-cran, qui font ressembler mes jambes à une fabrique de crème à la pistache, tout serait parfait au point de vue physique.

Mais reprenons le cours de notre voyage, et soyons sérieux, une fois n'est pas coutume. A deux heures, ces insatiables fourneaux de l'*Oubanghi,* qui ont un appétit encore plus féroce que le mien, ont déjà absorbé leur nourriture journalière. Heureusement nous apercevons un village du nom de Bakassi, situé sur la rive française, et en une demi-heure nous avons de quoi alimenter le feu pour sept à huit heures. Une chose assez curieuse m'a frappé dans ce village : c'est une petite case construite dans un arbre et qui sert de poste d'observation aux indigènes pour signaler les bateaux : c'est simple et de bon goût. Et en route de nouveau, car il faut absolument, paraît-il, que nous arrivions ce soir à Banghi, qui, d'après ceux qui ont déjà fait le voyage, n'est plus qu'à deux heures et demie de distance. Mais quatre heures et demie, cinq heures, six heures arrivent; pas de Banghi. Un orage assez violent nous retarde. Par bonheur, la lune se lève, et la navigation nocturne peut se continuer. Nous apercevions dans le lointain les hautes collines qui dominent Banghi; depuis quatre heures on les voyait fort bien, mais nous avançons péniblement. Pour la première fois, nous dévions, pendant que le bateau file, mais sommairement par exemple. Enfin à huit heures, — il y avait quatre heures qu'on sifflait pour annoncer notre arrivée, — nous apercevons les lumières de Banghi.

A huit heures et demie, nous mouillons devant le poste. Mais, chose extraordinaire! le poste, établi sur un banc de sable, est complètement inondé, et quelques cases à peine émergent au-dessus de l'eau. Le poste est transformé en île; et, à proprement parler, nous mouillons dans le poste. Les eaux de l'Oubanghi sont à cinq mètres au-dessus de l'étiage! Je vous assure que ce débarquement, au milieu de la nuit, éclairé par la pleine lune, offrait un spectacle extraordinairement pittoresque et digne du pinceau d'un maître.

Là, nous retrouvons le *Djoué*, à l'ancre depuis quatorze jours, et nos dix hommes arrivés heureusement en bonne santé. L'administrateur est couché et ne peut venir, son logis étant séparé du restant du poste par un bras de la rivière, formé par l'inondation. On nous avait préparé un local, et... bonsoir!

Ici s'arrête le journal du bord, commencé le 24 septembre, et clos le 3 novembre à neuf heures du soir, soit après une navigation de quarante et un jours, au lieu de trente que nous eussions dû y mettre... Bien des jours ont été fastidieux, bien des petites choses nous ont froissés; mais

ARRIVÉE AU POSTE DE BANGHI INONDÉ

tout est terminé, et heureusement, ma foi! Nous entrons maintenant dans une nouvelle période de notre voyage, et, si nous ne pénétrons pas encore dans l'inconnu, nous allons avoir affaire à des pékins peu ou pas commodes, avec lesquels il faudra louvoyer avec adresse, et s'efforcer de passer en dépensant le moins possible de santé et de marchandises.

4 novembre. — Nous voilà donc rendus à ce fameux Banghi, point extrême de la navigation de l'Oubanghi, du moins pour les grands vapeurs. Je commence par m'offrir une matinée de sommeil, prolongée, et c'est par un radieux soleil que je rouvre les yeux, à huit heures et demie du matin. Ce n'était pas une illusion; nous sommes bien dans un poste inondé.

Le poste de Banghi, établi en 1889 par un agent du Congo, qui a eu la maladresse de s'y laisser pincer et transformer en rosbif et biftecks par les habitants autochtones, est placé au pied des rapides de Banghi, sur un banc de sable, qui domine de quatre à cinq mètres le niveau ordinaire de l'Oubanghi. Il possède plusieurs cases : celle du chef de poste, quatre cases servant de magasins ou d'habitations pour les Européens, huit à dix cases pour les Sénégalais, une grande case pour loger les missions de passage, des water-closet, cuisines, etc., plus un jardin; le tout, entouré de palissades. L'administrateur actuel, qui, comme le chien de M. le curé, n'aime pas l'eau, s'est édifié un petit chalet suisse, sur la colline à pic qui domine le banc de sable où est le poste, à une hauteur de dix à douze mètres.

A l'heure actuelle, quatre cases et la cuisine sont seules hors de l'eau; tout le reste, y compris le jardin, est navigable. L'administrateur lui-même et son chalet sont complètement privés de communication avec le poste par voie de terre, et pour lui rendre visite il faut s'embarquer sur une pirogue! C'est tout à fait charmant. Aussi parle-t-on avec raison d'évacuer la station et de la transporter plus haut, en ne laissant à Banghi qu'un dépôt pour décharger les bateaux venant de Brazzaville...

Au point de vue pittoresque, l'endroit est superbe; on est au pied d'une colline qui s'étend le long de l'Oubanghi. En face se trouve le poste belge de Zongo, situé au bas d'une petite montagne qui vient plonger ses derniers contreforts dans l'eau; et entre les deux coule bruyamment la rivière qui tourbillonne et bat les nombreux rochers parsemés çà et là. Quelques petites îles profilent leurs taches vert sombre et leurs grands arbres sur cette masse d'eau de quinze cents mètres de large. Le bruit de ces rapides imite celui de la mer à marée basse.

Je m'empresse de fréter une pirogue et d'aller visiter M. l'administrateur de première classe Largeau dans son nid si bien perché. Il me

VUE DE BANGHI.

fait un accueil on ne peut plus aimable. C'est un homme âgé, ayant déjà eu huit enfants, qui espère prochainement avoir sa retraite et qui ne professe qu'une très médiocre estime pour le poste qu'il occupe actuellement. Il a « fait » plusieurs autres colonies, et ses préférences sont loin d'être pour le Congo. Son fils, ou plutôt un de ses fils, est lieutenant d'infanterie de marine et camarade intime de Julien. Chose curieuse! ce pauvre vieux — c'est ainsi que l'appellent irrévérencieusement ses subordonnés — a perdu depuis qu'il est ici (huit mois environ) toutes ses dents. Le portrait physique de M. Largeau terminé par cette appréciation de haut, je reconnais qu'il est charmant. Il s'empresse de mettre la moitié de sa case à ma disposition, me montre la maison qu'il est en train de faire construire pour mes hommes, dans l'endroit le plus sain de Banghi, à peu près à vingt mètres de l'endroit où il loge, sur un rocher qui domine le rapide, et nous promet de faire réquisitionner au plus tôt toutes les pirogues dont il pourra disposer. *All right!*

Néanmoins, nous pouvons être tranquilles, nous allons nous octroyer un séjour d'un mois ici. Pour moi, je n'ai pas l'ombre d'un doute, car, je le répète, il ne suffit pas de vouloir ici, il faut pouvoir, et, comme disent les Bangouyos : « Sapi moundelé » (Attends, blanc.)

Au contraire de la devise anglaise, le temps n'est rien ici, et on joue avec les mois comme avec les minutes à Paris.

J'ai oublié hier de vous raconter un petit épisode, qui a bien son charme et dont nous n'avons eu, ou plutôt je n'ai eu et su les détails que tout à l'heure. Dans un des derniers villages que nous avons rencontrés et où nous nous sommes arrêtés, l'administrateur Th..., qui était avec nous, venait, suivant la traduction littérale de la langue indigène, de « faire ami » avec le chef, c'est-à-dire qu'il avait frotté son bras contre le sien, jusqu'à ce que son bras fût devenu tout rouge, non de sang, mais de l'enduit huileux que les M'Bouakas, comme presque tous les noirs congolais, se fourrent sur le corps. Le chef, pour prouver son amitié, offrit quatre morceaux de bois et un morceau de viande fumée ou grillée à M. Th... Celui-ci accepta; mais à peine revenu à bord, il donne le morceau de viande à des Pahouins ou Gabonais; ceux-ci le jettent à l'eau. M. Th... se rappelle alors qu'on lui a montré un vieux crâne, au moment où on lui donnait le « bissi » (viande). Plus de doute, c'était de la chair humaine. Voilà ce que c'est que de faire amitié avec les mangeurs de viande qui parle! Empêcher cela! Ah bien! ouiche! Il faudra encore du temps pour supprimer cette tradition que leur ont laissée leurs aïeux. Tout ce qu'on peut faire, c'est de leur persuader que la viande du blanc est malsaine et donne la colique. En certains endroits, paraît-il, cette méthode donne de bons résultats; mais ici, ils en ont goûté, et, pour eux, c'est un morceau de roi, et de roi noir! Ils prétendent d'ailleurs que l'anthropophagie a du bon, car elle permet d'économiser sur les frais d'enterrement, et les héritiers n'ont pas à payer les honoraires des croque-morts. C'est cependant bien ce nom qu'on pourrait leur appliquer.

Le reste de la journée est peu intéressant, Julien a la fièvre, mais l'état sanitaire en général est excellent. Demain, nous quitterons notre installation provisoire et nous logerons chez l'administrateur. Il fait

UNE TORNADE SUR L'OUBANGHI.

construire pour nos hommes une large case, élevée et bien aérée, où ils seront très bien en attendant le recrutement des pirogues, qui ne sera pas trop long, mais qui pourra durer encore un certain laps de temps.

5 novembre. — Un orage épouvantable nous réveille ou me réveille vers huit heures et demie du matin. Je dis épouvantable, c'est magnifique qu'il faudrait dire. Les tornades arrivent ici avec une rapidité vertigineuse, entraînées par les rapides. Au moment où elles paraissent au nord de l'Oubanghi, dans le vaste entonnoir formé par la rivière, leur nuage devient complètement bleu foncé et communique aux montagnes la même teinte, le ciel est complètement obscurci, comme dans les orages qui éclatent dans la vallée de la Marne, du côté de Châtillon ; seulement en une seconde la nuée est au-dessus de notre tête, et sa violence sévit presque instantanément, pour aller porter sa pluie, son tonnerre et ses éclairs sur les forêts avoisinantes.

Dans la journée, le temps s'est remis au beau, mais il a fait assez chaud. Nous avons opéré le transbordement de nos personnes et de nos bagages chez l'administrateur. Pour nous, c'est presque un changement de climat ; et, quoique notre voyage représente bien une distance de cent cinquante à deux cents mètres, nous sommes établis un peu à l'étroit, mais beaucoup mieux au point de vue sanitaire. Nous nous sommes même arrangés avec l'administrateur pour faire la popote en commun, et je me suis investi des hautes fonctions de directeur de la cuisine.

Voilà quelle sera à peu près notre vie à Banghi : ne pas faire grand'-chose, en attendant l'arrivée des pirogues, et, suivant mes principes, me fatiguer le moins possible. Je cherche avant tout à guérir mes cran-cran, qui me réduisent presque pour l'instant à l'état d'impotent. Je m'installe ce soir à la table pour terminer cette longue épître, voulant qu'elle soit prête à partir, car la poste, par la voie du *Djoué*, la canonnière française, redescend à Brazzaville après-demain matin à cinq heures et demie. Le courrier sera donc clos demain dans l'après-midi, et je ne voudrais pas qu'un empêchement quelconque le retardât et lui fit manquer une occasion des plus rares.

Pour résumer en quelques mots rapides notre voyage, qui de Brazzaville nous amène maintenant au cœur de l'Afrique et marque notre seconde étape vers l'inconnu, prenez la carte, voyez le chemin qu'il y a de Brazzaville à Banghi et celui qui sépare Brazzaville de la côte ; comparez les distances et jugez. Cela seul vous montrera le chemin parcouru, mais vous verrez aussi qu'il nous reste à faire encore pas mal de route. Je ne demande qu'une chose : la santé, qui ne m'a pas fait défaut jusqu'à présent, et j'espère alors que, grâce à Dieu, les autres obstacles s'aplaniront devant nous et nous laisseront passer. Ne vous attendez pas de longtemps à recevoir de lettres de moi. Peut-être vous en adresserai-je une à notre départ d'ici; mais elle se bornera en tout cas à quelques mots très courts.

<small>Au poste français de Banghi, le 5 novembre 1892, dix heures du soir.
Colonie du Congo français. Afrique centrale occidentale.</small>

6 novembre. — Le courrier ne part qu'après-demain matin. Je reprends ma lettre et la rouvre pour souhaiter la..... bonne année..... à tout le monde.

J'arriverai peut-être en retard; mais l'intention y est, et on ne peut guère calculer de façon précise la date d'arrivée des épîtres.

Position de Banghi : 4° 21' latitude nord, 16° 21' longitude est de Paris.

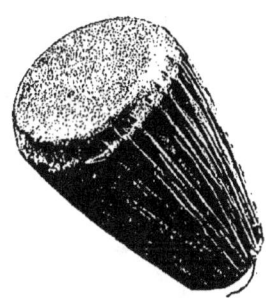

TAMBOUR DU VILLAGE DE N'KOUMBI.

XVIII

A BANGHI

ACCUEIL CHARMANT. — LES PIROGUES. — LES BELGES ET L'IVOIRE.
LA QUESTION DE L'ESCLAVAGE. — MES VINGT-QUATRE ANS.

Poste français de Banghi (Haut-Oubanghi),
du 7 au 18 novembre 1892.

Ma chère maman,

Je ne continue pas dans un poste le récit journalier de nos faits et gestes, comme je l'avais entrepris à bord d'une canonnière ; je me contenterai de noter à leur date les faits saillants, prenant et quittant la plume, lorsque j'apprendrai quelque chose d'intéressant, et le disposant sur le papier.

Nous n'avons qu'à nous louer de l'accueil que nous avons reçu ici de la part du poste français et principalement de M. l'administrateur Largeau. M. Dolisie a bien tenu les promesses qu'il m'avait faites à Banghi, de nous seconder de tout son pouvoir, et si nous n'avançons et ne devons avancer que très lentement, cela tient plutôt aux difficultés inhérentes au pays et aux indigènes, pour effectuer par eau la montée de tant de personnes et de tant de bagages. Car l'unique moyen que possède l'État français de nous remonter dans le haut Oubanghi, ce sont les pirogues que l'administrateur peut réquisitionner aux indigènes et qui, avec leurs équipes de dix rameurs et un barreur, viennent chercher blancs et bagages au poste, et comme il nous en faut beaucoup, ce sera long et très long même.

Il est nécessaire d'envoyer quelqu'un prévenir les chefs banzyris. Ce sont, en effet, les Banzyris, qui habitent à quelques journées de marche au-dessus de Banghi, qui possèdent lesdites pirogues, et, dans ce moment, les eaux étant très hautes, les indigènes les envoient difficilement, car ils en ont besoin, pour communiquer avec leurs plantations dont ils sont souvent séparés par l'inondation. A d'autres, elles servent de lits, leurs domiciles, plus ou moins légaux, étant envahis par l'Oubanghi !

Pendant les deux ou trois premières journées de notre séjour ici, nous avons eu plusieurs tornades, aussi remarquables par leur violence que par leur courte durée. Nous sommes placés, en effet, dans un corridor ou plutôt à son extrémité, et toutes les tornades qui arrivent du haut Oubanghi enfilent le couloir formé par le resserrement de la rivière entre les montagnes, et se trouvent également emportées par le courant d'air et d'eau. Les tornades arrivent presque toujours de l'est, tourbillonnent presque autant que les rapides. Le *Djoué,* emportant notre courrier pour la France, est parti le 8 à six heures du matin, et le même jour, vers midi, est arrivé le *Frédérick,* bateau de la Compagnie hollandaise, qui nous apportait le courrier d'Europe. Entre autres choses agréables, j'ai appris la nouvelle de la naissance de mon neveu, par dépêche, arrivée à Libreville le 4 septembre, et que M. de Chavannes m'a fait suivre par lettre. Du 4 septembre au 8 novembre, deux mois et quatre jours pour une dépêche, ce n'est pas trop long. Mes compliments et tendresses au papa, à la maman et à Emmanuela aussi. J'espère que Louis m'aura dignement représenté devant le clergé de Dampierre. J'embrasse le petit et espère, quand je reviendrai, le voir gros et gras comme un chanoine. Les autres lettres et journaux qui ont été reçus ici sont du 15 juillet au 22 août environ. J'espère que les lapins, lièvres et perdreaux de Bonnelles auront été hécatombés.

Le 9 novembre, l'*Oubanghi* repartait aussi pour Brazzaville, vers huit heures et demie du matin ; mais comme il ne retournera pas à cet endroit directement, il n'emportait rien du tout nous appartenant. Il doit, en effet, faire différents zigzags dans les rivières, affluents de l'Oubanghi et la Sanga. Je vous l'ai écrit, je crois, dans ma dernière lettre : mon opinion personnelle est que ce doit être très possible, sinon très certain.

Devant la difficulté qu'il y avait à recruter des pirogues, et pour ménager le peu de perles que nous avions emportées avec nous, Julien avait voulu remonter avec la *Duchesse Anne* une partie des bagages jusqu'à Mobaï, dernier poste français qu'on rencontre avant Yakoma. Mais outre les dangers, c'était une perte de temps énorme. Je découvre une autre combinaison et, d'accord avec le gérant de la factorerie Société anonyme belge, établi à Zongo, je fais mettre à ma disposition la petite chaloupe à vapeur de ladite société, qui fait le service au travers des rapides depuis les Ouaddas jusqu'à Mobaï. C'était un bénéfice de plusieurs journées et surtout de plusieurs kilogrammes de perles bayocas.

Tout était conclu et nous allions partir, quand le gérant de la Société anonyme belge apprend qu'il est expulsé de l'État indépendant, vu sa qualité de Français. Les Belges ne veulent pas supporter sur leur rive un seul Français — du moins sur leur rive de l'Oubanghi — avant le règlement définitif de cette fameuse question du partage de l'Oubanghi, qui passionne les esprits ici, et que les Belges cherchent à envenimer d'une façon déplorable, employant tous les moyens légaux et illégaux à soulever les indigènes contre nous et s'empressant de drainer l'ivoire, de façon à ne nous laisser, si par hasard on les forçait à évacuer, qu'un territoire dévasté et des populations soulevées. Mais cette question est très délicate, et je ne veux pas trop en parler encore, n'ayant pu constater par moi-même tout ce que j'ai ouï dire, bien que ce que nous ayons vu jusqu'à présent et que les versions de personnes autorisées et sincères m'aient déjà fait sur le compte de l'employé de l'État indépendant une opinion qui, pour être bien arrêtée, n'en est pas meilleure pour cela. Il suffit de dire que des Belges se donnant comme officiers de l'armée touchent un tant pour cent sur l'ivoire et sur les esclaves qu'ils libèrent. Pour toucher le tant pour cent sur l'ivoire, il est bien naturel, n'est-ce pas? de s'en procurer par tous les moyens possibles. Et les esclaves libérés! ceci est pis encore, car je suis sûr que pas un de ces esclaves ne se réjouit, du jour où, sous prétexte de le libérer, on le fait entrer pour sept années dans la milice.

La suppression de l'esclavage est une utopie très jolie; mais elle est impraticable ici. Comment voulez-vous forcer des gens, en retard de plusieurs siècles de civilisation, à franchir d'un seul bond ce long espace de temps et à devenir nos égaux? Les esclaves eux-mêmes préfèrent rester à la disposition de leurs premiers maîtres, et je vous assure bien que l'esclave noir d'un noir est cent fois mieux traité que les travailleurs noirs qui s'engagent à servir les blancs. L'idéal du noir en ce pays est de ne rien faire. Esclave chez ses congénères, il travaille peu; ouvrier chez les blancs, il doit trimer du matin au soir. Aussi beaucoup trouvent-ils très agréable de se faire mettre en prison, où ils sont nourris pour rien! Que voulez-vous faire? Le Congolais est apathique, et l'esclave des populations que nous avons vues est traité paternellement. Peut-être reçoit-il de temps à autre quelque coup de chicote, ou le mange-t-on en sauce blanche; mais en général il est heureux et ne demande pas à changer son sort. Je ne dis pas cela pour arrêter la libération des esclaves; mais on s'y prend de façon à leur faire regretter leur ancienne condition.

Pour moi, ce n'est que dans un temps fort éloigné encore que l'on arrivera à supprimer la traite et le commerce de viande humaine, et cela, en inculquant peu à peu des idées plus saines aux noirs, et aussi grâce aux missions. Mais quand on voit les résultats des sociétés dites anti-esclavagistes, c'est à devenir esclavagiste soi-même plutôt que d'être confondu avec elles.

Que s'est-il passé aux Falls? C'est bien simple. Un officier de l'armée belge, M. Vandekerkoum, s'en va, sous prétexte de délivrer des esclaves et de rendre la liberté aux noirs, soumis à la domination arabe. Il est certain que dans ces pays l'esclavage est plus dur, les Arabes ayant traité les indigènes autochtones en animaux domptés. Cependant ils les soignent, les nourrissent, ne les mangent pas et les font peu travailler. M. Vandekerkoum, sous prétexte de délivrer les esclaves, attaquait les caravanes, délivrait les esclaves, il est vrai, mais s'adjugeait en même temps l'ivoire que portaient ces esclaves, commettant un double vol, au détriment des Arabes. Aussi ces derniers ne tardèrent pas à se révolter, et maintenant les Belges vont en supporter les conséquences.

Après le massacre de la mission Haudister, la destruction de la mission Stairs, ce sont les massacres des expéditions du capitaine Bix et du lieutenant Jacques, et ce n'est pas fini. Dans peu de temps, tous les Arabes qui occupent la plus grande partie du territoire oriental de l'État vont se soulever, et je ne crois pas que les Belges aient le dessus. Il fallait avec les Arabes louvoyer et jouer au plus fin; mais si l'on se heurte à eux, on risque fort le soulèvement général. Voilà pourquoi nous ne sommes point passés par les Falls, aimant mieux me rendre plus utile à la France que de risquer de me voir réquisitionné aux Falls pour défendre ce poste sans aucun profit pour nous.

Étant en veine de critique en ce moment, je pourrais vous dire quelques mots sur M. Dybowski. Tous ceux qui sont actuellement au Congo reconnaissent parfaitement une chose : c'est qu'il n'a pas réussi autant qu'il l'espérait. Il s'est avancé à quelques journées de marche d'ici, et avait pris Banghi comme centre d'opération, y revenant même très souvent et ne cédant que rarement aux demandes de ses lieutenants qui le pressaient de marcher en avant. M. Maistre, qui lui a succédé et qui est plus avancé que lui à l'heure actuelle, a, paraît-il, livré bataille aux musulmans. Si le fait est vrai, il est regrettable, car les Arabes, se considérant comme solidaires dans ces contrées-là, lui barreront peut-être la route. Pourquoi ne pas imiter Mizon, qui sans coup férir a fait sa merveilleuse exploration? On est, du reste, depuis assez longtemps, sans nouvelles de M. Maistre; mais à l'heure actuelle, il n'y a là rien de surprenant.

Il faudra d'ici quelque temps que vous vous habituiez vous-même à ne rien recevoir de moi ou seulement à intervalles d'une irrégularité désespérante. Cependant, jusqu'à Yakoma, ou les Abiras, — deux mots qui officiellement désignent le même poste, — nous pourrons communiquer quand des bateaux ou des courriers officiels descendront. Seulement il se pourra qu'une lettre attende, dans les postes intermédiaires, des temps plus ou moins longs, sinon une lettre, partant d'ici le jour où elle est écrite, pourrait arriver en France deux mois et quelques jours après son départ. Mais des Abiras, il faudrait : 1° que la correspondance existât ici, ce qui n'est pas; 2° que les bateaux coïncidassent avec les départs de Brazzaville, lesquels n'ont lieu que tous les quinze jours. Jugez un peu du retard que cela peut apporter à nos communications, et laissez une marge suffisante à toute inquiétude que pourrait vous causer une absence de nouvelles.

Le 9, le 10 et le 11 ont été trois journées belles et chaudes, où les faits saillants se sont montrés d'une rareté excessive. La dernière, cependant, a une certaine importance à notre point de vue. Julien est parti avec la *Duchesse Anne* pour les Ouaddas, emportant trente et quelques charges et huit hommes. Nous serons six ou sept jours sans avoir de ses nouvelles. Je ne suis pas sans inquiétude sur cet essai, car on n'a pas encore remonté les rapides avec une barque, et les pirogues ont l'avantage énorme de caler moins et d'être plus longues et moins larges, ce qui facilite leur passage dans les endroits étroits. C'est dans le but d'économiser nos porteurs qu'il fait cette tentative. En même temps est parti par des pirogues le courrier pour les Abiras, devant annoncer notre arrivée dans un temps plus ou moins indéterminé.

Ces pirogues, en remontant, doivent en faire descendre d'autres qui seront chargées de nous remonter à notre tour; mais, sac à papier! que de temps tout cela exigera pour remorquer là-haut tout notre matériel, sans compter qu'il est malheureusement probable que nous aurons beaucoup de pertes! Si encore nos perles arrivaient bientôt; mais en admettant que vous les ayez fait partir aussitôt ma dépêche reçue, elles ne seront guère ici qu'à la fin de l'année. Il est certain que le changement d'itinéraire, combiné à Brazzaville, nous retarde énormément, mais il n'y avait pas moyen de faire autrement. On se figure mal à distance ce que sont ces pays-ci, et il faut y être pour se rendre compte que vouloir n'est pas pouvoir, et qu'une sage lenteur peut seule avoir raison de la force d'inertie sans cesse opposée à notre voyage. A quoi bon s'engager, comme un fou, dans une voie quelconque, pour s'apercevoir bientôt que tout vous manque pour la suivre et être obligé de reculer, en constatant que votre propre négligence seule vous forcera peut-être à rétrograder?

Je pourrais laisser ici un grand espace vide qui représenterait les jours où je n'ai pas pu écrire. Le 12 et le 13, le premier de ces deux jours surtout, c'est par paresse; mais le second, j'ai commencé à me sentir fortement atteint de la fièvre. Les 14, 15, 16 et 17 sont des journées dont je préfère ne pas parler, ayant trop souffert de l'estomac et de la bile, pour leur garder le moindre sourire. Le 16 principalement, l'ipécacuana a dû agir, et... je vous fais grâce des détails... Mais je n'étais pas à la noce... Le 17, commence la convalescence; de plus, je reçois ce jour-là de bonnes nouvelles de Julien, qui est sur le point de redescendre avec des vivres et toutes sortes de choses. Celui qui nous apporte ces nouvelles est un agent de la mission Maistre, libéré de son engagement, que les autres n'ont pas attendu et qu'il ne peut rattraper, ayant un mois de retard sur eux. Il s'est offert à nous suivre, et comme il a déjà près de trois années de Congo en différents séjours, qu'il est très actif, rarement malade, âgé de vingt-neuf ans et a toutes ses dents, je l'ai engagé... Il s'appelle Riollot et a pu me fournir de bonnes références, appuyées par les témoignages de l'administrateur qui a entendu parler de lui. Il a été agent du Congo et a démissionné, trouvant que l'avancement n'arrivait pas assez vite à son gré. Il connaît un peu le haut, marchande très bien avec les indigènes (grave question) et n'a pas peur de grand'chose. Dès que son engagement sera en règle, je vous l'expédierai. Je ne sais, en effet, si cette lettre le contiendra; car un bateau de la maison hollandaise est en partance et doit emporter le prochain courrier pour Brazzaville; mais il sera peut-être parti avant que toutes les formalités soient remplies. Notre départ d'ici ne saurait tarder, l'endroit étant décidément beaucoup trop malsain, et la baisse des eaux, qui a commencé ces jours-ci, met à découvert un tas de pourritures qui achèvent d'empester l'air et la localité. Les orages diminuent de fréquence, et nous allons bientôt entrer dans la saison sèche, qui, sans être aussi complètement exempte de pluies et de tornades qu'à la côte, est cependant bien moins humide que l'autre moitié de l'année.

La température n'a rien d'excessif et varie entre vingt et un et trente-deux degrés maximum, et encore je vous cite les deux extrêmes. En général, le thermomètre marque de vingt-trois à vingt-sept degrés. Le baromètre, lui, varie beaucoup moins et reste presque stationnaire à 740 millimètres, ce qui est bas. Il faut dire aussi que nous commençons à être élevés au-dessus du niveau de la mer, dont nous sommes séparés par une bonne épaisseur de terre. Nous allons nous éloigner de plus en plus de l'Océan, pour nous rapprocher des mers Rouge et Méditerranée.

Mais il ne faudrait pas que la bile me jouât d'aussi mauvais tours que ces jours-ci, car je serais tout à fait réduit à l'impuissance, ayant passé quatre jours sans rien prendre et ne mangeant pas encore aujourd'hui, 18, avec tout mon bel appétit de jadis. Mais la vie en station est loin d'être suggestive ou agréable, surtout quand une excursion aux alentours vous procurerait indubitablement un de ces excellents petits accès de fièvre dont l'Afrique vous garde le secret.

19 novembre. — J'ai vingt-quatre ans aujourd'hui. Le courrier ferme ce soir au coucher du soleil; aussi fermé-je ma lettre, peu longue et peu intéressante. J'ai un assez grand nombre d'oiseaux et de bêtes à expédier. Je suis assez embarrassé; mais je les enverrai un jour ou l'autre. Je suis heureusement bien rétabli, mais j'ai été fortement éprouvé; par bonheur, une demi-bouteille de champagne m'a remis à peu près. Je dis à peu près, car j'ai eu une secousse dont je me ressentirai probablement assez longtemps. Mais enfin je puis vaquer assez normalement à mes affaires. Je ne vois pas grand'chose de neuf à vous dire. Nous partirons probablement d'ici vers le 1ᵉʳ décembre, et, après plusieurs étapes successives aux Ouaddas, à Mobaï, à Yakoma enfin, d'où nous aurons notre centre d'opérations, nous verrons si nous pourrons nous enfoncer définitivement dans une région quelconque et dont un Européen n'ait pas encore foulé le sol de ses souliers. Mais mon unique ambition, à l'heure présente, est de partir d'ici, car je crois que nous serions bientôt tous réduits à l'état de squelettes. Ce n'est pas que la nourriture manque; mais un condiment essentiel lui fait défaut : l'appétit.

Enfin nous allons bientôt reprendre la navigation, et lorsqu'on se promène en bateau, la santé s'en ressent; on va mieux, on dort mieux. Ah! la vie en station en Afrique est loin d'être l'idéal, et je comprends que ceux qui y sont astreints et qui de plus sont obligés de faire du matin au soir le métier de gratte-papier tournent facilement à l'idiotie ou à la déformation complète du caractère. Il est certain que dans ce pays-ci l'homme blanc devient inférieur à lui-même, et que sous l'influence des fièvres et de la chaleur humide, le cerveau se ramollit insensiblement. Lorsqu'on change d'air assez souvent, cet effet se produit beaucoup moins rapidement, et même plusieurs personnes malades se sont guéries par le simple passage d'un poste à un autre, ce dernier serait-il même plus malsain en apparence.

Maintenant, ma chère maman, je vous dis « au revoir » et vous prie d'embrasser spécialement pour moi mon petit filleul, ainsi que sa maman. J'espère retrouver toute la petite famille en bonne santé; mais j'ai peur qu'ils ne me regardent comme un sauvage avec ma barbe hérissée et mon teint de vieux citron.

Votre « vieux » fils,

(vingt-quatre ans)

JACQUES.

NOTICE SUR LE POSTE DE BANGHI. — Le poste français de Banghi, créé en 1889, à la suite de l'avancement de la puissance française dans l'Oubanghi, au milieu de peuplades très sauvages et anthropophages, fut pendant quelque temps la limite de l'extension française vers le Nord. C'est l'endroit où, lorsque les eaux sont hautes, les vapeurs de la colonie s'arrêtent, ne pouvant franchir les rapides de Zongo. Pendant les basses eaux, les vapeurs ne peuvent y remonter, se trouvant arrêtés par les rapides qui sont situés en amont de N'Koumbi. Les ravitaillements se font alors de ce dernier point à Banghi par pirogues ou petites embarcations. Les villages sauvages qui entouraient le poste ont été détruits, à la suite de soulèvements, et, lorsqu'il a fallu venger le meurtre et la transformation en biftecks du chef de poste et de ses miliciens, les indigènes se sont retirés et ont fait leur soumission. Ils ont même rendu la tête du blanc, ne pouvant en restituer autre chose. Les populations avoisinantes sont en aval : les M'Bouakas et Bondjios; en amont, les Banzyris et les Bouzerous. Les ressources du poste consistent dans les vivres que viennent vendre les indigènes et qui se composent de bananes, d'épis de maïs, d'ignames en assez grande quantité, ainsi que d'huile de palme. Le jardin et le poulailler, qui avaient été créés lors de la fondation de

Banghi, ont été détruits par l'inondation de cette année, et l'on a eu beaucoup de mal à préserver le troupeau de chèvres, qui se trouve de la sorte presque privé de nourriture, tous les pâturages se trouvant sous l'eau... Il est fortement question de ne laisser ici qu'un dépôt et de transporter le poste principal à trois ou quatre jours de pirogue, en amont des rapides, à l'endroit dit le Kwango.

SINGE DES BORDS DE L'OUBANGHI.

XIX

SÉJOUR PÉNIBLE

ADIEUX A BANGHI. — GUERRES INDIGÈNES. — TRIBU DE NAINS.
VOYAGE DE JULIEN. — INDISPOSITION GÉNÉRALE.

Banghi, du 20 au 29 novembre 1892.

Nous allons bientôt quitter ce poste de Banghi, et, je puis bien le dire, sans aucun regret; outre que j'y ai été malade, je ne m'y suis remis qu'avec une sage lenteur, et je suis encore incapable de déployer une activité quelconque. Hier, 19 novembre, à peine le *Frédérick,* qui emportait ma dernière lettre, avait-il sifflé pour nous dire au revoir, et avait-il disparu derrière les premiers bouquets d'arbres, que de l'autre côté, redescendant, apparut la *Duchesse Anne* avec Julien. Son voyage s'était bien accompli, et il était parvenu sans encombre aux Ouaddas, bien qu'il eût envoyé aux indigènes deux ou trois balles; mais en général il avait reçu le meilleur accueil sur la route et un nombre considérable de vivres de toutes sortes. Il était suivi de cinq pirogues indigènes, chargées, elles aussi, de cabris, de farine, de manioc, de haricots et de patates roses en assez grande quantité.

Mais Julien est homme d'action et résolu à ne pas perdre de temps; dès ce matin, 20 novembre, il se remettait en route. M. Riollot l'accompagne et a la direction du boat. Ils ont, en plus de soixante-dix charges qui remontent avec eux, quatorze soldats arabes, diversement répartis entre les pirogues et le boat. Ils doivent être de retour ici dimanche, et nous, à notre tour, lundi, nous filerons vers le haut, car les Ouaddas seront encore une de nos étapes.

Les Ouaddas sont actuellement occupés par une factorerie hollandaise qui se prépare à nous recevoir de son mieux. Il paraît que l'endroit est plus sain qu'ici; tant mieux! Car vraiment la localité de Banghi ne sera pas une de celles que je choisirai pour venir m'y retirer, et si jamais je suis perdu, ce n'est pas là qu'on me retrouvera. Malheureusement, ce

DÉPART POUR LES OUADDAS.

Banghi est, par sa position, le point d'arrêt de toutes les expéditions françaises qui veulent s'engager vers l'Est; c'est la porte par laquelle tout le monde doit passer, et le tribut à payer aux concierges de ces portes n'est pas une obole, mais le bon accès de fièvre bilieuse auquel personne ne saurait échapper.

Chose assez curieuse, d'ailleurs! aucun Français n'est mort de maladie à Banghi ou au-dessus, et, malgré la mauvaise réputation dont il jouit, l'Oubanghi est encore meilleur hôte qu'on ne voudrait le laisser entendre. Tous les Français inscrits au martyrologe de l'Oubanghi : M. Musy, chef de poste de Banghi, mangé; M. Husson, capitaine du *Ballay*, noyé dans les rapides de Mobaï; M. de Poumayrac, tué et mangé par les Boubous, sont morts accidentellement, mais non de maladie. Il est vrai qu'au bout d'un court séjour ici on devient jaune comme trois citrons, et que l'appétit se sauve à six cents lieues. Ce court entrefilet à seule fin de vous dire que je moisis ici, et que je verrai avec joie l'heure du départ. En route, ça va bien, le changement d'air, la nouveauté des choses que l'on voit, tout cela vous occupe et empêche la fièvre de monter en croupe avec vous. Julien dans sa montée n'a pas été malade un seul instant. Quelques noirs ont voulu l'attaquer dans un village; mais deux coups de fusil les ont mis en fuite aux cinq cent mille diables.

Il faut aussi que je vous raconte la manière dont les indigènes se font la guerre. La lutte a généralement lieu entre ceux de l'intérieur et les riverains qui sont de races différentes les uns des autres. Si la partie attaquante est très nombreuse, les villages assaillis sont évacués, et tous les habitants se retirent dans le principal village et dans la brousse. Les guerriers, alors, sous la conduite des chefs, partent pour repousser les autres. Généralement, ils se contentent de s'avancer jusqu'à plusieurs kilomètres de l'endroit où pourraient être les assaillants, et de pousser des « you-you » formidables. Quand, par hasard, les deux partis sont en présence, chaque guerrier se détache et va, en se cachant bien prudemment derrière son bouclier, injurier pendant plusieurs minutes son adversaire, qui en fait autant, et, après quelques minutes de fantasia, ils se lancent mutuellement une flèche ou une zagaie, et, comme ils ne sont ni l'un ni l'autre atteints, ils cèdent la place à deux autres qui recommencent, tout en se tenant à distance très respectueuse. Si, par malheur, il y en avait un de blessé, tout le parti s'enfuirait et serait vaincu. On s'explique aisément que dans ces pays-ci les grandes guerres durent des quantités de jours, et qu'il n'y ait parfois que deux ou trois hommes tués. Ceux-là, du reste, sont inéluctablement absorbés par les vainqueurs en côtelettes ou gigots.

Les indigènes, ici, sont poltrons et lâches, et de plus, comme tous les noirs, menteurs et voleurs. Ils n'ont qu'une peur : celle de travailler. Un noir adulte préfère certainement retourner dans un village où il est certain de se faire croquer, quand il est né et a été élevé comme esclave dans ce village, que de rester dans un poste européen quelconque où on le forcerait à travailler pour gagner sa nourriture. Ils ont si peu de besoins et un tel flegme! Une banane ou deux peuvent leur servir pour une journée. Ils mangent aussi du poisson et un peu de viande de bêtes.

Il y a une chose assez curieuse à constater : c'est la différence qui existe entre les populations qui habitent le bord des rivières et celles qui sont dans l'intérieur. Ces dernières sont, paraît-il, plus travailleuses et plus agricoles; aussi fournissent-elles des vivres aux riverains paresseux, dont l'unique avantage est de voir passer les bateaux et d'avoir des marchandises avec lesquelles ils peuvent obtenir pas mal de choses de l'intérieur.

Il y a, dit-on, au nord-ouest de Banghi, des tribus de nains. Les indigènes en aperçoivent quelquefois, et, comme ce sont de grands chasseurs, ils viennent vendre leurs produits aux riverains; mais nous n'en avons vu aucun, et les habitants du poste, qui demeurent ici en permanence, qui sont plus à même d'aller faire des excursions dans l'intérieur, n'en ont pas vu davantage. C'est une chose assez remarquable que l'apathie qui règne dans des postes comme ici, et on n'y connaît guère que les rivières, ou plus exactement la rivière. Et pour le moment, nous ne pouvons guère aussi nous aventurer ailleurs que sur la rivière.

26 novembre. — Toujours, nous sommes stationnaires à Banghi, mais pour peu de jours, et nous comptons partir dans deux ou trois fois vingt-quatre heures. Il n'est que temps : Pottier a été souffrant; une forte hématurie l'a couché pendant cinq ou six jours. Heureusement, le rétablissement s'opère, et, grâce à quelques remèdes énergiques appliqués par moi-même, ça n'a rien été. Pour moi, sauf une grande mollesse et un peu d'anémie, tout va bien, et je me restaure assez vite; mais je ne voudrais pas me voir plus longtemps ici, car je serais certain d'y faire le contraire de vieux os.

J'insère dans cette missive l'engagement de Riollot, notre nouveau chef de convoi. Cette pièce est légalisée par-devant l'administrateur de Banghi; mais, comme les paperasses m'encombrent, je vous l'envoie pour la mettre dans un coin quelconque, en attendant mon retour. Avec la rapidité dont nous nous transvasons, ce sera z'à Pâques ou à la Trinité de 1894. J'expédie en même temps par le courrier qui partira, emportant cette lettre, plusieurs lances, boucliers, couteaux, objets d'art divers, singes, peaux, oiseaux, qui arriveront, il faut l'espérer, en Europe; mais j'ai peur qu'avec tous les trimbalages inévitables des transferts, bien des mains peu délicates n'*étendent dessus un protectorat* plus effectif que celui de la France au Congo.

Nous avons de la pluie de temps en temps. Toute la journée d'avant-hier a été venteuse et pluvieuse, une vraie journée de novembre, avec vingt-trois ou vingt-quatre degrés de chaleur.

Quand il fait du vent et que la température baisse au-dessous de vingt-cinq degrés, on a une véritable sensation de fraîcheur; ce qui est loin d'être désagréable; mais encore faut-il s'en méfier, à cause de l'humidité. Oh! cette humidité qui pénètre partout et détériore tout! Si une caisse n'est pas ouverte et exposée constamment au soleil, on ne retrouve dedans que de la moisissure et de petits champignons.

29 novembre. — Enfin! nous allons donc quitter ce Banghi déplorable! Julien est revenu hier avec quinze ou seize pirogues, et nous allons immédiatement partir; dès demain matin, nous filerons. Pour ma part, j'en suis ravi, ayant encore été malade hier et ne m'étant rétabli que dans la soirée, grâce à une demi-bouteille de champagne.

Je reçois votre lettre n° 6 qui est arrivée hier soir par un bateau de la Société anonyme belge avec une lettre d'Armand et quelques journaux, mais pas pour nous. En avez-vous envoyé?... Nous n'avons pu constater qu'une chose dans les journaux : c'est l'écrabouillement complet du parti conservateur. Il est vrai que ce n'est plus drôle de soutenir un parti lâché par ses chefs et désavoué par le Pape. Telle est à distance l'opinion que l'on se fait de la politique française, et il est aussi peu engageant de s'y mêler que de s'y intéresser à l'heure actuelle.

Nous avons tous été plus ou moins souffrants ici, et nous en conservons un certain affaiblissement. Il n'y a guère que la période d'activité et de remue-ménage qui puisse nous remettre. Mais, hélas! nous sommes trop fréquemment arrêtés, et l'inactivité est pour nous une cause d'ennui et de maladie. Depuis que nous sommes partis d'Europe, et sur sept mois qu'a duré notre voyage, nous avons demeuré huit jours à Banane, dix jours à Boma, quinze à Matadi, quinze à Manyanga, un mois et demi à Brazzaville, et près d'un mois encore ici. Je ne prévois pas du tout quand nous reviendrons, si jamais nous revenons. Ce qui fait le plus souffrir ici, ce sont les vomissements de bile, qui vous prennent tout à coup, et les efforts qu'ils vous occasionnent. Si ma lettre est un peu aigre, c'est que j'ai encore le souvenir de l'accès d'hier, et que ce souvenir est très désagréable. On éprouve pendant toute sa durée un sentiment de dégoût profond pour toute nourriture et pour toutes choses en général.

Il ne faut pas croire, d'après ce que je confie à cet élégant papyrus, que tout soit noir, à l'heure actuelle. Non! non! mille fois non! Mais vous comprenez, quand les déjeuners et les dîners retournent à des allures trop vives vers les orifices qui les ont absorbés, et qu'on a des jambes ressemblant vaguement à des écumoires, tellement les cran-cran y font des plaies purulentes, il y a des moments où tout cela vous agace, et ces moments d'énervement se répercutent sur le papier. Je deviens maigre comme un vieux coucou, et la partie la plus fournie d'ordinaire de mon individu (shocking!) n'est plus qu'à l'état de mythe. Ce qui est pour moi le plus grand sujet de désespoir, c'est que mes cheveux ne veulent plus repousser. C'est un comble, et vous sentez que cette dernière avanie me jette dans des perplexités terrifiantes! Mais tout est oublié, nous quittons Banghi et nous continuons notre route ascensionnelle, espérant trouver un peu de froid. Oh! cette température toujours douce et énervante! On a parfois envie de crier au ciel : « Mais neige donc un peu, eh! feignant! »

Bon! voilà que je me réaperçois que je ne suis plus sérieux, et pourtant j'ai sommeil, car c'est à la lueur de la bougie que je trace ces caractères sur le papier vierge. Je vous annonce donc que, un de ces jours, dans un an peut-être, vous recevrez un avis de la douane, vous invitant à aller retirer un tas d'objets, armes, flèches empoisonnées, couteaux, zagaies, lances, etc., arrivant du Haut Oubanghi, et dont quelques-unes même de ces dernières ont été envoyées dans la direction de Julien, mais sans atteindre personne, naturellement. Tout cela forme plusieurs colis, arrangés de façon bizarre et empaquetés dans des toiles d'acabit divers. Il est possible, probable, certain même, qu'il s'en perdra en route; mais il n'y a pas moyen de s'y prendre autrement, l'administration n'ayant pas encore inventé le système des colis de chemins de fer, pour la bonne raison que les voies ferrées sont totalement inconnues ici, et qu'il faudra pas mal de temps avant d'arriver devant un guichet pour demander à l'employé une première pour Banghi (aller et retour).

Je termine ma lettre parce que je n'ai rien d'intéressant à y ajouter, sinon que nous partons demain de bonne heure, et que ladite épître profitera du départ d'un bateau de la Société anonyme belge qui filera ces jours-ci pour Brazzaville.

XX

EN PIROGUES

CE QUE C'EST QU'UNE PIROGUE. — PRIX DES DENRÉES.
LES BANZYRIS. — A COUPS DE FLÈCHE. — NOS PAGAYEURS. — AUX OUADDAS.
LA PÊCHE. — DICTIONNAIRE BANZYRI.

Factorerie des Ouaddas (maison hollandaise), Haut-Oubanghi,
Congo français.
Du 4 décembre 1892 (dimanche) au 16 décembre 1892.

Comme je l'avais prévu, ma santé s'est améliorée immédiatement avec notre mise en route, et je me porte, à l'heure actuelle, comme un charme. J'ai un tas de choses à vous raconter. Aussi j'espère que je n'enfanterai pas cette fois-ci une lettre aussi franchement absurde que la dernière partie pour la France.

Avant de vous entretenir de l'endroit où nous sommes, je veux vous dire comment nous y sommes parvenus. Le dernier jour de novembre nous a vus à peine à Banghi. Après avoir fait nos adieux à l'administrateur, au chef de poste et à son auxiliaire, qui composent, à eux trois, toute la population de Banghi, — toute la population blanche, s'entend, — nous sommes tous montés dans les seize pirogues que Julien avait ramenées d'ici (des Ouaddas), et en route.

L'installation dans les pirogues mérite un mot de description. Et d'abord, parlons un peu des pirogues; il est juste que vous fassiez connaissance avec les bateaux qui doivent nous servir presque un mois. Ce sont d'immenses troncs d'arbres, creusés par les indigènes, avec une lenteur remarquable, paraît-il, et taillés en pointe aux deux extrémités qui forment plate-forme. Quelques-unes de ces pirogues ont jusqu'à

DÉPART DE BANGHI

vingt mètres de long. Le bois dont on se sert pour les façonner est très lourd et très résistant, mais offre l'avantage inappréciable d'aller au fond ; c'est ce qui fait qu'en cas de chavirage on est sûr de ne pouvoir revenir à flot et par suite de se noyer, ou tout au moins de perdre pirogue et bagages. Ces navires en miniature sont montés par des équipes de Banzyris, peuplades riveraines de l'Oubanghi, qui sont uniquement occupées à la pêche et au pagayage. Leur nombre par pirogue varie de dix à vingt, suivant la taille de celle-ci. La plus grande partie des pagayeurs s'asseyent sur les rebords vers l'arrière et pagayent dans cette position, contrairement aux Bondjios, dont je vous ai parlé souvent et qui pagayent debout. Nécessairement, la pagaye banzyri est très courte et très légère, et se remue avec facilité. Un d'entre les rameurs se place à l'extrémité arrière de la pirogue et dirige l'embarcation à l'aide de sa pagaie. Mais le principal instrument dont les Banzyris se servent pour avancer avec rapidité est le « tammbô », grande perche de quatre mètres à quatre mètres et demi de long, avec laquelle ils poussent et font avancer la pirogue. Deux ou trois hommes en sont munis à l'avant et s'en servent avec avantage, surtout aux endroits peu profonds et à la rencontre des arbres, car on navigue presque constamment le long de la berge.

Les blancs, les bagages et les domestiques sénégalais ou autres se placent comme ils peuvent entre les pagayeurs et les pousseurs. Pour moi, j'étais dans une immense pirogue avec Pottier, tous les deux assis sur des sortes de grands fauteuils pliants, couchés ou plutôt à demi étendus. Au départ, chaque pirogue avait son pavillon tricolore flottant au milieu, ce qui donnait un très bon air à la petite flottille.

A neuf heures du matin, malheureusement sans les trois coups de sifflet des bateaux à vapeur, nous levons l'ancre, et en avant ! Au départ même de Banghi il y a un rapide à passer, et ce fut un avant-goût de ceux que nous devions rencontrer plus loin. Dans ces petites cascades qui forment la rivière, les noirs n'hésitent pas ; ils se jettent à l'eau, gagnent les rochers et tirent à eux la pirogue, pendant que ceux qui se servent de perches poussent avec frénésie ; et puis, c'est passé ! Quelquefois des piroguiers maladroits lâchent la barque au beau moment, et alors on fait demi-tour, et au fond de l'eau ! C'est à ce moment un sauvequi-peut peu divertissant. Dernièrement, le gérant de la maison hollandaise des Ouaddas, là où nous sommes, a chaviré dans un des rapides situés entre l'endroit où nous nous trouvons à Banghi, et s'y est bel et bien noyé. Rien ne semble cependant plus inoffensif que ces rapides, où les noirs se jettent dans l'eau, qui n'atteint guère plus haut que leur ceinture. Enfin le premier rapide est franchi, et nous regagnons la rive française, dont nous avions été obligés de nous éloigner quelques instants, pour ne plus la quitter.

Le soleil est radieux et tape sur nous avec une ardeur fort inconvenante. J'ouvre mon parapluie et me couvre la tête le mieux que je peux pour éviter le sort de Julien, qui, l'autre jour, a reçu un coup de soleil qui le fait horriblement souffrir.

Nous longeons donc la rive française, passant de temps en temps sous de grosses branches qui nous frôlent la tête et nous forcent à nous baisser pour ne point recevoir dans le nez les feuilles qui nous caressent désagréablement la figure. Mais ces petits désagréments semblent arriver à propos pour nous empêcher de nous endormir et nous obliger de temps en temps à admirer le paysage que nous côtoyons. La rivière, toujours entourée de bois, est encaissée entre des collines assez élevées et couvertes d'arbres jusqu'à leur sommet. L'Oubanghi a encore là de sept à huit cents mètres de largeur et a l'aspect d'une rivière magnifique. A partir d'une heure de l'après-midi, nous longeons des villages habités encore par des Bondjios, anthropophages fieffés, puisqu'ils mangent même les cadavres qui ont séjourné dans l'eau et flottent, ballonnés, à la surface. Ils sont cependant très calmes et nous demandent des pavillons français pour placer sur leurs villages. Ceux qui en possèdent déjà un le font descendre sur notre passage et saluent nos pirogues selon toutes les règles de l'art. Dans un de ces villages on nous donne un jeune cabri, pour avoir un drapeau tricolore. Nous nous y arrêtons à peine et filons vers le port de mer où nous devons coucher et qui est un petit village sur la rive française, toujours habité par les Bondjios.

Il est assez tard, cinq heures et demie, et comme Pottier et Julien n'ont guère d'appétit, je mange un morceau, presque tout seul. Le chef du village, je ne me rappelle pas le nom de ce trou, s'empresse de faire

NOUS LONGEONS LA RIVIÈRE FRANÇAISE SOUS DE GROSSES BRANCHES

amitié avec moi. Mais ici ce n'est plus l'échange du sang. On se contente d'apporter une forte pincée de poudre rouge et de frotter bras droit contre bras droit. Extrêmement pressé de me prouver son amitié, le vieux chef me salit toute ma chemise avec sa poudre rouge, sans me donner seulement le temps de retrousser ma manche. Il nous offre un cabri et une poule. En général, les chefs aiment bien nous faire des cadeaux, parce qu'ils savent que le blanc, quand on lui fait un cadeau, en paye la plupart du temps deux ou trois fois la valeur. J'en ai vu même réclamer au sujet des cadeaux qu'on leur faisait et qu'ils ne jugeaient pas suffisants. Le cas ne s'est pas produit ici, bien qu'on ait payé à ce chef ses vivres très bon marché et au prix courant.

Je veux vous donner une idée des prix. Une poule coûte deux petites cuillerées de perles bayocas; une chèvre, trois cuillerées de cuiller à soupe, soit quelques centimes. C'est l'unique monnaie. L'étoffe ne peut servir que comme pourboire, et la perle n'est bonne que très petite; mais je vous en parlerai quand nous serons en pays banzyri.

Dans le village qui eut l'honneur d'abriter nos têtes, dans la nuit du 30 novembre au 1er décembre, le chef avait mis deux cases à notre disposition, et, comme la nuit était très fraîche, un sommeil réparateur n'a pas tardé à engourdir nos membres fatigués.

Le lendemain 1er décembre, dès l'aube nous étions debout, et à six heures quinze le convoi se remettait en route. Une légère brume couvrait l'Oubanghi, et le temps, quoique frais à cette heure matinale, s'annonçait comme devant être beau et chaud. Nos pagayeurs, mis en gaieté par le nombre des pirogues et la fraîcheur du matin, s'amusent à faire des courses, et c'est une bousculade perpétuelle pendant quelque temps. Les pirogues se passent, se dépassent, se redépassent, et, chaque fois qu'on en devance une ou qu'une autre vous brûle la politesse, on est éclaboussé d'une jolie façon. Quelquefois même les pointes de pirogues viennent vous menacer, et on est obligé de montrer les dents, sous la forme d'une trique, pour empêcher les jouteurs de vous faire chavirer ou de vous inonder peu convenablement. L'avantage de ces luttes nautiques est de nous faire avancer plus vite et d'exciter les pagayeurs, qui seraient, sans cela, portés à ne ramer que par intervalles très irréguliers.

Nous voici devant un village, perché au haut d'une falaise. Le chef, qui est en guerre avec ses voisins de l'intérieur, nous fait demander de tirer quelques cartouches en l'air, afin de montrer à leurs ennemis que les blancs sont là, et qu'il y aurait grand danger pour eux à les attaquer. Nous sommes encore en pays bondjio, et le soir, à trois heures, nous arrêtons pour passer la nuit dans un petit village bondjio, dont le chef s'appelle Machbé; le village porte le nom de Mobaka. Julien, à son précédent voyage, avait laissé un Sénégalais pour le protéger contre ses ennemis; aussi sommes-nous reçus à bras ouverts, et le chef demande à nous accompagner jusqu'aux Ouaddas; il pagayera lui-même. C'est encore une case nègre qui reçoit nos lits et nos personnes. Mon appétit est complètement revenu, et je fais honneur au dîner. Du reste, nous avons des vivres de toutes sortes : poules, cabris, pintades, farine de manioc et haricots, épis de maïs. Les poulets, avec les patates qui, étant très peu sucrées, ressemblent aux pommes de terre, constituent notre principal régal. Dans les pirogues, un poulet froid et une boîte de conserves nous servent de déjeuner. J'oubliais les œufs, qui sont aussi, à partir d'ici, très abondants, et avec lesquels nous varions agréablement nos ordinaires. Vous devez remarquer que, lorsque je me porte bien, je parle beaucoup de la nourriture. Dès qu'on est souffrant ici, l'appétit s'en va, et on ne peut même plus voir les mets décrits sur le papier.

Nouveau départ à six heures trente, nouvelle brume et nouveau beau temps. Le 2 décembre, le soleil d'Austerlitz dans toute sa gloire! Ce jour-ci, nous devons rencontrer des rapides. En effet, le premier se trouve à trois quarts d'heure environ de notre point de départ. Nous mettons, par prudence, pied à terre pour le passer, et les pagayeurs hissent et poussent la pirogue le long de la rive; toutes les pirogues s'attendent. Ouf! la seizième est passée sans incident d'aucune sorte. En route de nouveau, et arrivée au bout de quelque temps devant un autre rapide. Puis, pied à terre, c'est-à-dire pied sur les rochers, et dès que la pirogue a passé, on rembarque; tout le convoi est enfin passé. Deux ou trois rapides encore, et nous sommes sauvés! Mais le prochain est le fameux « rapide de l'Éléphant », qui a coûté la vie au gérant de la factorerie des Ouaddas. Nous le traversons heureusement, et nos seize

PASSAGE DES RAPIDES

pirogues également. L'Oubanghi forme deux bras en cet endroit, et il est très resserré, courant très violent et chute. Il n'y a pas à dire, c'est un mauvais passage ; mais les eaux sont assez basses, car elles sont descendues d'une façon prodigieuse, et, grâce à Dieu, nous l'avons encore franchi sans encombre.

Nous glissions tranquillement le long de la rive, quand un des Sénégalais nous réveille — le soleil, donnant en plein sur nos têtes, nous avait endormis dans sa chaleur pénétrante — et nous dit que deux flèches venaient d'être tirées sur notre pirogue. Nous envoyons aussitôt deux coups de fusil dans la brousse sur les sauvages qui nous avaient visés ; mais devant leur persévérance à se dissimuler, et ne recevant d'ailleurs aucune autre flèche, nous continuons notre marche. Il paraît que les riverains qui avoisinent les rapides ont la douce habitude d'attaquer ainsi les pirogues au moment critique où elles les traversent. On a déjà brûlé leurs villages, mais sans aucun résultat, et cet exemple n'a pas corrigé ces véritables pirates. Quelques minutes après, nous sautons un nouveau rapide peu important, et c'est fini. Nous entrons dans une région où commencent les populations banzyris, c'est-à-dire où les Banzyris viennent de fonder de petits établissements pour la pêche, et qu'ils évacuent au temps des hautes eaux. C'est le rendez-vous d'équipes de pêcheurs qui viennent s'y succéder et s'y remplacer à tour de rôle.

Les rives de l'Oubanghi sont plus plates, mais toujours boisées. Le fleuve est parsemé d'îles, dans l'une desquelles, située à peu près en face du poste belge de Mokoanghay, nous atterrissons à un village banzyri, ou plutôt un assemblage de huttes banzyris, pour y passer la nuit. C'est pour nous un changement complet de décors. Les cases ne sont plus rectangulaires, comme dans les pays que nous avons visités jusqu'ici. Elles sont rondes, formées de roseaux, et rappellent vaguement les taupinières, ou plus exactement les meules de foin (pas de paille) qu'on construit dans les campagnes, au milieu des prairies. La porte consiste en une ouverture très étroite par laquelle on se glisse dans l'intérieur presque à quatre pattes. Celui-ci est très propre, quoique noirci par la fumée des feux qu'on y allume. C'est dans une de ces cases que nous

— 190 —

avons couché. Il y en a d'assez grandes pour contenir une nombreuse famille tout entière, une famille de noirs, bien entendu.

Avec les Banzyris, changement de coiffure, de costume et de beaucoup d'autres choses encore. Les femmes portent presque toutes les cheveux longs et pendants dans le dos. Ils sont tressés et d'un fort joli effet; mais il paraît que beaucoup sont faux! L'invention des faux

HOMMES ET FEMMES BANZYRIS.

cheveux existe donc dans tous les pays. Ces dames se placent beaucoup de petites perles dans les cheveux; mais pour ce genre de coquetterie ce sont les hommes qui l'emportent. La coiffure de certains d'entre eux est vraiment remarquable.

Le costume des deux sexes consiste uniquement en de nombreux colliers de perles pendant autour du cou, et quelquefois en une petite ceinture de perles autour de la taille... et un point... c'est tout. La feuille de vigne n'a pas été inventée dans ces pays primitifs, du moins pour les jeunes femmes. Les vieilles ont un petit commencement de pagne, ainsi que les hommes. La légèreté de leur costume ne paraît, du reste, les gêner nullement. Souvent, ils s'enduisent le corps d'huile pour se tenir chauds. Les types banzyris sont beaucoup moins laids, beaucoup plus sympathiques, si je dois m'exprimer ainsi, que les autres noirs et négrillons que nous avons rencontrés jusqu'à cette heure. Un jeune pagayeur banzyri est même très amusant et cherche à se rendre utile de toutes façons. Il nous apporte nos fauteuils, cherche à aider pour monter nos lits; finalement, il nous fait demander par voie d'interprète de l'emmener avec nous.

Les Banzyris sont les grands pagayeurs de la rivière et n'ont que cette occupation. Eux seuls peuvent permettre aux blancs de la remonter en leur fournissant des pirogues et des hommes. Quand les premières sont inoccupées pour la traction, ils s'en servent pour faire la pêche. Ils sont assez pillards, mais n'osent guère s'attaquer qu'aux individus isolés, car ils sont d'une poltronnerie remarquable à la guerre. Ils prétendent quelquefois être soutenus par les blancs pour terrifier leurs adversaires et leur imposer leurs volontés. Du reste, nous aurons occasion de les revoir, puisqu'ils s'étendent sur une grande longueur, sur la rivière, et j'aurai à vous en reparler. Je n'exprime ici que mes premières impressions et le résumé des racontars ouïs depuis quelque temps. Inutile de renouveler ma petite sérénade sur la température de ce jour-là. Mais il a fait beau et chaud dans la journée, et la nuit a été fraîche, ce qui donne des forces pour le lendemain.

Le 3 décembre, vers sept heures du matin, nous quittions la petite île, et immédiatement les pirogues se sont mises à voguer sur la rive française. Quel ravissant spectacle en ce moment! Une très légère buée couvre la rivière, un magnifique soleil de feu montre à peine au-dessus de l'horizon sa face réjouie et éclaire en plein toute la petite flottille. Les rives, vertes et couvertes de grands arbres, sont estompées par la brume qui les bleute vaguement et forme un immense rideau, traînant ses draperies tout le long de l'horizon. Au milieu de la rivière qui semble reluire de propreté, dans un jour favorablement clair, les seize pirogues glissent, avec leur chargement et leurs passagers, couronnées du pavillon tricolore dont les vives couleurs tranchent agréablement sur le fond flou et effacé où s'encadre cette scène.

Et quelle variété d'attitudes chez les voyageurs! Ici un Arabe juché sur les malles, entouré de ses pagayeurs, et dont le burnous blanc contraste étrangement au milieu de tous ces corps noirs. Plus loin, c'est Julien, couché sous une espèce de tente blanche et rouge, et deux Sénégalais accroupis, en veste blanche et bleue. Une autre pirogue porte des Arabes qui, le capuchon bleu rabaissé sur leur tête, fument, nonchalamment étendus, leur cigarette, dont ils suivent avec complaisance les légères spirales de fumée. Dans une autre pirogue, un pagayeur s'est arrêté de ramer et tape à tour de bras sur son tambourin, donnant la cadence aux autres pagayeurs qui, tous, poussent avec ardeur l'eau rapide du courant, cherchant à atteindre les premiers l'autre rive. C'est un joli fouillis de têtes, de pagaies, de pirogues. Dans l'une de ces dernières, deux dames hautes et puissantes de la localité ont saisi l'aviron et rament avec un entrain superbe. Leurs grands cheveux sont épars et dansent des sarabandes à chaque coup de pagaie qu'elles donnent... Mais la rive est atteinte, le tableau est terminé et la navigation côtière reprend son cours, le soleil a dissipé toute la petite brume de la première heure et la chaleur augmente d'heure en heure, tempérée cependant par une brise légère, qui souffle au-dessus de l'eau et vient nous caresser délicatement le visage.

Bientôt, nous apercevons dans le lointain une vaste plaine qui ressemble à une trouée dans la rive : ce sont les Ouaddas; mais il nous faut bien encore deux heures et demie pour y arriver, en longeant quelques huttes banzyris, où nos pagayeurs ont des amis et des connaissances qui viennent les saluer au passage et leur narrer les faits divers de la localité. En même temps, ils chantent, et leurs chansons annoncent notre arrivée à tous les villages côtiers, avec des réflexions plus ou moins bizarres sur les passagers que les pirogues transportent.

Il est une heure de l'après-midi, quand nous atterrissons devant la factorerie hollandaise des Ouaddas. Le gérant, M. Hulst, est là en grande tenue. Il nous souhaite la bienvenue et nous conduit immédiatement au petit pavillon en paille qu'il nous a fait préparer, contenant deux petites chambres et un salon de réception qui a bien huit mètres carrés, mais presque entièrement occupé par une table, placée au centre. Nous changeons avec plaisir de costume, car ce voyage en pirogue ne nettoie pas précisément les vêtements, et les éclaboussures qu'on y reçoit et l'eau qui baigne le fond de la pirogue ne sont guère faites pour nous approprier.

Les Ouaddas, ainsi nommés de la population qui habite l'intérieur à deux ou trois kilomètres seulement, sont un poste fondé en 1891 par les auxiliaires de Dybowski, qui en avait fait un centre. Peu de temps après, vers le mois de janvier de cette année, les Hollandais, ou du moins la Société hollandaise du commerce africain, qui a des factoreries dans tout le Congo français, en obtint la concession et s'y établit, pour faire le commerce de l'ivoire. La factorerie se compose de deux maisons en argile et de plusieurs paillottes. Les maisons en argile sont de fabrication hollandaise. Les autres ont été construites par la maison Dybowski. Le tout est établi dans une vaste plaine derrière laquelle est un marais qui arrive presque au bord des établissements aux hautes eaux. Mais, à l'heure actuelle, il est sec et bien sec. La berge est de trois mètres environ au-dessus du fleuve, et pendant les crues la rivière vient à peu de distance de la factorerie. Ici on fonde des établissements sur des berges qui, au moment de la saison sèche, paraissent avoir cinq mètres de haut, et l'on est tout stupéfait, aux mois de pluie, de voir tout d'un coup l'eau nous envahir et monter, comme à Banghi, à $6^m,27$ au-dessus de l'étiage. La position géographique des Ouaddas, qui n'est pas marquée sur les cartes que nous avons, se trouve à peu près sur le cinquième parallèle nord et entre les rivières Ombella et Kémo, affluents de l'Oubanghi, qui devant nos fenêtres coule de l'est-nord-est à l'ouest-sud-ouest. Nous sommes presque au point le plus élevé de l'Oubanghi.

6 novembre. — Voilà trois jours que nous sommes aux Ouaddas. Nous avons reçu avant-hier la visite du petit vapeur de la Société anonyme belge, l'*Albert*, qui fait la route entre Mokoanghay et Banzyville, c'est-à-dire un espace où il n'y a aucun rapide. Ce petit transport est à roues, mais ne va guère plus vite qu'une pirogue. L'État indépendant a aussi une petite chaloupe à vapeur pour faire le même service : l'*En avant!*

L'État français a eu un malheur avec le sien. L'an dernier, le *Docteur Ballay* chavirait et sombrait dans les rapides de Mobaï, que son capitaine avait imprudemment voulu lui faire franchir. Aussi la France ne remonte aujourd'hui ses vivres qu'en pirogue, ce qui, du reste, quand on peut en trouver, ne retarde pas extraordinairement, grâce à la rapidité avec laquelle les pirogues marchent, et cela évite en plus les transbordements, qui demandent toujours un certain temps.

En commençant ma lettre, je vous parlais l'autre jour du fameux rapide de l'*Éléphant;* M. Fraisse, agent du Congo français, qui nous précédait de vingt-quatre heures et qui va à Yakoma-Abiras, a vu sa pirogue chavirer dans les rapides et se serait noyé probablement, sans un Sénégalais qui l'a littéralement empoigné par les cheveux (il en a plus que moi) et l'a placé sur un tonnelet qui surnageait. Il est arrivé après avoir perdu toutes ses affaires personnelles. Il remontait aussi du ravitaillement pour le haut fleuve, mais heureusement que ses six autres pirogues ont passé sans encombre, et lui seul a été lésé par le naufrage. Nous n'avons pas de rapides d'ici Mobaï, où se trouve le plus grand de tous. Il ne faut pas moins d'une demi-journée de marche pour le traverser et s'en mettre complètement à l'abri. Mais nous mettons pied à terre quand nous le pouvons, ce qui soulage la pirogue. Grâce à la baisse des eaux, notre montée s'effectuera plus facilement; mais nous sommes forcés, vu le petit nombre de pirogues à notre disposition, de scinder le convoi en deux, et le premier, partant demain, sera dans une dizaine de jours à Mobaï, où nous irons à notre tour, quand la première partie sera arrivée à destination. Ce n'est pas un moyen très rapide de remonter; mais il n'y en a pas d'autres; d'autant plus qu'étant un peu à court de perles bayocas, seule monnaie usitée dans le pays, nous devons les ménager précieusement.

Je viens de voir des femmes ouaddas. Quelle horreur! elles se mettent des morceaux de métal dans la lèvre supérieure, dans chacune des ailes du nez, et une longue pointe de cristal de roche est suspendue à leur lèvre inférieure. Dans leur costume règne la même simplicité que dans celui des femmes banzyris, autrement dit, tout ce qu'il y a de plus primitif.

Le métal dont elles s'ornent les lèvres et dont quelques morceaux pèsent de vingt-cinq à trente grammes ressemble beaucoup à de l'argent. C'est un alliage d'argent et de métal quelconque; c'est de l'argent à un titre très bas. C'est la première fois que nous voyons des indigènes avec des objets d'argent. Cela prouve une chose : c'est que les Ouaddas ont des relations avec les Arabes, dont ils sont, du reste, assez peu éloignés. Des émissaires arabes sont venus ici après la mort de Crampel et

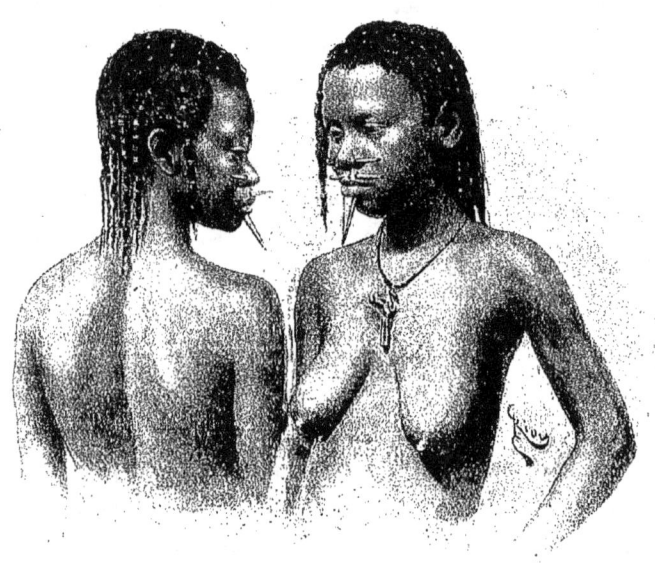

FEMMES OUADDAS.

ont cherché à se renseigner sur l'invasion des blancs, sur leurs forces et leurs intentions.

Comme nous longeons l'Oubanghi et marchons vers l'est, nous n'aurons pas encore affaire avec les « Touyos », nom que les indigènes donnent aux Arbis, et ce ne sera que passé Yakoma, que nous aurons affaire à ces grands possesseurs de l'Afrique.

Regardez un instant une carte de l'Afrique, et vous pourrez juger de l'extension du monde musulman sur cette partie du globe. Au nord, les musulmans occupent le Maroc, l'Algérie, la Tunisie, la Tripolitaine, l'Égypte et le Sahara (soumis ou indépendants). A l'ouest, le Sénégal est en grande partie musulman, le Fouta-Djallon, les rivières du Sud, presque jusqu'au Dahomey. A l'intérieur, les empires d'Adamaoua, du Ouadaï, du Dar-Fertit, le Dar-Four leur sont soumis, ainsi que le Tchad. Ils s'étendent jusqu'aux sources de la Sanga. Ici, ils viennent presque jusqu'au 7° degré de latitude nord. Le haut bassin du Nil leur appartient, et toute la côte orientale jusqu'à Zanzibar. De plus, dans l'intérieur ils possèdent les sources de l'Oubanghi, du Mbomou, du Mbili, et tout le haut cours du Congo, c'est-à-dire un bon tiers de l'État dit indépendant ; en un mot, les deux tiers de l'Afrique sont sous leur domination effective ou occulte, qui s'étend chaque jour, un peu retardée par l'intrusion des blancs dans les affaires du Centre africain.

Ici, changement de conversation ; je veux vous charger de deux commissions dont je ne suis que l'intermédiaire. M. Riollot, le nouvel agent de l'expédition, m'a versé une somme de sept cents francs en livres sterling et m'a prié de la faire parvenir à l'adresse suivante : M. Riollot fils, entrepreneur à Autun (Saône-et-Loire).

Comme je ne puis faire voyager de l'argent ici, puisque les mandats postaux n'existent pas encore, je vous prierai de vouloir bien envoyer les sept cents francs, en mandat sur la poste à l'adresse ci-dessus, de la part de M. François Riollot au Congo, et de garder le reçu du mandat, pour le remettre à notre retour.

De même, un tirailleur m'a versé cent francs, pour être envoyés de la même façon à l'adresse ci-après. Elle n'est pas très courte :

Si-Braham-Ben-Mohammed-Ben-Tel-Tayeb, à Msila, arrondissement de Sétif, province de Constantine (Algérie) ; de la part du tirailleur Djemaï-Ben-Ahmed, au Congo, en expédition.

Voilà les deux affaires dont je voulais vous charger, avec prière de garder les talons-récépissés de la poste pour être représentés aux intéressés, lors de leur retour en Europe ou en Algérie.

Je vous ai parlé tous ces jours-ci et dans quelques-unes de mes lettres précédentes de la pêche que pratiquent en grand les riverains de l'Oubanghi ; mais je ne sais si je vous ai dit les moyens qu'ils emploient pour attraper les poissons. Les Bondjios se servent de filets, faits avec beaucoup d'art, tellement qu'un de nous les avait pris pour des objets de fabrication européenne. Leur principal filet est un grand carré à mailles assez serrées, qu'ils dressent au moyen de deux perches sur les pirogues, à un moment donné, dans les endroits qu'ils croient poissonneux. Ils font basculer le filet et l'immergent. Ils le laissent quelques moments dans l'eau et le relèvent. Les poissons qui y mettent de la bonne volonté sont

PÊCHEURS BONDJOS.

projetés dans la pirogue, mais avec ce filet ils ne peuvent guère prendre que du fretin, dont cependant nous avons fait de délicieuses fritures. Les Bondjios emploient aussi l'épervier. J'en ai vu dans leurs villages, mais je ne les ai pas vus s'en servir. Les Banzyris emploient de grandes nasses en osier et placent ces instruments dans des étranglements où le poisson a l'habitude de passer. Leurs pièges, car ce sont de véritables pièges à poisson, en prennent énormément, et parfois de très gros. Ils ont aussi la pêche à la ligne et n'ont rien à envier à ce point de vue à tous les badauds parisiens des quais. Seulement leur ligne est très primitive, n'a pas de bouchon, et leur hameçon est un simple morceau de fer recourbé, mais arrangé avec grand soin. Les armes des peuples que nous avons traversés jusqu'ici et dont j'ai envoyé de nombreux échantillons en douane, à votre nom, sont les lances de formes diverses, les zagaies dont quelques-unes sont de petits travaux d'art, les couteaux de jet de formes extrêmement variées, et enfin, depuis Banghi, les arcs et les flèches. Quelques-unes de ces dernières sont empoisonnées. Ce sont celles qui consistent en un bois effilé qui n'ont pas de fer à l'extrémité.

7 décembre. — Les Banzyris que nous commençons un peu à connaître sont beaucoup moins anthropophages et ne se contentent pas d'enterrer leurs morts dans leurs estomacs, comme la plupart des populations riveraines de l'Oubanghi. Ils sont plus doux de caractère, quoique assez fiers et très paresseux.

La température dont nous jouissons depuis une dizaine de jours est fort supportable, de vingt degrés minimum à trente degrés maximum. Mais ce qu'il y a d'agréable, c'est que les tornades ne sévissent plus, et que le ciel est remarquable de pureté, avec une petite brume permanente qui fait voir tout en bleu. L'effet en est joli et repose le regard.

Décidément, cette lettre est remplie de commissions pour vous. Je les renouvellerai dans les autres, au cas où celle-ci se perdrait. Cette dernière cependant n'est pas facile à renouveler. Il s'agit de transmettre à l'adresse ci-dessous la lettre en arabe et le certificat de vie ci-inclus :

M. Taïeb-ben-Lakader, cafetier, route de Bardo, Constantine (Algérie).

8 décembre. — Dix heures et demie du matin. Julien part à l'instant pour le Kwango et peut-être Mobaï, avant-dernier poste français sur l'Oubanghi, fondé en 1891 ; et, comme je vous l'ai dit, nous procéderons ensuite à notre mise en route. Cette manière de voyager est évidemment un peu lente, mais plus sûre, et d'ailleurs nécessité fait loi. Nous n'aurions jamais eu assez de pagayeurs et de pirogues pour filer en une fois. Le temps se maintient au beau, le thermomètre marque vingt-six degrés au-dessus dès dix heures ce matin ; mais il ne monte guère au-dessus de trente-deux à trente-quatre degrés en général ; c'est déjà gentil. Nous n'avons pas encore eu à nous plaindre à ce point de vue, et nous ne souffrons pas de la chaleur. C'est fort heureux, car il est plus difficile de supporter ici trente degrés qu'en France, vu l'humidité extraordinaire de l'air et les miasmes qui se dégagent des nombreux marais de la terre africaine.

9 décembre. — J'ai trouvé une nouvelle occupation. Je suis en train de travailler à un vocabulaire de la langue banzyri. Ce « gros » travail a été commencé aujourd'hui. Je compte en faire autant dans tous les endroits où nous resterons quelques jours. Mais ces mots pris à la volée offriront bien des incorrections. Néanmoins, j'en ai trouvé de curieux. Les Banzyris ont une coutume très spéciale ; ils redoublent presque toujours le mot, quand il n'y a qu'une syllabe. Par exemple, non se dit : « pé. » Ils disent toujours : « pépé », « fou » pour bon, « foufou », et ainsi de suite. Collier, par exemple, se dit : « malenghé-lenghé », en redoublant la fin du mot, et beaucoup de mots ainsi, ce qui donne un drôle d'aspect à certaines phrases.

13 décembre. — La poste ne part pas souvent dans ces pays-ci, et son irrégularité est désespérante. J'ignore tout à fait quand cette lettre prendra la route de France. Il faudrait qu'une pirogue partît d'ici pour Banghi, avec quelques Sénégalais ou blancs. Mais jusqu'à présent il n'en passe pas, et je profite de ce séjour assez prolongé aux Ouaddas pour pousser mes études sur le banzyri et interroger les indigènes sur la dénomination de certaines choses. Je suis arrivé de la sorte à connaître pas mal de détails sur leurs faits et gestes qui m'auraient probablement échappé autrement et dont quelques-uns sont assez curieux. Entre autres choses, j'ai vu les entraves qu'ils mettent aux pieds, ou plutôt à un pied de leurs esclaves fugitifs pour les empêcher de s'échapper, et qui consistent en une pièce de bois, percée d'un grand trou au milieu. On y insère la jambe du pauvre diable, et, au moyen d'une cheville en fer, la jambe se trouve prise. C'est sommaire et bien compris.

Voici quelque chose de plus gai. Vous connaissez bien la canne à gros manche recourbé, que les gommeux parisiens ont portée pendant quelque temps et qu'ils se mettaient sur le bras. Les Banzyris l'ont inventée depuis longtemps et la fabriquent d'une façon très simple. Ils prennent un léger bambou droit et, au moyen d'une herbe tressée, replient le haut en demi-cercle. Ils s'en servent ainsi. Un jour, l'herbe s'use ou se casse; mais le manche a pris le pli, et la canne se trouve faite tout naturellement. Je vous ai peut-être déjà dit que les femmes bondjios se mettent du noir sur la figure. Il en est de même ici. C'est drôle, mais au fond c'est logique, puisque les femmes se mettent bien de la poudre de riz en Europe. Si on demande à mesdames les Banzyris les raisons de ce barbouillage, elles vous donneront les mêmes que les dames françaises qui se servent de la poudre susdite.

J'ai eu de grandes inquiétudes au sujet de Pottier. Il a été très malade ici, et, Dieu merci, il commence à se rétablir. C'est égal, nous sommes dans un pays où l'on ne peut guère faire de vieux os. Les moustiques eux-mêmes se sont remis de la partie, et de temps à autre, malgré les moustiquaires, on se réveille — si on a eu le bonheur de pouvoir dormir — avec une figure qui ressemble beaucoup à une écumoire.

Il existe, dit-on, dans un pays européen une légende que je veux vous conter ici.

« Dieu créa le monde; il fit l'Europe, l'Asie, l'Amérique et l'Océanie. Le diable survint à ce moment et pria Dieu de l'autoriser aussi à faire quelque chose, prétendant que ce qu'il ferait serait beaucoup plus beau, ce qui lui fut accordé. Le diable alors créa l'Afrique. Et voilà! »

16 décembre. — Nous partons des Ouaddas pour le Kwango, demain ou après-demain. Devant la perspective des emballages et des derniers retards, ou des dernières précipitations, je crois plus prudent de fermer ma lettre et de la remettre au gérant de la factorerie, qui se chargera de la faire parvenir à Banghi par la plus prochaine pirogue descendante; quand? je l'ignore; mais probablement vous recevrez de nos nouvelles du Kwango en même temps. Julien est parti en avance sur Yakoma-Abiras, pour préparer la route. Malgré toutes sortes de retards, causés par la difficulté que l'on a à se procurer des pirogues, nous avançons, et quand nos charges, restées en arrière, nous rejoindront, nous pourrons commencer la partie palpitante du voyage.

Tous les malades sont à peu près rétablis, et dans la troupe l'état sanitaire est généralement bon. Il est vrai que les fatigues sont peu considérables, et que monter en pirogue est une vraie partie de canotage.

Aux Ouaddas, le 16 décembre 1892.

XXI

LE KWANGO

DEMANDE DE MÉDICAMENTS. — TACHE FACILITÉE. — TOUT MARCHE BIEN.

Haut-Oubanghi, Congo français, Afrique centrale.
Le Kwango, poste sur l'Oubanghi, 29 décembre 1892.

Je vous expédie un simple mot de Kwango. Deux ou trois jours avant de partir pour Yakoma-Abiras, j'avais commencé une longue lettre; mais j'ai trop de choses à dire pour pouvoir la terminer avant le courrier qui part, presque directement, pour l'Europe aujourd'hui. M. Greshoff, le directeur de la maison hollandaise dans le haut Congo, redescend de chez les Nzakkaras et se rend directement à Brazzaville. Il se met très aimablement à notre disposition pour me faire parvenir à Yakoma, poste où nous resterons quelque temps, et même plus loin, des paquets que vous pourriez m'expédier. Je vous demanderai de nous envoyer quelques caisses, quatre ou cinq, de demi-bouteilles de champagne, médicament absolument nécessaire dans ces pays-ci contre la fièvre, et reconstituant de premier ordre pour les convalescents. Voilà comment il faut procéder pour envoyer les paquets... Attention à l'adresse qui n'est pas commode :

Duc d'Uzès, à Greshoff, Niewe Afrikannsche Hendels Vennootschap, Rotterdam (Hollande).

Les bateaux partent huit fois par an, mais le gros avantage est que les colis mettent dix-huit jours de Rotterdam à Fouka-Fouka (près Matadi) et montent immédiatement à Brazzaville par des porteurs spéciaux, et après M. Greshoff se charge, par ses bateaux et ses agents, de me les faire parvenir en quelque point d'Afrique où je serai. Du reste, nous serons probablement obligés d'essayer plusieurs routes à Yakoma, et par suite nous serons retardés assez longtemps. On nous prépare l'accueil le plus aimable. Le chef du poste français est descendu jusqu'ici pour nous faire monter sans encombre. Julien y est arrivé et commence à travailler les peuples environnants, et essaye probablement de prendre contact avec les musulmans. Enfin tout le monde, l'administration surtout, se met en quatre pour nous faciliter notre tâche. Nous allons retrouver aux Abiras un docteur pharmacien des colonies, très fort, paraît-il, pour guérir les maladies du pays. Pour l'instant, personne n'en a besoin ; l'état sanitaire est excellent. Si vous m'envoyez des journaux en ballot, vous pourrez les expédier par les mêmes voies que j'ai indiquées plus haut, et ils me parviendront.

Si nous avons tant de facilités pour monter, c'est grâce à M. Dolisie, qui a vraiment tenu toutes ses promesses et que tout le monde a secondé du mieux possible, je dois même dire avec plaisir. J'en suis très heureux, car rien n'eût été plus ennuyeux qu'un conflit avec qui que ce soit. Le pays où nous allons est très intéressant et — je vous prie de ne pas le dire, ça me ferait tort, — peu dangereux. D'ailleurs, Julien prépare tout si bien qu'il n'y a qu'à se laisser mener derrière lui. Il a été un peu souffrant, mais il est arrivé seulement un peu fatigué à Yakoma, et M. Liotard l'a condamné au repos forcé. C'est pour cela qu'il n'est pas redescendu me chercher. Nous serons vers le 10 janvier à Yakoma, et de là nous rayonnerons en sens divers. La lettre, qui portera la date du 24 décembre, puisqu'elle est commencée à notre arrivée ici, ne partira que dans quelques jours.

Au revoir, ma chère maman ; je vous embrasse bien tendrement, en vous envoyant en même temps, par la pensée, mes vœux de nouvelle année, et espérant continuer aussi heureusement un voyage qui, après quelques hésitations, a l'air de s'emmancher à merveille maintenant.

Un vieil Africain,

JACQUES.

XXII

CHEZ LES BANZYRIS ET LES BANGAKAS

BEMBÉ. — MARCHÉ. — EN ROUTE POUR LES ABIRAS. — LE 1ᵉʳ JANVIER 1893 AU MILIEU DES SAUTERELLES. — UNE TORNADE. LE POSTE DE MOBAÏ. — DANS LES BRUMES. — ARRIVÉE AUX ABIRAS.

Haut-Oubanghi, Afrique centrale.
Le Kwango, 24 décembre 1892, veille de Noël.

Nous avons encore changé de domicile, et nous nous sommes avancés de quatre journées de pirogue dans le haut Oubanghi. Les Banzyris nous ont joué toutes sortes de tours, et notre départ, qui devait avoir lieu des Ouaddas le 18, n'a eu lieu que le 19. Nous sommes partis ce jour-là à huit heures et demie du matin, après avoir pris congé de notre hôte hollandais. Pottier avait été expédié la veille avec six pirogues. Nous en avions trois, dont une assez belle.

La navigation n'offre rien de bien remarquable pendant cette journée, où l'on ne rencontre qu'un ou deux villages sur la rive belge. Les eaux ont baissé d'au moins cinq ou six mètres, et des bancs de sable immenses sont à découvert. Les pagayeurs se reposent pendant qu'on les longe, et ce sont les hommes au « tammbô » ou perche qui font marcher la pirogue. Vers quatre heures, nous nous arrêtons à un village sur la rive belge, dont le chef s'appelle Bessou. Ce sont des Banzyris, car les questions de nationalité intéressent peu les Banzyris, qui s'établissent aussi bien sur les deux rives.

La réception est aimable, et les vivres arrivent rapidement, comme

NAVIGATION A LA PERCHE LE LONG DES BANCS DE SABLE

cadeau. Le blanc, en effet, a la coutume de payer un peu plus cher quand le premier cabri est apporté par le chef en personne pour en faire hommage au blanc. C'est déjà un vieux truc connu, mais il prend néanmoins, car il faut reconnaître la bonne volonté des habitants. La monnaie employée généralement est la petite perle rose (grosseur, bayoca blanche). Plus elles sont petites, plus elles ont de succès. La perle bayoca blanche a encore plus de valeur et sert d'habitude à payer l'ivoire. On ajoute au payement une brasse d'étoffe. Mais c'est encore peu estimé, et ils ne l'acceptent que par-dessus le marché. Il est vrai que leur costume est tellement primitif que de longtemps les marchands de nouveautés qui voudraient s'installer ici risqueraient fort de faire faillite. Les perles, qui servent comme ornement et comme monnaie, vont à l'intérieur (j'entends par intérieur les populations qui ne bordent pas immédiatement l'Oubanghi). Elles sont échangées contre de l'ivoire, contre des esclaves, ou même parfois des vivres.

Le 19, nous passons en vue de la rivière Rémo (ou Kémo), par laquelle s'est engagée la mission Maistre, dans sa route au nord. C'est une rivière peu importante qui n'a guère plus de quatre-vingts mètres à son confluent. Le lendemain, 20 du même mois, nous quittions Sa Majesté Bessou, et en avant de nouveau sur le Mbili (la rivière). Nous dépassons un tas de villages, situés sur la rive française, où flotte le pavillon tricolore et qui nous crient de nous arrêter pour nous vendre des cabris. De temps en temps nous stoppons, entre autres pour déjeuner. Comme il y a du feu dans les pirogues, à l'arrière, on peut faire sauter des œufs sur le plat, et, avec un poulet froid de la veille, le repas se trouve constitué.

Je parle à tort du déjeuner du 20, car, pour moi, il fut très triste. Le soleil m'avait un peu tapé dessus, et, au lieu d'une agape réjouissante, c'est le triste vomissement qui m'a pris toute la matinée. On navigua en pleine chaleur, entre sept heures du matin et quatre heures du soir, et malgré couvertures, parapluies et manteaux, le soleil nous traverse jusqu'aux moelles. Il est, en effet, curieux de constater qu'on est grillé par la chaleur, si l'on n'a pas une couverture sur les jambes et si le soleil vous tape directement sur les pieds.

Ce soir-là, nous couchons dans le voisinage d'un village, N'dry. Les N'drys forment une population assez sauvage de l'intérieur et n'ayant qu'un ou deux villages près de la rivière. Comme récemment ils avaient reçu une petite tripotée, pour désobéissance, le chef est immédiatement venu me faire hommage d'un cabri et d'une poule. Pour nous exprimer que c'est un cadeau (en style nègre), le chef ou celui qui fait l'offre arrache des plumes de la poule ou des poils du cabri et vous en met sur la tête et sur les pieds. Chose curieuse! les blancs ont beaucoup plus de prestige, dans l'Oubanghi, au-dessus de Banghi qu'au-dessous, ces gens-ci n'ayant absolument de respect que pour la force physique et considérant comme non existante la force morale. Le lendemain, 21 décembre, j'étais agréablement rétabli, et à l'heure peu matinale de sept heures et demie, notre petite flottille continuait sa marche ascendante. Les eaux, depuis que nous sommes dans l'Oubanghi, ont baissé de six à sept mètres, et des rochers apparaissent, créant de petits rapides. Vers neuf heures et demie du matin, nous en passons un assez violent sur la rive française. Le même est presque insignifiant sur la rive belge, à cause de la largeur de l'Oubanghi, qui a de quinze à seize cents mètres de large, et dont le cours recommence à être parsemé d'îles. Vers trois heures et demie ou quatre heures, nous stoppons au village de Bembé (rive française).

Bembé mérite deux ou trois mots. C'est un chef banzyri qui, le premier, a fourni toutes les pirogues de la mission Crampel et celles de Dybowski. Cette « entreprise » lui a rapporté beaucoup de perles, et son village s'est enrichi, grâce à de nombreux achats d'esclaves des deux sexes. Les esclaves, je le répète, prennent si bien les coutumes de leurs maîtres qu'on ne saurait les en distinguer la plupart du temps. C'est de chez Bembé que Crampel est parti pour l'intérieur, et c'est lui qui a recueilli les restes de la mission. Il s'est mis en grande tenue pour nous recevoir, laquelle consiste en une vieille veste bleue de milicien et une calotte (?) plus ou moins bizarre. Son fils est beaucoup plus élégant que lui. Il a été boy d'un des membres de la mission Dybowski, et parle le français à peu près correctement. Il était vêtu d'un pagne de cotonnade bleue et d'une veste blanche. Le village de Bembé est bien situé, sur une falaise boisée de dix à douze mètres de hauteur. Les cases sont de la même forme que celle que nous trouvons maintenant, mais beaucoup plus grandes, ayant, quelques-unes, de quatre à cinq mètres de hauteur et de sept à huit mètres de diamètre à la base. C'est dans l'une de ces cases, mise à notre disposition par master Bembé, que nous nous sommes livrés aux douceurs d'un sommeil réparateur.

BEMBÉ ET SON FILS.

Le 22, dès l'aurore, nous étions debout, et vers sept heures en pirogue. Rien de bien saillant dans la navigation de l'Oubanghi durant cette journée. A trois heures environ, nous passons en vue de la rivière Kwango, large de deux cents mètres à son confluent, et qui s'enfonce assez profondément dans l'intérieur, au milieu des populations lanzanassis. Une heure après, nous accostions au poste de Kwango, d'où je vous calligraphie cette lettre. L'historique de ce poste est peu compliqué. Fondé par les Belges, sur la rive droite de l'Oubanghi, et abandonné par eux, au moment de l'occupation française, il consiste simplement en une maison à véranda en pisé et est gardé par deux Sénégalais de la milice du Congo français.

Ma lettre a été interrompue au Kwango par les préparatifs du départ et le passage de M. Greshoff, qui n'a pris de moi qu'un petit mot. Je la reprends après mon arrivée à Yakoma-les-Abiras, où nous sommes arrivés après une heureuse navigation.

Veuillez seulement tourner la page et reprendre le cours de nos exploits et le tracé de nos faits et gestes futurs.

> Poste français des Abiras (dernier poste français sur le haut Oubanghi), vendredi 13 janvier 1893, par 4° 7' de latitude nord et 20° 16' de longitude est de Paris (Afrique centrale).

Je reprends simplement ma lettre interrompue au point où j'en étais, c'est-à-dire le 22 décembre au poste de Kwango. La maison du poste, construite en pisé par les Belges, comme je vous l'ai déjà dit, et non réparée depuis deux années, menace un peu ruine, mais nous offre un abri suffisant. Je m'installe dans une des chambres; l'autre nous sert de magasin, et sous la véranda nous installons une table qui forme tout le matériel de la salle à manger.

Le soir même, on envoie un des Sénégalais qui doivent garder le poste prévenir les villages que nous avons besoin de vivres, et dès le lendemain, 23, à partir de sept heures du matin, un véritable marché s'établit devant notre case. Les femmes, avec des paniers ou des calebasses sur la tête et dans le costume de notre mère Ève, viennent apporter des denrées de toutes sortes, principalement de la farine de manioc ou de maïs, de l'huile de palme, des poules, des patates, de l'igname rose et des sortes de petites racines, rappelant beaucoup la pomme de terre nouvelle de France, du tabac, des arachides, des épinards indigènes et plusieurs autres petites marchandises du pays. Les hommes viennent quelquefois; mais ils apportent des cabris, ce qui remplace ici

LE POSTE DE KWANGO

exclusivement le mouton. Les habitants des villages avoisinants sont tous des Banzyris, et naturellement l'unique monnaie est la petite perle bayoca rose ou blanche, dont une cuillerée à café nous sert à payer tout cela, car il nous faut marchander le plus possible et économiser ces joyaux grossiers que rien ne peut remplacer dans nos échanges avec les naturels. Ils acceptent bien des étoffes et de la bimbeloterie en cadeaux, mais jamais comme payement. C'est la perle seule qui a cours. Une factorerie hollandaise avait été établie dans les environs pour le commerce de l'ivoire ; mais elle a été abandonnée depuis la création de celle de Yakoma. Son jardin contient quelques salades et quelques tomates. Nous nous empressons de le mettre au pillage. Rien de nouveau à dire sur les habitants, qui sont des Banzyris et offrent les mêmes caractères que ceux que nous avons précédemment rencontrés.

Pendant notre séjour au Congo, la température a peu varié. Nous sommes en pleine saison sèche, les eaux sont très basses, et la pluie ne vient que rarement. Le thermomètre varie entre vingt degrés minimum et trente à trente-deux degrés maximum. Au fond, c'est très supportable ; et si les soirées n'étaient pas empoisonnées par des légions de moustiques qui nous piquent de tous côtés, Kwango serait très agréable. Mais certains jours on est obligé d'avoir une couverture pour s'envelopper les jambes, sinon on est constamment obligé de se baisser pour se gratter, ce qui donne aux repas africains des tenues excentriques. Je suis un peu cahin-caha et je ne sors guère au Kwango. Sans être très malade, je suis obligé d'absorber de la quinine, ce qui ne me donne guère envie de chasser, ni même de me promener.

Le 24 décembre ne nous offre aucune distraction nouvelle, et, n'ayant pas de cheminée dans notre réduit, je me vois dans l'impossibilité de mettre mes souliers devant le feu. Le lendemain, jour de Noël, nous ne faisons pas grands frais pour la fête, mais, à ce moment, nous pensons à vous tous, et je vous envoie du fond du cœur tous mes meilleurs souhaits. Le soir, pour fêter un peu la solennité du jour, nous nous offrons un bon petit repas et ouvrons une boîte de confitures dont nous nous régalons... On fait ce qu'on peut ! Le 26, je retombe sous l'influence du paludisme. Autrement dit, un peu de fièvre revient me taquiner. Je crois que le repos m'est nuisible. Pottier et Riollot sont du même avis et partent pour la chasse, dont ils reviennent en rapportant des pintades. J'y serais allé avec plaisir, mais je ne suis pas assez en train et je fais des observations barométriques et thermométriques.

La journée du 27 est à peu près aussi insignifiante, et je la saute pour arriver au 28, où je suis guéri.

Le 28, en arrivant de la chasse, Pottier nous dit qu'un convoi assez important descend du haut Oubanghi, et peu après on vient nous dire qu'il y a un blanc. Qui est-ce? On attendait le retour de M. Greshoff, descendant de Yakoma. Nous pensons immédiatement que c'est lui. Et d'abord vous me demanderez qui est ce M. Greshoff. C'est un Hollandais, directeur pour la Société africaine hollandaise des factoreries du Haut-Congo. C'est en même temps une des personnalités les plus importantes du Congo français. J'ai dû vous en parler dans mes lettres de Brazzaville, puisqu'il a été un de ceux qui ont le plus contribué à nous faire prendre la route de l'Oubanghi. M. Greshoff a dix-sept ans d'Afrique et est connu depuis neuf années de tout le Haut-Congo. C'est un des hommes qui ont le plus pratiqué le commerce de l'ivoire dans cette rivière et ses affluents, et qui ont le plus d'influence sur les indigènes, et surtout sur les Arabes des Falls. Il est très protégé par le Congo français, avec lequel il est à merveille et auquel il rend de très réels services. Dans tout le bassin du Congo, on l'appelle « Mfaumou N'tangou », ce qui veut dire en bakongo « prince-soleil » ou « chef-soleil ». Je ne sais pas très bien d'où lui vient ce surnom, mais on le connaît partout.

En effet, je vois une pirogue arriver avec des bagages et des indigènes. Je demande qui arrive, et ils me répondent : « N'tangou », car la langue diffère ici, et les Banzyris ne peuvent pas prononcer « Mfaumou ». Voilà toutes les pirogues qui s'amènent; mais on nous dit qu'il y a plusieurs blancs.

Le premier qui apparaît est M. Juchereau, chef de poste de Yakoma, détaché par le directeur du Haut-Oubanghi pour venir me chercher et nous montrer la route, en nous faisant éviter de passer trop près des villages suspects. Il emmène avec lui sept miliciens sénégalais, interprètes ou soldats. J'apprends qu'on nous construit des habitations aux

Abiras-Yakoma, et que M. Liotard, directeur du Haut-Oubanghi, se mettra en quatre pour nous seconder et faciliter notre passage au travers des populations nsakkaras qui nous fourniront des porteurs. On est enchanté de notre arrivée et désespéré de ne l'avoir pas su plus tôt, pour nous préparer des habitations plus luxueuses.

Je vous assure que ça fait plaisir, si loin de France, de voir qu'on ne pense pas à la politique, et que tous les Français que nous avons vus, de quelque opinion et condition que ce soit, nous ont tous fait le même accueil.

Quelques minutes après arrive M. Greshoff avec un de ses agents qui rentre en Europe, et immédiatement l'inévitable bouteille de champagne ménagée pour la circonstance. M. Greshoff me fait presque aussitôt les offres que je vous ai écrites dans ma lettre, et je vous assure qu'on ne s'est pas ennuyé pendant le dîner. M. Greshoff n'est pas au-dessous de sa réputation d'aimable homme et de causeur agréable. Les histoires sur le Congo n'ont pas cessé, sur les Belges surtout, que M. Greshoff ne peut pas voir en peinture. Aussi ces pauvres marchands d'esclaves ont-ils été traités de toutes les façons. Maintenant les racontars sur les indigènes n'ont pas été moins intéressants, et tous les points du Congo où le Hollandais avait circulé ont défilé dans la conversation. M. Greshoff nous a aussi beaucoup parlé du Haut-Oubanghi ; mais j'aime mieux ne parler que des choses que j'ai vues, et ce ne sera que de là-haut que je vous enverrai mes impressions personnelles ; celles des autres importent peu. Tout ce qu'on peut dire, c'est que nous trouverons là-haut d'intéressants et de nombreux sujets d'études.

Après déjeuner, le lendemain 29, M. Greshoff nous dit adieu et file sur Brazzaville, où il ne doit arriver que vers la fin de janvier. Il a du mal à réunir ses pagayeurs, qui s'étaient répandus dans tous les villages, pour aller boire et s'amuser. Les Banzyris sont horriblement joueurs. Dès qu'ils ont des perles, ils s'empressent d'aller les risquer à un petit jeu de retourne, qui consiste à jeter un certain nombre de fèves coupées de façon que les unes retombent sur le dos, d'autres sur la tranche. Ils le jouent à quatre, et certains roublards ou adroits amassent ainsi une quantité appréciable de perles. Ce jeu est moitié hasard, moitié adresse.

Une fois M. Greshoff parti, on se met en campagne pour trouver des pagayeurs. MM. les Banzyris, avec leur gracieuseté habituelle, ne viennent que lorsqu'on se fâche ; n'étant pas pressés, ils ne comprennent pas que les Français le soient. Que leur importe de partir dans quinze jours ! Ils se trouvent bien. Le recrutement dure deux jours, et, grâce à un chef qui nous prête assistance, nos pagayeurs sont recrutés pour la

ARRIVÉE DE M. GRESHOFF AU KWANGO.

fin de l'année 1892 (31 décembre). Les chefs banzyris n'ont, d'ailleurs, qu'une très faible autorité sur leurs concitoyens, et ceux-ci les envoient carrément promener. Bien qu'ils aient des esclaves, ils n'osent même pas les envoyer comme pagayeurs, car l'esclave prétend qu'il a toujours assez travaillé, et le patron n'ose souvent pas le contraindre avec le seul argument sérieux qu'il possède, c'est-à-dire le bâton. L'esclave élevé dans le pays banzyri devient Banzyri, de mœurs, et vous le vexeriez énormément en lui parlant de libération. Nourri, logé, payé par son maître, il n'a aucun souci et ne travaille que de temps en temps. Je dis

RIOLLOT TUE PLUSIEURS CANARDS

payé, c'est peut-être exagéré. Quand l'esclave a gagné une somme de perles, il doit les rapporter à son maître, qui lui en donne une partie. Avec ce qu'il a pu carotter par-ci par-là, il s'amuse pendant plusieurs jours, et ne recommence guère à travailler que le jour où ses perles sont écoulées. Aussi trouve-t-on difficilement, aux points d'étape et de recrutement ordinaires, des pagayeurs, et dans les villages où l'on ne s'arrête pas d'habitude les Banzyris viennent s'offrir en quantité.

Bonne année, messieurs! C'est le cri qui nous réveille le dimanche 1er janvier 1893; mais c'est toute la solennité qui marque un anniversaire si fêté, et immédiatement nous préparons le départ. Il faut absolument se mettre en route aujourd'hui, car les pagayeurs sont là, et, pour eux, c'est un jour comme un autre. Les pirogues sont prêtes; hommes et bagages sont embarqués, et nos pirogues, recouvertes de nattes indigènes, forment de petites cahutes qui nous mettent à l'abri du soleil. Je prends Pottier dans la mienne, qui contient, outre nos bagages personnels, six de nos hommes et douze pagayeurs. Vous voyez que c'est une pirogue de taille et creusée dans un bois d'une épaisseur rassurante. Confortablement assis dans de grands fauteuils, nous sommeillons doucement, séparés par une petite table où sont tous nos objets usuels : pipes, cigares, crayons, etc. La chaleur est assez étouffante et l'atmosphère orageuse. Pendant quelque temps, nous sommes accablés; mais heureusement un peu d'air vient nous rafraîchir et dissiper la pénible oppression du début, causée par la chaleur et la réverbération de l'eau.

Notre convoi se compose de huit pirogues, portant la moitié de nos Arabes, puisque les autres sont arrivés avant nous à Yakoma avec Julien, et une soixantaine de charges, plus l'escorte que M. Juchereau a emmenée avec lui. La première journée se passe sans encombre; de nombreux bancs de sable sont ressortis avec la baisse des eaux et sont couverts d'oiseaux aquatiques de toutes espèces. Riollot tue plusieurs canards, à coups de mousqueton Gras, à balle. Leur chair sera un régal succulent pour nous.

Ici, j'abandonne la journée du 1er janvier pour vous dire en général notre manière de voyager et n'avoir pas à y revenir chaque jour. Le matin, plus ou moins tôt, embarquement, et en route. Vers onze heures, les pirogues des blancs se réunissent sous un arbre (au bout de deux jours, le signal du déjeuner était un coup de corne comme à Bonnelles), et, assis dans nos pirogues, nous mangeons des œufs durs, des boîtes de conserves ou de la viande froide de la veille, le tout arrosé de thé froid ou d'eau filtrée. Quelquefois on fait dans la pirogue une omelette ou des œufs sur le plat, car les Banzyris entretiennent toujours du feu dans leurs pirogues, à l'arrière. On repartait ensuite jusqu'à quatre ou cinq heures.

Cette parenthèse terminée, je reprends le récit de notre première navigation de 1893. Nous passons devant quelques villages banzyris, ayant soin de longer toujours la rive française. Quelques villages ont des grands mâts auxquels ils arborent immédiatement à notre approche le drapeau tricolore. A un moment donné, nous craignons une tornade, qui eût pu faire chavirer nos embarcations; mais elle file à l'horizon, signalant seulement sa présence par quelques coups de tonnerre lointains et une atmosphère fortement chargée d'électricité. A cinq heures, nous campons sur un banc de sable, où nous dressons nos tentes, pas bien loin de la rive française et en face d'un village banzyri dont le chef, M. Joko, vient nous offrir ses respects et quelques vivres. A partir d'ici jusqu'à Yakoma, nous avons eu des œufs et des poules, en quantité très considérable. Un petit orage nous sert d'orchestre pendant le dîner, et nous ne tardons pas à dormir profondément, après nous être copieusement rassasiés, suivant les principes adoptés par toutes les Facultés pour se bien porter en Afrique. Je serai sûrement obligé d'avaler des quantités incommensurables d'eau de Vichy, lors de ma rentrée en Europe.

2 janvier. — A six heures, tout le monde debout! et à six heures trois quarts, en route! Beau temps, bonne humeur, *all right!* A neuf heures un quart, nous arrêtons au village du chef Gabato, qui, ayant fait quelques bêtises, a eu son village brûlé par ordre de l'administrateur. Cette leçon, qui est à peu près la seule qu'on puisse infliger aux indigènes turbulents, a eu le meilleur effet, et, bien que les cases aient été brûlées, il y a trois

A NOTRE APPROCHE, ILS ARBORENT LE DRAPEAU TRICOLORE

semaines à peine, nous sommes très bien reçus dans un village reconstruit. Il ne faut pas longtemps aux Banzyris pour refaire leurs terriers, et, en même temps, la petite flambée infligée les rend extrêmement aimables pour ceux qui passent ensuite. Ce sont de méchants enfants auxquels une bonne fouettée modifie heureusement le caractère. Ces petites punitions sont parfois indispensables, sinon MM. les noirs s'imagineraient qu'on a peur d'eux et engloutiraient tranquillement dans leur estomac les blancs qui circulent isolément sur la rivière. En effet, les agents des maisons de commerce montent dans une pirogue et vont récolter l'ivoire un peu partout. Le gouvernement doit assurer leur tranquillité, et le seul moyen est de maintenir l'indigène dans le respect du blanc avec un mélange de douceur et de fermeté. (Que c'est beau!) Les deux fils du chef sont dans ma pirogue, comme pagayeurs, et les habitants nous apportent des vivres en quantité. Après avoir bu quelques verres d'excellent vin de palme, tiré fraîchement de la cave, laquelle est représentée par les faîtes des palmiers, notre navigation reprend son cours.

A deux heures, nous apercevons une nuée à l'horizon, d'un brun extraordinaire, qui couvre la rivière et s'étend au loin sur les bords. Ce n'est pas un orage ni une tornade, mais un vol immense de sauterelles. Les Arabes eux-mêmes disent qu'en Algérie ils n'en ont jamais vu de semblables.

Pendant deux heures quinze, nous naviguons sous les sauterelles, et pourtant elles traversent le fleuve en bandes serrées. J'estime que la largeur de la bande est de neuf à dix kilomètres, sur une longueur de vingt-cinq à trente kilomètres. Le ciel en est naturellement obscurci, et la rivière charrie par milliers les cadavres de ces bestioles qui n'ont pas eu la force de traverser les quinze à dix-huit cents mètres qui séparent une rive de l'autre. C'est vraiment un spectacle curieux.

Tantôt cette neige des pays chauds se précipite en escadrons serrés; tantôt ce ne sont que des tirailleurs épars qui voltigent au-dessus de nos crânes, suivant tous la même direction. A l'endroit où ils stopperont, adieu les récoltes de bananes, de millet, de manioc et de maïs; la récolte sera faite pour plusieurs années. Les indigènes s'en consolent en avalant avec délices ces crevettes terrestres, après les avoir fait simplement bouillir ou griller. Repas succulent, paraît-il, mais auquel je n'ai pas tenu à goûter. Les indigènes n'ont pas de mines de sel, mais en fabriquent en brûlant certaines herbes. Il est vrai qu'il est très chargé de soude et servirait plus facilement à la fabrication du savon que de condiment à un potage succulent. Suivant notre habitude, nous campons sur un banc de sable, en face d'un petit village, N'djoua, dont la place publique n'eût pas été suffisante pour contenir tout notre personnel. Un peu d'orage le soir, mais si faible que je n'en parle pas.

La plus terrible maladie de l'Oubanghi et, pour ainsi dire, la seule, la dysenterie, devait marquer encore d'une pierre noire la journée du 3. Partis à six heures trois quarts, nous arrêtons à midi et demi, pour enterrer un tirailleur que le fléau avait marqué comme victime. Presque tous en ont été frappés, mais y ont échappé; celui-ci était désigné, et c'est le quatrième que nous perdons par cette cruelle maladie. La dysenterie est causée ici par des vers intestinaux longs de dix centimètres environ, et qui rongent l'intestin. Dès que l'homme a expulsé, grâce à la santonine, ces animaux, il est sauvé; si, au contraire, ils sont récalcitrants, aucune force humaine ne pourrait le guérir. La rivière est dominée ici par quelques collines sur lesquelles on aperçoit de temps en temps un petit village. Ce sont des populations N'drys qui habitent l'intérieur. A quatre heures, nous stoppons sur un banc de sable. La chaleur nous a fort incommodés en ce jour. Aussi, bonsoir.

4 janvier. — A sept heures quinze, signal du départ et navigation au milieu d'îles boisées, de bancs de sable ou même de rochers. Un petit rideau d'arbres borde la rivière, et, au second plan, on aperçoit des collines, couvertes de brousse. N'ayant pas rencontré de villages hier, nous arrêtons à onze heures à un village pour acheter des vivres. Les Banzyris sont finis, et nous voici de nouveau en face d'une population différente : ce sont des Bangakas. La langue est changée, et l'architecture aussi. Ce ne sont plus des cases rondes en forme de meules de paille, mais de véritables huttes.

Ce qu'il y a toujours de remarquable, c'est la petitesse de la porte. Il

UN IMMENSE NUAGE DE SAUTERELLES PASSA AU-DESSUS DE NOS TÊTES

faut littéralement se mettre à quatre pattes pour pouvoir s'y insinuer; mais une fois dedans, on y est assez bien. L'aération se fait par la porte et par le dessous du chapeau de la ruche. La base est en argile jusqu'à une hauteur de quinze centimètres. Tout le reste est en paille. Le faîtage est assez varié. Les artistes architectes se livrent quelquefois à des excentricités de leur cru, et, au lieu de faire une simple flèche comme celle que j'ai caricaturée, ils font deux pompons ou arrondissent le sommet et mettent un pot de terre pour couronner le toit. Quelquefois même, un petit bout de chiffon imite les drapeaux, car, comme les singes, ces gens-là sont imitateurs, et les actes des blancs leur servent de modèles.

Mais si nous nous attardions trop longtemps au village, nous n'avancerions pas. Aussi on remonte en pirogue, et sans incident remarquable on arrive à quatre heures sur un banc de sable, mis à notre disposition par Son Altesse l'Oubanghi. Le camp est à peine établi que soudain la nuit se fait, noire, noire, noire. Il n'est pourtant que cinq heures. C'est la tornade, et cette fois-ci nous n'y échappons pas. Un roulement ininterrompu de tonnerre nous annonce son arrivée, et une légère brise commence à souffler. Quelques éclairs illuminent seulement le campement. Nous faisons installer la table sous une tente. A peine le couvert est-il mis que le vent de la tornade envoie une de ces petites bouffées auprès desquelles l'Aquilon de la fable de La Fontaine était un pur sauteur. En une seconde, toutes les tentes, sauf la mienne, dégringolent. La table et le couvert gisent sur leur cercueil de toile. Le sable vous entre dans les yeux, dans la bouche; on ne se voit plus, on ne s'entend plus. Machinalement les hommes se groupent autour de ma tente, et je leur en fais tenir les ficelles. Second et troisième coup de vent; la tornade nous entoure, les pirogues chargées menacent de couler bas. On les décharge tant bien que mal, et à ce moment le tonnerre et les éclairs font rage. On ne distingue rien, on est aveuglé, c'est charmant ! Pour comble, la pluie tombe, et de temps en temps, entre deux coups de tonnerre, on entend la voix de Riollot clamant après son boy à la recherche de ses affaires entraînées par la tornade. Heureusement, le vent tombe vers huit heures, et nous pouvons dîner n'importe comment.

L'orage se calme aussi, et vers dix heures et demie tout dormait dans le camp, sous l'œil plus ou moins vigilant du fonctionnaire qui surveille les pirogues.

Le lendemain, on constate en se réveillant que tout est plus ou moins mouillé ou plein de sable. Quelques fusils même sont remplis de ce dernier et fonctionnent mal. Nous sommes au 5 du premier mois de l'année 1893. On nous a annoncé, dans les derniers villages où nous sommes passés hier, qu'un grand village devait chercher à nous arrêter en nous envoyant des flèches et des zagaies. Vers neuf heures et demie, nous sommes en face dudit village et gagnons prudemment le large pour voir l'intention de ces messieurs. Nous voyons plusieurs groupes d'hommes armés de lances, et l'interprète leur demande s'ils veulent la paix ou la guerre... Nous sommes à quatre ou cinq cents mètres d'eux. Ils répondent qu'ils veulent la guerre, et poussent des cris en dansant. Immédiatement une ou deux balles sont envoyées, mais tout à fait inoffensives. Cette démonstration les épouvante tellement qu'en un clin d'œil tous ces braves guerriers ont disparu, et que nous ne pouvons même pas en apercevoir un, une fois descendus dans le village.

Quelques instants après, nous nous remettons en route, non sans avoir déjeuné, et à quatre heures nous arrêtons en face d'un village sur un banc de sable. Les habitants viennent nous vendre des vivres, dès qu'ils nous ont aperçus. Ce sont des Sangos, population offrant beaucoup d'analogie au point de vue des occupations avec les Banzyris ; c'est-à-dire qu'elle s'occupe de pêche et fournit des pagayeurs. Les cases sont semblables à celles des Bangakas, décrites plus haut. Quant à leur costume, je n'en parle pas, étant certain qu'un courriériste de modes ne trouverait même pas de quoi remplir le quart de son feuilleton. Nous buvons un peu de vin de bambou, qui est loin de valoir celui de palme, et a un petit goût amer peu agréable. Le soir, nous avons de l'oie à dîner. C'est la chasse de MM. Juchereau et Riollot. Bien que ce palmipède soit inférieur comme goût au canard, sa chair est déclarée très bonne, et nous en reprenons deux ou trois fois.

C'est aujourd'hui, 6 janvier, que nous devons arriver au poste de Mobaï, avant-dernier poste français, sur l'Oubanghi. A sept heures, nous partons par un beau soleil de janvier et une douce chaleur. Les collines qui entourent le fleuve s'élevant à mesure que nous avançons, et la mousse d'eau qui couvre la rivière, nous présagent un rapide prochain. Vers une heure, nous sommes dans une espèce de lac, entouré de hautes collines, auprès desquelles on voit de nombreux villages très denses. La rivière semble barrée. Bientôt nous apercevons des rochers, et l'étranglement par lequel l'Oubanghi se fraye une route en cascadant n'a guère plus que deux cents mètres de large. Sur la rive belge se trouve le poste de Banzyville, qui a l'air fort bien construit. Mais pour l'instant il ne s'agit plus de regarder en l'air et autour de soi; le passage du rapide va avoir lieu, garde à vôs!...

Tout le monde met pied à terre sur les rochers, et le déchargement des pirogues se fait assez rapidement, grâce au concours d'une cinquantaine de Sangos, envoyés par un de leurs chefs pour nous aider. Aussitôt vide, chaque pirogue est lancée dans la chute. Une dizaine de Sangos, dans l'eau jusqu'à la ceinture, aident les pagayeurs et poussent la pirogue, dès qu'elle est engagée dans le courant. Mais ils ont soin de ne pas la laisser reculer, car ils disparaîtraient dans des tourbillons de sept à huit mètres de profondeur, sinon plus. Il y a cinq ou six jours, avant notre passage, un agent hollandais a perdu dans ce rapide dix-sept caisses de perles. Il est vrai qu'il avait voulu le passer à la nuit et sans décharger sa pirogue, ce qui était d'une imprudence extrême. Il est heureux qu'aucune mort n'ait été à déplorer. Plus prudents, nous passons en plein jour, et comme nous avions déchargé tous nos bagages, aucun ne s'est perdu. Du rapide, nous apercevons le poste de Mobaï, situé à un kilomètre environ, au bout d'un village; mais le courant est assez rapide, et nous devons employer une demi-heure environ pour y arriver... Le chef de poste de Mobaï, M. de Brégeot, est malade. Il vient cependant au-devant de nous et assiste à notre débarquement.

Le poste de Mobaï, fondé en 1891 par une mission française envoyée par la colonie, est certainement le poste le plus dénué de ressources qu'il soit possible d'imaginer. Non pas que les vivres et les indigènes manquent; mais l'administration s'est surtout préoccupée des autres postes, et celui de Mobaï est resté pendant de longs mois sans la monnaie du pays, c'est-à-dire sans perles. Aussi, malgré toute sa bonne volonté, le chef de poste n'a-t-il pu faire qu'une pauvre case et a-t-il vécu au jour le jour. Heureusement qu'on a fini par lui envoyer ce qu'il lui fallait pour refaire son poste et le changer de place, en l'établissant dans une fort jolie situation, à cheval sur les rapides. Il va bientôt le commencer; en attendant, il a pris une grosse influence sur les peuples voisins qui sont Sangos, sur la rivière, et une tribu de Boubous dans l'intérieur. J'aurai occasion de vous parler longuement de ces derniers et d'une façon intéressante, mais dans une prochaine lettre.

Le lendemain, 7 janvier — j'ouvre une parenthèse pour souhaiter la fête à ma sœur, — nous prenons un jour de repos à Mobaï, et j'en profite pour faire quelques courtes observations sur les Sangos. Pour la première fois peut-être je remarque un signe distinctif pour les gens en deuil; preuve que les Sangos ont davantage le sentiment de la famille que les Banzyris. La manière de porter le deuil parmi eux est, du reste, fort curieuse. Les hommes ou les femmes qui ont perdu un proche se mettent, soit autour de la ceinture, soit autour des reins, une gerbe de paille dont l'extrémité pend librement. Quelques-uns ont ainsi l'air d'avoir une queue de cheval. De plus, les femmes se noircissent le front jusques et y compris l'arcade sourcilière. D'autres ajoutent des guêtres de paille qui ressemblent à des jambières... La perle bayoca a encore cours ici; mais les indigènes préfèrent la kinja. Ce mot ne vous disant probablement rien, en voici l'explication. C'est une plaque de fer, forgée à Yakoma par les noirs et avec laquelle les autres indigènes riverains fabriquent leurs lances, couteaux et sagaies.

Pour une kinja, on a une poule. Pour cinq ou six, quelquefois plus, on a une chèvre. Mais pour les Sangos, les kinjas ont une plus grande valeur, puisqu'ils achètent avec elles des femmes ou des esclaves. Un esclave vaut environ cent kinjas, mais un bel esclave! Il est assez difficile de représenter cette somme en argent européen; néanmoins, d'après mes calculs et en comptant les frais de transport des perles, cela représente environ une somme de vingt-quatre à vingt-cinq francs.

Mais nous avions hâte d'arriver à Yakoma-Abiras, et le lendemain, 8 janvier, nous quittions à neuf heures le poste de Mobaï, toujours dans les mêmes pirogues et avec les mêmes pagayeurs. Nous longeons presque immédiatement une grande île où sont installés quelques villages sangos. Je dois avouer qu'après le déjeuner, je me suis endormi dans la pirogue, et je me rappelle m'être réveillé sur l'Oubanghi qui a pas mal changé d'aspect. Un grand nombre de palmiers en bordent les rives. A quatre heures et demie, nous arrivons à un grand village, situé sur la rive française. Le chef est mort il y a quelques jours, et son fils a été nommé chef à sa place. Il nous reçoit à bras ouverts. Les femmes et les enfants du défunt sont tous en deuil, à la manière du pays, expliquée plus haut. Les funérailles du chef sont célébrées depuis plusieurs jours, mais la coutume veut que la famille du défunt paye à boire à tout le village. Une bonne partie de sa fortune passe ainsi en vin de palme ou de bambou, et la nuit est consacrée à se pocharder en l'honneur de celui qui est parti au paradis des bons noirs. Le jeune chef n'oublie pas cependant les lois de l'hospitalité et met plusieurs huttes à notre disposition. M. Juchereau, comme agent du Congo et chef du poste dont dépend le village, offre au jeune homme un cadeau de joyeux avènement, et nous pouvons, sous le toit hospitalier des noirs, nous livrer aux douceurs du sommeil. Une tornade assez forte ébranle notre case vers minuit; mais elle est solidement construite... et la romance, un instant interrompue, reprend de plus belle.

La tornade de la nuit a refroidi considérablement la température, et c'est par un temps brumeux, gris et humide, que nous repartons le lendemain, 9, vers sept heures quinze. Les rives sont encore bordées de palmiers, très nombreux, et les villages se succèdent rapidement sur la rive française. Vers deux heures, nous sentons les approches des rapides de Cétéma. Un village est à l'entrée, où nous mettons pied à terre. Les hommes passeront à terre, et les bagages franchiront les rapides. Pour moi, je fais vivement par terre le tour des rapides et vais m'installer sur les rochers qui bordent la passe du côté français, pour assister au passage des pirogues. La passe n'a guère plus de vingt mètres de large en ce moment, et l'on saute de toutes parts sur les rochers. Un grand nombre d'indigènes viennent prêter leur concours, et, malgré la violence du courant, les pirogues passent toutes avec un succès étonnant. Mais le plus joli passage est celui de la *Duchesse Anne* qui flotte légèrement et avec cinq hommes dedans, et qu'une pirogue remorque brillamment. De l'autre côté du rapide, il y a deux ou trois villages, au milieu desquels nous campons et nous nous abreuvons avec délices d'un excellent vin de palme. Je ne réponds pas de n'avoir pas un peu dépassé la mesure; mais heureusement on ne s'en est pas trop aperçu autour de moi. Je n'ai jamais vu tant de poules à vendre qu'en ce pays-là. Je suis sûr qu'on en aurait acheté deux cents, si on avait pris toutes celles qui ont été offertes.

Une brume qui ressemble beaucoup à du brouillard couvre l'Oubanghi, lorsque nous nous réveillons le 10. Cependant, dès six heures cinquante, nous filons. Les palmiers diminuent; mais cependant les agglomérations de villages sont énormes. Vers dix heures et demie, nous voyons les rives couvertes de bois, et nous nous en écartons prudemment; car les Boubous, population sauvage et féroce de l'intérieur, ont souvent l'indélicatesse d'envoyer des flèches qui pourraient blesser nos épidermes délicats. Rien de semblable, par bonheur, ne nous arrive, et, sauf une zagaie maladroitement lancée contre une pirogue trop avancée, nous continuons paisiblement notre navigation. Le ciel est brumeux et le temps orageux. A peine sommes-nous installés sur un banc de sable, pour y passer la nuit, que la pluie tombe à verse, heureusement sans vent.

Le ciel était encore plus gris le lendemain matin, et la pluie nous empêche de partir avant huit heures. Vers huit heures et demie, le soleil chasse les nuages, et nous apercevons un grand nombre de villages, situés à l'embouchure de la rivière Kotto ou Bandou (?); c'est là que le chef de poste français des Abiras a été récemment tué et mangé par les Boubous. Les villages que nous rencontrons maintenant sur les rives sont yakomas, et c'est notre dernière journée de navigation sur l'Oubanghi. A quatre heures quinze, nous mettons pied à terre, au commencement des villages qui s'étendent jusqu'au poste des Abiras. A cinq heures et demie, nous entrons dans le poste. Les pirogues n'arrivent qu'une demi-heure après, le courant les empêchant d'aller aussi vite que les piétons. La réception la plus cordiale nous attendait de la part de

LA « DUCHESSE ANNE » FRANCHISSANT LES RAPIDES DE CÉTÉMA

M. Liotard, à qui notre arrivée a causé la plus grande joie; mais je vous raconterai tout cela et d'autres choses encore dans une prochaine lettre.

Un courrier hollandais part, et, comme il pourra gagner bien des jours sur le courrier officiel, je profite de l'occasion, vous renvoyant pour la suite à la lettre qui sera probablement palpitante d'intérêt. Julien a eu la dysenterie, mais il va beaucoup mieux.

Votre fils, africanisé complètement,

JACQUES.

P. S. — La lettre partira dans une quinzaine de jours.

Finie aux Abiras, le 20 janvier 1893.

Télégramme officiel reçu aux Colonies vers le 15 mai 1893.

Nouvelles missions Liotard, datées haut Oubanghi, 22 décembre, signale arrivée détachement lieutenant Julien (mission Uzès) qui a produit impression excellente sur indigènes. Chef Bangassou fait démarches pour obtenir protectorat français (1).

(1) Il y a eu en effet des émissaires de Bangassou qui sont venus entamer des pourparlers avec le lieutenant Julien.

XXIII

AUX ABIRAS

M. LIOTARD. — LA CONQUÊTE DE L'OUBANGHI. — LES BOUBOUS. — EXPÉDITION. — LA COLONNE. — A COUPS DE FUSIL. — AU BIVOUAC. — M. DE POUMAYRAC EST VENGÉ. — UNE LETTRE DE Mgr AUGOUARD.

> Les Abiras, Afrique centrale, Congo français.
> 1er février 1893. Finie le 15 février 1893.

J'ai terminé un peu brusquement ma lettre l'autre jour, mais les occasions d'expédier des courriers sont assez rares ici et de plus un peu imprévues, car les agents des maisons de commerce vont et viennent souvent sur la rivière, mais ne préviennent que deux ou trois jours avant, et lorsqu'on est en retard, la correspondance est forcément plus hâtive. Quant au courrier que doit expédier régulièrement le poste, il n'est pas encore parti depuis notre arrivée et ne descend pas plus d'une fois par mois. A sa dernière descente à Banghi, la pirogue a été volée, et depuis il faut de grandes occasions pour que le poste expédie un convoi. J'espère que d'ici quelques jours une flottille de pirogues descendra le cours de la rivière, et je lui confierai mon papier.

J'ai laissé ma dernière lettre au moment où, après avoir longé pendant une heure la rive à pied, histoire de se dégourdir les jambes, nous faisions notre entrée au poste des Abiras. M. Liotard nous reçoit, et c'est lui qui a le commandement du haut Oubanghi, et, comme vous le verrez plus tard, il a su prendre une influence très considérable sur les indigènes de ces contrées si éloignées de la côte, et dont aucun ne connaissait les blancs il y a dix ans. M. Liotard est pharmacien de deuxième classe du cadre des colonies, et attend sa nomination au grade de première classe, ce qui équivaut au grade de capitaine. Il a presque toujours vécu aux colonies, depuis son entrée au service, ce qui lui a permis de connaître les causes probables de bien des maladies, et par suite, de les soigner avec succès. Il a soigné admirablement Julien qui était gravement atteint de la dysenterie, et à l'heure actuelle à peu près remis sur pied. Deux agents du Congo, montés presque en même temps que nous, et le chef de poste des Abiras, M. Juchereau, constituent tout le personnel blanc du poste. Deux Hollandais y vivent également, comme agents de la A. H. V. (Société hollandaise), et un Français doit aussi s'y établir comme représentant de la Société anonyme belge. Les forces armées du poste consistent en une quarantaine de miliciens, presque tous Sénégalais, plus une dizaine d'autres, détachés isolément dans divers villages comme garde-pavillons, et ce peu de monde doit faire respecter le drapeau français par des milliers d'indigènes de tous les acabits. Grâce à l'habileté de M. Liotard, on y arrive à peu près.

Mais je dois vous faire ici un petit tableau de la conquête de l'Oubanghi. Les Belges les premiers remontèrent la rivière avec un petit vapeur, commandé par le capitaine van Gèle. Celui-ci, arrivé à hauteur des Yakomas, se trouva trop faible et, devant l'attitude des indigènes, fut obligé de rétrograder (ceci se passait en 1884). Il revint quelque temps après châtier les principaux chefs et établit un poste à Yakoma, rive droite de l'Oubanghi, et, poussant plus loin, lui et, plus tard, M. Le Marinel remontèrent le Mbomou jusque chez Bangassou, où ils établirent un poste. Or, ces postes étaient sur la rive droite et, de plus, au-dessus du quatrième degré nord, limite donnée à l'État indépendant par la conférence de Bruxelles et de Berlin. La France protesta et envoya (1890-91) une exploration, commandée par M. Gaillard, administrateur des colonies, avec ordre de planter le pavillon tricolore sur toute la rive droite de l'Oubanghi, au delà de Banghi, et de continuer en se maintenant au-dessus du quatrième degré parallèle nord. La mission remonta à Mobaï, où elle fonda le poste actuel, presque en face de celui que les Belges avaient construit sur la rive gauche et appelé Banzyville. De là, les explorateurs continuèrent et arrivèrent à côté du poste belge de Yakoma, situé sur la rive droite de l'Oubanghi, au confluent des rivières Ouellé et Mbomou. Les Français protestèrent et, laissant à leur gouvernement le soin de faire régler l'affaire, fondèrent à trois kilomètres en aval du poste belge et sur la même rive le poste des Abiras, du nom d'un village qui, du reste, n'a aucun rapport avec le poste et en est même très éloigné. M. Gaillard, souffrant, laissa les postes sous la surveillance de M. de Poumayrac, chef de poste du cadre congolais, et à des sergents sénégalais. M. de Poumayrac restait presque seul, sans perles, par conséquent presque sans vivres, quand arriva M. Liotard avec des ravitaillements et quelques caisses de perles, malheureusement en nombre insuffisant. C'était en mars 1892. Au mois de juin, M. de Poumayrac fit une exploration heureuse dans la rivière Bandou, que vous trouverez sur les cartes sous le nom impropre de Kotto, et remonta cette rivière jusqu'à une chute de vingt-cinq mètres de haut qui en coupe la navigation à une certaine distance (vingt et une heures de pirogue environ). Il avait reçu partout le meilleur accueil, principalement de la part des Nzakkaras, qui ont ordre de leur chef d'accueillir très bien les Français. Les Boubous eux-mêmes lui avaient apporté des cabris.

Tout d'un coup, il veut se venger d'un chef boubou — on ne sait trop le motif qui le poussait. Il débarque avec ses onze Sénégalais armés de fusils et quelques auxiliaires nzakkaras ou yakomas, se figurant probablement que les Boubous s'enfuiraient comme les autres noirs, et que la vue d'un fusil les terroriserait. Au commencement, tout alla bien. Quelques cases flambèrent, et alors M. de Poumayrac, croyant la vengeance suffisante, s'apprêtait à retourner à ses pirogues, dont il était éloigné d'environ trois kilomètres. La moitié du chemin se fit sans incidents, le terrain étant plat et découvert; mais à peine est-il entré dans la brousse, qu'il est entouré d'un millier de Boubous. Un couteau de jet lancé adroitement tue son boy. Il court pour le relever, et un autre couteau l'étend raide mort, la tête coupée. Les onze Sénégalais entourent son corps et commencent un feu rapide. Mais les Boubous ont vu tomber le blanc, et ils veulent à tout prix en manger. Les Sénégalais épuisent vite leurs cartouches et tombent sous les zagaies. Un d'eux brise son fusil

NOS ALLIÉS LES NZAKKARAS

sur la tête des Boubous, qui finissent par le tuer, après avoir laissé plusieurs morts sur le champ de bataille. Quelques auxiliaires nzakkaras ou yakomas se font aussi tuer aux pieds du Français. Quelques-uns s'échappent cependant et préviennent celui qui est resté à la garde des pirogues, un Sénégalais également, et celles-ci s'éloignent dès qu'on a la certitude du massacre. Les Boubous ne les inquiètent pas, satisfaits des quarante hommes environ qui sont par terre et des douze fusils qu'ils ont pris. Ils ramassent armes et morts et emportent tout chez eux. Naturellement, tous les villages boubous avoisinants se réunirent pendant plusieurs jours à de grands festins où les corps des hommes massacrés fournirent à ces anthropophages des aliments aussi abondants que succulents.

Le cadavre du blanc fut divisé en plus petits morceaux que les autres, chaque indigène voulant en manger une partie pour se donner la force et les qualités de la race blanche. Le crâne seul fut réservé et placé avec ceux des onze Sénégalais dans une case boubou. La tête du blanc était au centre, et celles de ses soldats tout autour de lui.

Quand la nouvelle du désastre parvint au poste, M. Liotard fut atterré et jura naturellement de venger la mort de son malheureux chef de poste. Mais il manquait de forces pour s'exposer en pays boubou, car il aurait sûrement subi une défaite qui eût complètement détruit notre prestige dans l'Afrique centrale, et la saison des pluies arrivant, il fut contraint de demander des renforts et d'attendre, les bras liés.

Enorgueillis par ce succès, les villages boubous qui avaient précédemment remporté quelques victoires, et chez lesquels les blancs ne pouvaient pénétrer, cherchèrent querelle à leurs voisins et leur firent subir de sanglantes défaites. Ils déclarèrent que les Français n'auraient les crânes de leur compatriote et de ses compagnons que s'ils venaient les chercher les armes à la main. Puis ils firent dire que les Français seraient mangés, quand ils viendraient, comme des petits poulets, qu'ils avaient trouvé le blanc excellent et qu'ils ne demandaient qu'à pouvoir se procurer de ses pareils. Enfin, ils les appelèrent d'un nom qui, dans la rivière Bandou et même un peu dans l'Oubanghi, signifie « Français lâches » : *Fara goïgoï*.

M. Liotard demanda par lettres des secours et des renforts; mais la métropole est loin, et il fallait du temps pour les envoyer. Cependant, au reçu de ces premières lettres, le sous-secrétaire d'État aux colonies télégraphie que soixante mille francs étaient mis à sa disposition en marchandises et en soldats, et — à ce moment nous étions à Brazzaville — M. Dolisie fit partir en même temps que nous de Brazzaville des renforts et des perles, et prévint M. Liotard de notre arrivée. Celui-ci nous attendait avec impatience, et, dès que nous fûmes parvenus à destination, l'expédition contre les Boubous fut fixée au plus prochain jour. Retardé quelque temps par la maladie de Julien, le départ fut fixé au 2 février. Ce jour-là eut lieu le départ; quatre-vingts hommes environ, tout compris, montèrent dans les pirogues, et vogue la galère !

Les forces unies de l'expédition étaient composées de :

1° Sept blancs : M. Liotard, directeur du Haut-Oubanghi; M. Fraisse, agent du Congo français; MM. Julien, Pottier, Riollot et moi, de l'expédition d'Uzès;

2° Trente-cinq Sénégalais, miliciens du poste;

3° Trente-deux Arabes et six Sénégalais à moi;

Plus deux ou trois boys, guides, etc.

Le commandement des opérations militaires fut, de l'avis unanime, conféré à Julien, qui divisa les troupes en sections, sous les ordres de quatre d'entre nous. Les Boubous occupent la droite de la rivière Bandou ou Kotto et s'étendent jusque vers Mobaï. Nous devons nous installer près du village marqué N'ganda sur la carte, et de là faire des incursions dans l'intérieur, du côté opposé.

Le 2, nous couchions au premier village de la rivière, après avoir déjeuné chez Touramba, au confluent des deux rivières, et le 3, à onze heures, nous nous installions dans le petit village yakoma, situé à peu de distance du poste et village nzakkara de N'ganda. Nous avions passé en vue d'un village boubou, sur la rive droite, d'où ces derniers nous avaient insultés et disaient que nous arrivions à point, car ils avaient des réserves de mil en quantité suffisante pour nous faire griller avec. Mais on ne daigna même pas leur répondre. La rivière Kotto ou Bandou est une fort jolie rivière, large d'environ deux à trois cents mètres et

LE CARRÉ SE FORME RAPIDEMENT

bordée d'arbres; l'eau en est beaucoup plus claire et plus agréable à boire que celle de l'Oubanghi, qui est lourde, sale et peuplée de vers qui donnent la dysenterie. En certains endroits, cette petite rivière traverse des coins de prairies et de bosquets qui rappellent la Normandie, et quelque temps après on se croirait dans une serre, tant les plantes qu'on est accoutumé à voir sous vitre y sont accumulées, dirait-on, par la main des hommes. Enfin un grand avantage est celui de l'absence de moustiques. Pendant les quelques jours que nous avons campé sur ces bords, ces terribles petits carnassiers nous ont laissés tranquilles, et nous avons pu nous délasser à l'aise de nos fatigues.

Voici le résumé succinct de nos opérations. Elles ont fait le sujet d'un rapport officiel qui sera certainement et forcément communiqué en France.

Le 4, réveil à trois heures et demie (c'est tôt!). Départ à cinq heures. Occupation du seul village boubou situé sur la rive, presque sans coup férir. Marche dans l'intérieur. Arrivée, après deux kilomètres de marche, au premier village boubou. Les Boubous, tout en se dissimulant, nous accueillent par des hurlements de guerre qui se traduisent par : « Ou! ou! ou! ou! » Destruction des villages. Marche de quatre kilomètres au milieu de cases très propres et d'immenses plantations de patates, de manioc, de maïs, de mil, de bananiers et de palmiers. Les Boubous semblent en fuite. On commence le retour vers les pirogues. Mais l'ennemi choisit ce moment pour nous entourer, nous menacer et nous attaquer. Nous formons le carré et nous faisons tomber sur les noirs une pluie de plomb; mais, contrairement aux habitudes de leurs congénères, ils ne se sauvent pas, et, tandis que les uns mordent la poussière en combattant, les autres continuent à lancer sur nous flèches et couteaux, dont l'un passe à quatre ou cinq mètres au-dessus de nous.

Cependant les Boubous commencent à se débander et à reculer sous la grêle de balles que nous leur envoyons. Nous avançons toujours vers la rivière, et, après quelques coups de feu tirés sur les plus hardis par l'arrière-garde, nous parvenons, à dix heures vingt, à regager nos pirogues et à opérer le rembarquement sans encombre. Les Boubous avaient donc subi une première défaite. De notre côté, un Sénégalais avait reçu une égratignure à la cuisse par une flèche non empoisonnée, et un pagayeur qui nous accompagnait, portant un fanion, avait été atteint par une autre entre les deux épaules; mais heureusement la blessure fut peu grave.

Le 5, dimanche, jour de repos. La marche rapide et fatigante de la veille m'avait blessé un pied; aussi suis-je obligé de me faire transporter en hamac au village de N'ganda, à vingt-cinq minutes environ de l'endroit où nous bivouaquions. Le nom de N'ganda est maintenant impropre, puisque c'est celui du chef précédent, décédé depuis trois ou quatre mois, et que, chaque fois qu'un chef nzakkara meurt, son successeur doit construire un nouveau village. Le fils et successeur du défunt s'appelle Bagou. Le père N'ganda avait fort bien reçu les Français, lors de leur arrivée ici. Il avait même demandé au directeur du Haut-Oubanghi d'établir un poste chez lui; ce qui fut fait, et trois Sénégalais hissèrent le pavillon tricolore au milieu de cases construites pour eux et pour les blancs qui pourraient y venir dans la suite. N'ganda, à son lit de mort, fit venir son fils et successeur Bagou et lui recommanda de toujours vivre en bon et fidèle sujet de la France, et, joignant les mains de son fils et du Sénégalais dans les siennes, il ordonna à Bagou d'avoir toujours soin du Sénégalais et de bien l'entretenir, et, conservant cette position, il mourut. Bagou obéit à son père, et, pour bien montrer ses bonnes intentions, il envoya immédiatement un cabri, des bananes et autres vivres au Sénégalais, chef de poste. N'est-ce pas curieux, quand on pense que nous sommes au centre même de l'Afrique? Il est vrai que les Nzakkaras sont plus intelligents que les autres noirs et cherchent à nous copier d'une façon extraordinaire. Depuis que les blancs sont ici, ils ont pensé qu'il n'était pas convenable de se promener nu-tête, et fabriquent des chapeaux de paille d'une forme originale qui, je suis sûr, feraient fureur en France et sont, du reste, assez jolis. Ils saluent même déjà à l'européenne!

Je veux maintenant vous présenter le chef Bagou, qui, comme tous les chefs nzakkaras, obéit à Bangassou, le grand roi des Nzakkaras, et, chose rare, roi effectif. M. Bagou est un petit nain à nez assez épaté dont chaque lobe est percé d'un petit trou. Il a la moustache épilée et porte un collier de barbe à la 1830. Tout le reste du corps est splendidement velu. Il porte les cheveux en nattes très fines, enroulées en chignon. Sur cette chevelure il pose majestueusement un fez rouge auquel pend un superbe gland d'argent. Les jours de fête, il revêt un pantalon en toile bleue et un veston qu'il change selon les jours. Quand nous sommes allés le voir, il nous a offert un verre de vin de bananes et

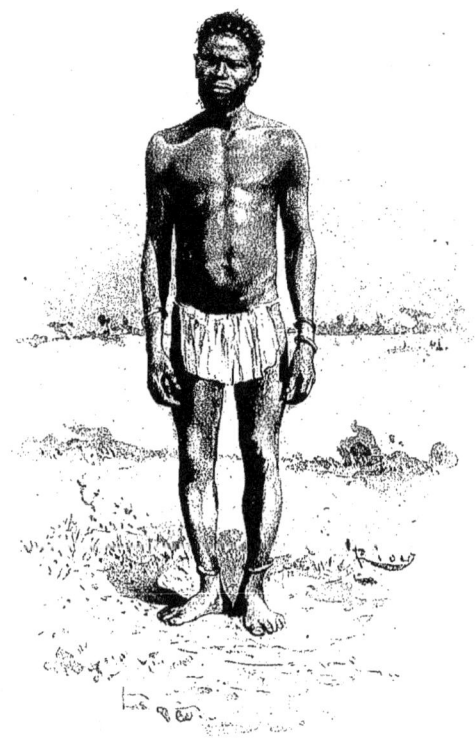

LE CHEF BAGOU.

un escabeau. Il avait boutonné son veston; mais, à un moment donné, trouvant qu'il avait trop chaud, emprisonné dans ce vêtement étroit, il l'ouvrit pour s'éventer à son aise. Il nous déclara qu'il avait beaucoup regretté de n'avoir pas été prévenu de notre expédition chez les Boubous. Si on l'eût averti, il serait venu avec ses hommes pour nous accompagner. La vérité est qu'il craignait beaucoup que nous n'eussions un échec, et qu'il avait jugé prudent de ne pas s'aventurer avant de juger un peu des résultats.

Le même jour, j'eus l'occasion d'assister à un tam-tam nzakkara, plus élégant que les tam-tams nègres ordinaires, car les Nzakkaras ont un pas qui ressemble à une gigue. Ils dansent en formant un rond, au milieu duquel sont les instruments, consistant en : 1° l'inévitable tambourin, 2° la double cloche, 3° xylophone dont ils tirent plusieurs sons très harmonieux.

J'ai vu d'autres Nzakkaras venir du poste des Abiras avec de vrais concerts, des flûtes, des cornes, et tous accompagnent un chef et entament un air chaque fois que celui-ci allume sa pipe, tousse ou crache, etc. Mais j'aurais un volume à écrire sur les Nzakkaras, et je continue ma narration de l'expédition boubou.

Le 6, départ à cinq heures pour d'autres villages boubous. Ces derniers ne font guère résistance et fuient devant nous. Nous avons avec nous six ou sept cents auxiliaires nzakkaras, armés de fusils ou de lances, et qui marchent en assez bon ordre derrière leurs chefs. Ils sont quelquefois curieux à contempler. Un chef en fait tout d'un coup aligner quelques-uns armés de fusils et commande : « Feu! » avec un imperturbable sang-froid. Cette journée, beaucoup moins importante que celle de l'avant-veille, se termine de bonne heure, à onze heures, et nous regagnons en pirogue notre campement.

Le 7, à cinq heures, nous repartons dans la même direction que le premier jour, nous enfonçant dans l'intérieur. Après trois heures et demie de marche, les Boubous, en nombre considérable, mille à quinze cents, peut-être plus, tentent une attaque et cherchent à nous envelopper. Mal leur en prend, car ils doivent laisser pas mal des leurs sur le sol, surtout parmi ceux qui, armés de boucliers, dansent en criant devant les hommes et leur servent de cibles. Ces boucliers sont simplement en osier et sont une bien faible défense contre les balles! L'ennemi nous harcèle cependant tout le temps de notre retour aux pirogues, et ses flèches finissent par blesser très légèrement deux Sénégalais. Mais que d'hommes ils doivent laisser par terre!

On est de retour au bivouac pour déjeuner. Le soir, on apprend les

LES BOUBOUS EN NOMBRE CONSIDÉRABLE ESSAYENT DE NOUS ENVELOPPER

résultats du combat. Les chefs boubous sont presque tous morts, et les citoyens de ce peuple turbulent se sont enfin enfoncés dans la brousse, loin, loin, humiliés et vexés, épouvantés surtout de la force des fusils (ngammbé). Ils disent que les Français sont forts, très forts (Fara n'gèngou, n'gèngou ninigué). L'expédition est terminée.

On se repose le lendemain 8 au bivouac, et le 9, au matin, départ vers six heures. On veut cependant, en passant, châtier un petit village coupable d'avoir voulu faire la guerre avec d'autres, et on fait une tournée fort longue dans l'intérieur, à pied, sans apercevoir âme qui vive, tout le monde fuyant à l'approche de ces terribles Français !

Tout s'était passé à merveille, sauf un petit incident. Un des Arabes, le dernier jour, maniant maladroitement son fusil, s'était traversé l'omoplate d'une balle; mais il va mieux, grâce à Dieu. Seul, Julien s'était beaucoup fatigué, et la dysenterie l'avait ressaisi d'une façon très violente. Le 10, nous étions heureusement de retour et nous prenions un repos bien mérité.

Je termine ces lignes le 15 février, car demain matin un courrier extra-rapide part pour Brazzaville, ce qui fait que cette lettre, écrite à bâtons rompus, arrivera peut-être à Paris avant sa précédente en date.

M. Augier, sous-directeur français de la Société anonyme belge, vient d'apprendre la mort à Kinchassa du directeur de ladite société et se trouve obligé d'aller le remplacer provisoirement. Aussi, grâce à un système de bateaux tout préparés, sera-t-il probablement dans une vingtaine de jours au Pool. Julien est malade, même assez gravement. Les autres vont bien, mais les Arabes ne peuvent résister au climat et meurent successivement de la dysenterie, dont malheureusement tout le monde ici ressent les effets plus ou moins violents.

Ce ne sont pas de bonnes nouvelles de l'expédition que je vous donne là, et je crois qu'il faut absolument renoncer à passer vers l'est. Néanmoins, si M. Liotard veut et si Dieu le permet, je compte faire quelque chose qui aura en France un certain retentissement. Je ne vous dis pas encore quoi; mais probablement le saurez-vous dans trois ou quatre mois. Julien va redescendre chercher les charges; mais s'il n'a pas reçu sa permission, il sera obligé de rentrer en France directement.

Ma prochaine lettre, à moins d'événements extraordinaires, vous parlera des Nzakkaras, dont j'ai tant à dire et qui sont un peuple si intéressant! Je suis un peu fatigué par la diarrhée qui me tient depuis deux jours. La chaleur redevient plus forte même la nuit. Le thermomètre, que nous avions vu descendre, certains jours, à dix-neuf degrés seulement, et dont le minimum habituel variait entre douze et quinze degrés, ne descend plus au-dessous de vingt-deux degrés, le soleil se rapprochant du zénith. Les pluies et les orages sont rares ; mais le soleil est brûlant, et les tornades vont recommencer.

Dieu merci, le jardin de M. Liotard est bien abrité et arrosé, et nous fournit en quantité des salades, des tomates et des choux. Les chasseurs du poste ont apporté des antilopes, et nous pourrons manger leurs excellents biftecks. Malheureusement, ce sont les réserves de pharmacie qui s'épuisent plus vite que les autres provisions de vivres. Pottier travaille à l'entomologie et fait quelques photographies. Riollot chasse et tire des canards. Moi, je fais un peu de tout et de tout un peu.

Je suis forcé de dire adieu à ma lettre qui veut, à toute force, me quitter, se confier au bois fidèle de la pirogue et risquer les fatigues du voyage. « Va donc, petit papier, et porte à ma famille tous mes meilleurs vœux pour sa fête qui ne sera pas éloignée, quand tu arriveras en Europe. »

Aux Abiras, Congo français, 15 février 1893.

Fragment d'une lettre adressée par Mgr Augouard à l'un de ses amis, peu de temps après l'affaire des Boubous.

..... L'expédition d'Uzès, de concert avec M. Liotard, a noblement vengé M. de Poumayrac. Le docteur vous aura sans doute donné tous les détails. Les Boubous se sont battus pendant cinq jours avec d'autant plus de confiance que les Belges leur avaient dit que les fusils des Français ne faisaient pas de mal. Ils ont laissé plus de trois cent cinquante des leurs sur le champ de bataille, et après il en mourait cinq et six par

JACQUES D'UZÈS TROUVE LES CRANES DE M. DE POUMAYRAC ET DE SES HUIT HOMMES.

jour des suites de leurs blessures, ce qui porte à environ cinq cents le nombre des morts.

Les Boubous qui avaient fait de grandes provisions de maïs et de sorgho, pour manger les Français, ont été terrifiés et enfin ont demandé à palabrer. Ils ont rendu la tête des quatre laptots et de M. de Poumayrac, qui a été descendue à Brazzaville et à laquelle nous avons fait des funérailles solennelles.

Le duc s'est battu avec courage et même avec témérité, à ce point que le lieutenant Julien a dû lui adresser une observation.

D'après les récits du Sénégalais Charles et de l'Arabe Sliman qui ne l'ont pas quitté, il y aurait eu sept jours de combats avec les Boubous, et le jour qui fut le plus dur et le plus décisif, le feu dura jusqu'à trois heures de l'après-midi.

Jacques parle de mille à quinze cents Boubous, les attaquant dans la journée du 7 février. Les récits officiels portent leur nombre de quatre à cinq mille.

Pour reprendre la tête de M. de Poumayrac et celles des huit hommes, rangées autour, Jacques, d'après le Sénégalais Charles, aurait pris un des Boubous qui lui proposait de lui montrer où elles étaient et l'aurait fait marcher devant lui avec son fusil entre les deux épaules et prêt à tirer, s'il ne le menait pas à l'endroit promis. C'est comme cela qu'il a vu ces têtes rangées dans une case spéciale. Ce Boubou a été épargné.

Une autre fois, la petite compagnie que Jacques dirigeait se reposait un instant dans la brousse, quand tout à coup il aperçut à quatre ou cinq cents mètres un Boubou qui se glissait vers eux en rampant à moitié et son couteau de jet à la main. Il le tire, et, au lieu d'un Boubou, deux sont tués à la fois. Ces deux hommes marchaient tellement dans les pas l'un de l'autre et si près qu'on ne pouvait distinguer qu'un individu.

XXIV

MAUVAISES NOUVELLES

DÉPART DE JULIEN. — DÉPÉRISSEMENT. — FAIBLESSE. — RETOUR AU POOL.

> A bord de l'*Archiduchesse Stéphanie,* steamer de la S. A. B.
> Stanley-Pool, le 11 avril 1893.

MA CHÈRE MAMAN,

Cette fois, les nouvelles sont mauvaises, Julien, pris par la dysenterie depuis le 29 décembre, et réduit à l'état de squelette, a été obligé de quitter les Abiras, à la date du 13 au 14 février, pour rentrer en France; il était très mal. Deux jours avant son départ, j'attrape la même maladie et perds toute espèce de force. M. Liotard, voyant que, loin de me guérir en haut, je dépérissais à vue d'œil, me conseilla d'aller me reposer à la mission de Brazzaville ou de Linzolo, et le 13 mars je remis le commandement à Pottier et partis pour le Pool.

A Banghi, je retrouve Julien très malade et qui avait failli mourir dans la descente. Heureusement un steamer était là, et nous avons pu descendre rapidement, tous deux, jusqu'ici et un peu mieux. Julien est trop faible pour chercher à se rétablir et continue directement sur Matadi; quoique un peu malade encore, je vais tenter de me remettre et de repartir vers l'Oubanghi. J'ai une sorte de diarrhée tropicale qui, j'espère, cédera aux bons soins des Pères; mais je suis devenu très, très maigre. Si je ne puis me reconstituer, je serai forcé de revenir, à mon grand regret, en France. Dans le cas contraire, en avant de nouveau!

Mais sans Julien!... que de projets perdus!

Quel brave garçon que Pottier d'avoir accepté cette charge, de tâcher de m'attendre là-haut!

Je vous enverrai une plus longue lettre de Brazzaville, où je serai ce soir; mais je profite d'un courrier rapide de la Société anonyme belge pour vous envoyer ces nouvelles.

Je suis encore faible; mais je vais beaucoup mieux et puis un peu marcher.

JACQUES.

XXV

MALADE

DANS UN FAUTEUIL. — IL FAUT CHANGER D'AIR. — EN RETRAITE. — A BORD D'UN VAPEUR HOLLANDAIS. — RETOUR A BRAZZAVILLE. — LES TIRAILLEURS. — TRISTE EXPÉRIENCE. — LES BELGES EN AFRIQUE.

Mission de Brazzaville, le 13 avril 1893.

Ma chère maman,

Je vous ai écrit un mot par l'État indépendant du Congo, qui a dû vous arriver avant celle-ci. Mais le courrier français part demain, et comme j'ai plus de confiance par cette voie, j'en écrirai plus long. Ce sera le développement de ce que je dis en quelques mots dans ma lettre, partie par l'autre rive.

Je reprends nos aventures au 15 février.

L'expédition contre les Boubous, terminée avec succès, tout semblait nous présager de nouvelles journées heureuses : la route était aplanie par l'effet moral que cette expédition avait fait sur les populations noires avoisinantes; ce résultat était énorme et nous facilitait beaucoup de choses. Un grave ennui, Julien était malade, s'affaiblissait de plus en plus et divaguait toutes les nuits. La dysenterie le tenait solidement et refusait énergiquement de lâcher sa proie. Il avait lutté et luttait encore, mais la maladie le vainquit, et il résolut, se voyant dans l'impossibilité absolue de faire quelque chose avant longtemps, de rentrer en France le plus rapidement possible. Une pirogue fut vite armée, et le 19 février Julien s'embarquait pour l'Europe, dans une pirogue qui devait le mener à Banghi, où il devait probablement trouver un vapeur.

Mais ce n'était pas tout; deux jours avant son départ, je m'aperçus aussi que j'avais des symptômes évidents de dysenterie. Mis immédiatement à la diète, je commençais à m'affaiblir considérablement. On m'ordonna alors de ne prendre que du lait et du bouillon, et je fus épouvantablement drogué. Comme la dysenterie est généralement causée aux Abiras par les vers, on me donna de la santonine. J'en rendis un beau, et ce fut tout. Mais la maladie ne guérissait pas, et la faiblesse augmentait toujours, grâce surtout à cette maudite diète, qui convient si mal à mon tempérament et qui est surtout incommodante en Afrique, sous le climat anémiant de l'équateur.

Bref, au bout de peu de jours, je dus me confiner dans un fauteuil et n'en point bouger. Jolie situation pour quelqu'un qui était venu en Afrique pour avancer rapidement.

Vers le 10 mars, M. Liotard devait partir pour aller chez Bangassou, et nous devions l'accompagner. Mais que faire dans l'état où je me trouvais? Impossible de bouger! M. Liotard me dit : « Il n'y a qu'une chose qui puisse rapidement vous guérir, changer d'air. Allez à Brazzaville ou à Linzolo chez les Pères de la mission, vous vous remettrez; puis vous pourrez revenir, lorsque vous serez rétabli complètement. »

M. Liotard partit donc avec une portion de mes hommes et des noirs pour fonder un poste chez Bangassou, et moi-même, après avoir remis à Pottier le commandement des hommes qui restaient, je partis, les larmes aux yeux, pour Brazzaville.

J'étais dans une pirogue avec Sliman et un Sénégalais. Je ne vous raconterai pas les péripéties de la route dans tous leurs détails, attendu qu'elles n'ont rien de palpitant. Les eaux étaient très basses et les rapides insignifiants; partout on les passait sans crainte et sans difficultés... Arrivé à Mobaï deux jours et demi après mon départ, je crus que j'allais être quelque temps sans pouvoir continuer ma route. J'avais été pris de telles coliques (pardonnez les détails) que je fus obligé de m'y reposer deux jours.

Heureusement, le troisième, j'allais mieux, et vogue la galère! Les villages où nous nous arrêtions nous cédaient des cases pour loger et toutes sortes de vivres indigènes, poules et œufs principalement. J'avais nécessairement rompu la diète qui m'avait été imposée jusque-là, je mangeai quelques œufs et un peu de poulet. Je m'en sentais mieux; chaque jour, nous pouvions faire une dizaine d'heures de pirogue, de sept heures du matin à cinq heures du soir. On avait eu soin de confectionner une sorte de tente au-dessus de ma pirogue, à l'endroit où j'étais assis et j'étais ainsi préservé à merveille de la trop grande chaleur de la journée.

J'arrive enfin sans perdre une minute à Banghi, où je retrouve Julien très malade encore. Il était resté mourant dans un village, et avait été rejoint et recueilli par un agent hollandais qui l'avait soigné, un peu réconforté et emmené tant bien que mal à Banghi. Par un heureux hasard, un bateau, également hollandais, se trouvait à Banghi. Je dis inexactement Banghi, puisque ce vapeur se trouvait exactement à deux jours de pirogue plus bas. Pendant la saison des eaux basses, les steamers, en effet, ne peuvent monter jusqu'à Banghi et sont obligés de s'arrêter à un point qu'on nomme Zinga.

Sitôt pris, sitôt pendu; le lendemain matin de mon arrivée à Banghi, j'en repartais en pirogue pour Zinga. Arrivés à Zinga, nous montions à bord de l'*Antoinette*, et en route pour Brazzaville! Les rivages qui nous avaient semblé si longs à remonter filaient devant nous comme des éclairs, et le 1er avril, à quatre heures du soir, nous mouillions devant le poste de Lirranga, situé au confluent de l'Oubanghi et du Congo. Je dois avouer que j'appris avec stupeur que le lendemain était le jour de Pâques. Je l'avais tout à fait oublié; mais le défaut de calendrier et la rapidité de ma course m'excusaient plus que suffisamment. M. Greshoff, gérant en chef des factoreries hollandaises du haut Congo, était à Lirranga, et l'*Antoinette* ne redescendait pas plus loin, se rendant aux Falls. Nous voilà donc obligés de rester à Lirranga, et pour combien de temps, on l'ignorait, aucun steamer, du moins appartenant à la rive française, ne devant redescendre.

Vous vous rappelez ou vous ne vous rappelez pas qu'à Lirranga se trouve une mission catholique. Aussi fus-je très heureux de pouvoir assister à la grand'messe, célébrée à huit heures par le supérieur dans sa petite chapelle. Elle est vraiment bien curieuse. Le Père Allaire, dont j'ai dû vous parler, est à la fois mécanicien, charpentier et artiste, et sa chapelle est ornée de statues, fabriquées en terre de fourmilière par lui-même, bien qu'il n'ait naturellement reçu aucune éducation artistique, ce qui ne l'empêche pas d'avoir fait un « Sacré-Cœur », une sainte Vierge, un saint Joseph et un Christ en croix. Il avait travaillé jusqu'à trois heures du matin pour tout arranger. Il faut être vraiment missionnaire pour avoir une telle ardeur, et je crois que Dieu envoie des forces spéciales à ces vaillants soldats du Christ pour pouvoir soutenir de telles fatigues sous un climat si dur!

Julien, qui avait hâte de s'en retourner vers l'Europe, se consumant chaque jour sous le soleil d'Afrique, n'eut pas le temps de s'impatienter à Lirranga. Le 3 avril au soir, on apercevait un vapeur à l'horizon, et qui, grossissant à vue d'œil, accosta bientôt près de Lirranga. C'était l'*Archiduchesse Stéphanie*, de la Société anonyme belge, descendant des Falls.

L'*Archiduchesse* resta trois jours à Lirranga pour réparer son gouvernail cassé, et le 7 au matin nous filions pour Brazzaville. Le 9, on rencontrait un vapeur français dans l'après-midi. Malheureusement, je dormais et j'en fus navré, car ledit courrier portait toutes nos correspondances de décembre et de janvier, date à laquelle il était parti d'Europe. Pourvu qu'un des chefs de poste échelonnés sur la route ait l'heureuse inspiration de me les réexpédier!

Enfin! nous étions au Pool, après une heureuse traversée, tous deux sensiblement mieux portants (c'est l'Afrique seule qui est coupable, si mon français est parfois défectueux). Le soir même de mon débarquement à Kinchassa, je passais le fleuve et venais accepter de nouveau la gracieuse et si obligeante hospitalité de Mgr Augouard. Julien venait aussi la partager, mais il espérait bientôt partir et attendait avec impatience une caravane pour filer par la voie de l'État indépendant, plus courte et plus douce que celle de Brazzaville à Loango.

Et moi! que vais-je faire? *That is the question!* comme dirait n'importe quel anglomane. La question est à la fois très simple et très compliquée. Si je ne me rétablis pas, je suis forcé de réintégrer l'Europe, sous peine d'avoir une maladie chronique pour le restant de mes jours, ce qui ne me sourit que très médiocrement. Si je me rétablis, ce que j'espère, je remonterai dans l'Oubanghi explorer quelques rivières qui en éprouvent un vif besoin. Mais là un point d'interrogation se pose : comment vais-je retrouver mes hommes? La malheureuse inspiration qui a fait, qui nous a fait, veux-je dire, engager des Algériens pour cette expédition diminue infiniment le plaisir que j'aurais à remonter l'Oubanghi. Ces hommes, en effet, sont presque tous malades et supportent encore beaucoup moins bien que nous le climat congolais. En quel état seront-ils? Combien y en aura-t-il de décédés? C'est une responsabilité ennuyeuse que de revenir avec des hommes tous à moitié morts! Et je suis très perplexe.

Regardez ci-dessous l'état des mutations arrivées dans l'escorte, qui se composait au départ de quarante-neuf hommes.

Voici maintenant ce qui restera, procédant par une élimination successive et par ordre de date :

1 homme renvoyé dans ses foyers par le *Taygète* (23 mai 1892).

2 hommes morts à Brazzaville (septembre 1892).

4 hommes malades, renvoyés de Brazzaville (septembre 1892).

1 homme rapatrié à sa demande de Lirranga (octobre 1892).

1 homme mort sur le vapeur (octobre 1892).

1 homme mort en pirogue sur l'Oubanghi (janvier 1893).

2 hommes morts aux Abiras (janvier 1893).

1 homme très malade rapatrié (mars 1893).

De 49 ôtez 13. Reste : 36.

Mais sur ces 36 hommes, il faut encore défalquer : 1° un homme qui s'est blessé et dont le rétablissement sera fort long; 2° un homme devenu poitrinaire. Reste 34. Sur ces 34, 20 à peine étaient en état de marcher, quand je suis parti des Abiras! Que faire? Ah! si nous avions eu des Sénégalais, c'eût été la moitié moins coûteux et cent mille fois préférable. L'Arabe algérien ne vaut rien, transporté hors de son pays.

C'est une triste expérience que je fais là; mais elle n'est que trop réelle. Je vous dis cela carrément pour que vous ne vous livriez à aucune illusion sur la suite de l'expédition. La seule chance que je puisse avoir, et celle-là est malheureusement probable, c'est de rattraper la dysenterie en remontant. Aussi suis-je très perplexe. Mgr Augouard affirme que j'aurais tort de remonter, et je balance. Dès que je saurai à quoi m'en tenir sur ma santé, je vous dirai ce qui aura été fixé. Mais je suis malade, et peut-être cela me fait-il voir bien des choses en noir. Aussi vais-je passer à un autre sujet plus intéressant :

DE LA POLITIQUE ET DES AGISSEMENTS BELGES EN AFRIQUE.

Il faudrait écrire un volume entier pour raconter tout ce qu'il y a à dire sur ce sujet. Il suffira de vous rapporter quelques petits détails. Un Belge me disait, l'autre jour, en parlant des officiers de l'État du Congo : « Ce ne sont pas des officiers; ce sont des voleurs d'ivoire et des marchands d'esclaves ! » Cette affirmation n'est que trop justifiée, et maintes fois j'en ai eu des preuves; mais je me retire la parole et je recopie le curieux morceau que M. Greshoff, gérant de la Société hollandaise, a adressé au délégué de l'administrateur à Brazzaville. C'est un morceau typique dont je respecte les tournures fautives et l'orthographe. Remarquez bien que c'est un étranger qui parle. Cette pièce est un peu longue, mais vaut la peine d'être citée en entier. M. Greshoff revenait d'un voyage dans le haut Oubanghi.

*A monsieur le délégué de l'administration principale
de Brazzaville et dépendances.*

Monsieur le délégué,

Revenu de mon voyage dant le haut Oubanghi, je prends la liberté de vous rapporter quelques faits graves et presque incroyables, en vous priant de vouloir bien y porter votre attention toute spéciale.

Arrivé à Yakoma, je me suis rendu compte que l'État indépendant du Congo, malgré toutes les conférences, continue à fournir aux indigènes des armes perfectionnées. Bangassou venait de recevoir un canon et un superbe martiny avec des cartouches. Il a plusieurs autres armes perfectionnées, et j'en avais aussi remarqué dans d'autres villages et chez d'autres chefs.

Le chef du poste de l'État de Bangassou déclarait en outre que l'État avait fait le 27 février 1892 un contract avec Bangassou, déclarant celui-ci sultan indépendant, qui livrerait tous les produits de ses terres à l'État, à condition que l'État lui fournirait des armes et des munitions.

Le pays est donc fermé au commerce régulier et l'État qui fait pour des particuliers des lois contre l'importation des armes et des munitions, sous les prétextes les plus philanthropiques prouve donc n'avoir fait ces lois que dans le seul but de constituer le monopole de la vente des articles prohibés. Je prends encore la liberté de vous faire remarquer que ce contrat a été fait en février 1892, donc quelques mois après la déclaration de M. le gouverneur général Wahis, où il s'engageait à donner des ordres formels pour faire cesser toute action politique dans le territoire contesté. Or, ces ordres formels ont eu pour résultat le contrat de Bangassou, l'établissement d'un de ses lieutenants à Raffaï et d'autres lieutenants dans d'autres endroits, et actuellement encore le commandant Balot est entrain de s'étendre vers le nord par la rivière Mbilo; le contrat avec Bangassou a été fait et signé par les chefs nzakkaras (famille de Bangassou) et pour l'État par M. Le Marinel, le juge de Jacgor (?) et M. Mathieu.

Vous comprenez, monsieur le délégué, quel danger il y aura pour le commerce et même pour le gouvernement français de se trouver un jour en présence d'indigènes, armés de canons et de fusils perfectionnés.

Le but de l'État est de s'approprier autant et aussitôt que possible de l'ivoire; si, ensuite il est obligé de se retirer ou d'ouvrir le pays au commerce, la récolte aura été faite, et les indigènes, gâtés par les articles prohibés, dont l'État s'est attribué le monopole, ne voudront plus s'assujettir au commerce régulier.

Mais il y a des faits plus graves, monsieur le délégué, des faits que vous ne pourriez croire, si j'étais le seul à les signaler; mais heureusement tous les agents du gouvernement dans le haut Oubanghi viendront à l'appui de ce que j'avance.

Les puissances qui, au nom de Dieu tout-puissant, ont signé l'acte de la conférence de Bruxelles (antiesclavagiste), n'ont sûrement pas pu prévoir que l'État indépendant du Congo est actuellement le seul esclavagiste dans ces parages. Sous prétexte de libérer des esclaves, l'État en achète une masse qui doivent le servir pendant sept ans.

J'ai vu les achats aux Falls, monsieur le délégué, et je n'ai pu protester, bien qu'observant que les Arabes, trouvant chez l'État un marché pour la vente des esclaves, sauront toujours l'en approvisionner; et que devient donc le but de toutes les mesures prises par les autres puissances, qui ayant en vue la destruction des marchés et des ventes, veulent supprimer la valeur de l'esclave et, par conséquent, la cupidité de s'en procurer chez les Arabes. Dans l'Oubanghi, dans le territoire français, occupé par l'État, c'est pourtant une affaire encore plus grave. L'esclavage existe chez les Nzakkaras, les Yakomas, enfin chez tous les peuples du haut Oubanghi aussi bien qu'ailleurs.

C'est un esclavage patriarcal et les gouvernements n'y changeront rien ces premiers temps, ils doivent se borner à ouvrir leurs stations aux esclaves maltraités qui fuient leurs maîtres (ce qui arrive rarement) et à empêcher autant que possible les sacrifices humains.

Puis, les gouvernements doivent donner l'exemple d'employer des hommes libres au travail, de prêcher toujours contre l'esclavage comme institution barbare et de défendre tous ceux qui veulent s'y soustraire.

L'État indépendant du Congo, loin de remplir ces devoirs, achète des hommes contre des fusils à piston, toujours sous prétexte de les libérer après qu'ils auront servi l'État pendant sept ans. Comment voulez-vous que les indigènes abandonnent l'esclavage, si un gouvernement leur donne l'exemple de le pratiquer!

Ne croyez pas, monsieur le délégué, que les hommes achetés par l'État ont la moindre idée d'être libérés, car le plus souvent on les attache avec des chaînes ou avec d'énormes blocs aux pieds, jusqu'à ce qu'ils soient hors de leur pays, sans quoi ils s'évaderaient. Et voyez encore à quel abus ces achats d'esclaves par l'État donnent lieu.

Un homme n'a besoin de rien, il est heureux dans son village, il a son arc et ses flèches, ses bonnes zagaies, il adore sa famille, son frère surtout. Son frère? enfin ce n'est pas son frère, c'est un esclave de sa famille, mais enfants, ils ont joué ensemble; hommes, ils se sont mariés et ont des enfants, qui eux aussi se considèrent comme frères et sœurs.

L'esclave a oublié tout à fait qu'il n'est pas l'égal de son maître, le maître ne pense jamais que son frère est son esclave.

Vient la tentation sous la forme imaginée de l'État indépendant, un fusil à piston. L'homme se rappelle qu'il peut se procurer cette arme avec un esclave, son frère; n'est-il pas son esclave? Il résiste, essaye d'oublier, mais depuis le paradis, c'est toujours la même histoire, il succombe. Sous prétexte de vendre quelque chose à la station de l'État, il emporte son frère, son ami d'enfance, son esclave, hélas! et bientôt l'État indépendant compte un « libéré » de plus qu'on a vite mis à la chaîne, car il n'apprécie pas la libération, et, dans le village, une femme pleure son mari, des enfants crient en vain après leur père, et un homme regarde un fusil à piston, et maudit le moment où on le lui a montré.

Cet exemple-ci, monsieur le délégué, suffirait pour convaincre le plus optimiste que je suis dans mon droit d'appeler la libération d'esclaves par l'État indépendant du Congo, « une spéculation infâme »; mais pour bien prouver que la philanthropie (sur laquelle se basent tous les actes du souverain du Congo « par écrit ») n'est pour rien dans cette libération, je vous prie de bien vérifier ces chiffres.

Moi, négociant, je dois par homme que j'emploie une moyenne de vingt francs par mois.

Un Sénégalais.	30 francs par mois.
Un Whybay (habitant de Libéria). . .	20 —
Un Loango.	15 —

Vingt francs par mois, soit en sept années (84 mois) seize cent quatre-vingt francs, sans compter que Sénégalais, Whybays ou Loangos ne restent jamais sept ans chez moi et que je suis obligé de les rapatrier à mes frais après deux années de service. La philanthropie de l'État du Congo, dans ce cas-ci, consiste à se procurer pour un fusil à piston (soit à peu près dix francs) le travail qu'un négociant doit payer avec deux mille francs.

Voilà, monsieur le délégué, les faits que j'ai voulu vous signaler. Le gouvernement français fera sans doute tout ce qu'il pourra pour mettre fin à des actes qui ne déshonorent pas seulement ceux qui les pratiquent, mais aussi ceux qui, en ayant le pouvoir, ne s'opposent pas à ce qu'ils soient pratiqués.

En terminant, monsieur le délégué, laissez-moi vous remercier pour le bon accueil que j'ai trouvé dans tous vos postes et principalement à Yakoma.

J'ai contracté envers M. Liotard une dette de reconnaissance que je ne saurai jamais liquider. M. Liotard est à Yakoma dans une position des plus difficiles et il faut vraiment avoir le courage et toutes les qualités de M. Liotard pour avoir su tenir un poste comme il a fait.

Veuillez agréer, etc.

Signé : A. Greshoff.

Que pensez-vous, après cela, de la politique belge au Congo? Le roi Léopold, marchand d'ivoire et de chair humaine! Et ne croyez pas qu'avec le style ci-dessus qui sent un peu l'étranger, il y ait de l'exagération! Au contraire, son auteur est peut-être au-dessous de la réalité. Dans un district, les indigènes sont réduits à cacher dans la brousse leur ivoire et leur caoutchouc, de peur d'être volés par les officiers de l'État. Il y avait autrefois dans ce district grand nombre de villages. L'habile politique qui est à sa tête a réduit ce nombre à deux. Dès qu'il savait qu'un village avait de l'ivoire, il suscitait des querelles parmi les habitants, et, sous prétexte de calmer les esprits, il brûlait le village et raflait les marchandises, tuait quelques hommes et menait le reste à la libération. Il est vrai que chaque pointe d'ivoire et chaque libéré lui rapportaient un joli petit bénéfice. Et pourtant ce ne sont ni des panamistes, ni des Juifs, mais bien des officiers de l'armée belge! Nos voisins n'ont pas grand'chose à nous envier, mais ils le cachent soigneusement, sous l'aile protectrice du grand marchand, du grand négrier, Léopold II, par la grâce de Dieu roi des Belges et souverain de l'État indépendant du Congo!

Ouff! Je suis éreinté; le courrier part demain matin, et je clos ma correspondance.

Jacques.

P. S. — Ci-joint une lettre adressée à un tirailleur décédé ; prière de la retourner.

Note. — Il est dû à Benoît Charrier trois francs cinquante par jour, depuis le 21 octobre 1892, date où sa solde a dû être payée. Il a droit au rapatriement à Roanne (Loire).

C'est un brave garçon que j'ai été forcé de rapatrier pour dysenterie et anémie, et qui arrivera probablement à Paris vers la fin juin ou la mi-juillet. Je n'ai pas à me plaindre de lui, au contraire. Je vous prierai donc de vouloir bien régler ou faire régler son compte, qu'il préfère toucher à Paris, de crainte des voleurs.

XXVI

IL FAUT REVENIR

SUR LA ROUTE DE L'EUROPE. — IMPOSSIBLE DE RÉSISTER. — VÉRIFICATION DES COMPTES. — HOSPITALITÉ A LA MISSION DE BRAZZAVILLE.

Brazzaville, Mission catholique, le 27 avril 1893.

Ma chère maman,

Quand vous recevrez cette lettre, je ne serai pas bien loin de l'Europe, du moins, je l'espère; peut-être même aurez-vous reçu la dépêche annonçant mon retour.

Je ne puis plus résister convenablement au climat, étant toujours torturé par la diarrhée qui, faisant suite à la dysenterie, me tient depuis plus de deux mois. J'ai consulté Mgr Augouard sur la possibilité de remonter dans l'Oubanghi par le bateau qui part demain; c'est m'exposer à une rechute certaine, et Monseigneur m'a dit qu'il valait mieux pour moi retourner à la côte. D'autant plus qu'avant trois mois, il n'y aura plus de bateau pour Banghi, et que je serais obligé de les passer ici, ce que je ne puis faire. L'anémie et la fièvre, et surtout l'ennui d'être ici tout seul, ne me rétabliraient guère. Vous ne me voyez pas rester ici trois mois à me soigner! Il me faut absolument l'air de la mer. J'ai immédiatement écrit à Pottier et à Riollot de faire redescendre les hommes qui restent, dont plusieurs, d'ailleurs, seraient dans l'impossibilité absolue de continuer un voyage quelconque. Je vais partir d'ici une huitaine de jours pour Loango, c'est-à-dire que j'y serai vers la fin du mois de mai ou dans les premiers jours de juin. Je pourrai, si un bateau se trouve de passage, arriver en France vers le mois de juillet; mais ce n'est là qu'une date approximative. Je serai peut-être obligé de stopper en route pour me reposer, surtout si la diarrhée me reprenait trop fort.

J'allais beaucoup mieux ces derniers jours, puis le froid, tombé sur l'épigastre, m'a donné un peu de fièvre pendant deux jours avec reprise de la diarrhée. Heureusement, ce ne sera rien, je l'espère, et rien ne m'empêchera de faire la route en hamac.

Les moustiques me tourmentent toujours beaucoup, et j'ai les jambes et les pieds couverts d'écorchures et de plaies. Chaque fois que les moustiques me piquent trop fort au même endroit, il y vient un cran-cran, qui suppure pendant un mois, quelquefois plus. Le grand charme est que ça vous laisse aux jambes des taches noires assez laides, qui sont, paraît-il, presque ineffaçables.

Vous recevrez à Paris un nommé Charrier que j'ai rapatrié, pour cause de dysenterie; c'est un tirailleur, un très brave garçon auquel est due sa solde. Il m'a demandé d'être payé à Paris, et je lui ai remis un papier pour vous ou M. Samson. Je vous serais obligé de prévenir ce dernier. Tous les renseignements sont contenus dans le papier que je lui ai remis. Je crois vous l'avoir déjà écrit dans ma dernière lettre, et ce que je fais aujourd'hui n'est que pour vous rafraîchir la mémoire.

Julien est parti d'ici le 16 par la route belge. Sa santé était encore loin d'être brillante, mais cependant l'amélioration se maintenait et semblait devoir persister; mais, comme lui a dit le docteur, il était temps qu'il partît.

Mgr Augouard est toujours charmant et aux petits soins pour moi; mais je ne puis prendre sa demeure pour une auberge, et je craindrais d'abuser de lui. Les remèdes ne me manquent pas : l'air seul est un obstacle à ma guérison. Le temps est à la pluie; j'espère toutefois qu'avec l'arrivée de la saison sèche je pourrai continuer mon voyage sans être trop arrosé. Cinq cent cinquante kilomètres à faire! C'est une jolie trotte à pied, ou même porté sur le dos des noirs. Par bonheur, il y a une mission et deux postes français sur la route; par conséquent, je pourrai m'y reposer. Je prends la route française, parce que j'en ai beaucoup entendu parler. Elle est un peu plus longue, mais vaut, paraît-il, la peine d'être vue.

Le directeur de la Société anonyme belge ici est mort le 25 décembre dernier, et son remplaçant provisoire est un administrateur venu d'Europe pour quelques mois, à seule fin de régler les différents services de cette puissante société. Je vais vérifier les comptes avec ledit administrateur, ce qui est pour moi d'un intérêt puissant. Il faudra calculer que tout ce qui arrive ici est majoré de deux ou de trois, même de quatre cents pour cent; et vous ignorez probablement cela.

Une caisse qui coûterait vingt francs à Paris coûterait $20 + 40 = 60$ fr.

Plus le bénéfice, qui, à cause des pertes, doit être plus élevé; mettons vingt francs et le transport en bateau. De sorte qu'une caisse de vingt francs pesant trente kilogrammes représente à Brazzaville ou Kinchassa une valeur marchande de plus de quatre-vingts francs.

Et ceci est exact. Ce n'est pas le calcul des maisons de commerce, qui majorent encore ces prix, sous prétexte que, n'ayant aucune concurrence, si on ne veut pas payer, on se trouvera dans l'eau.

M. Dolisie a été obligé de payer ici la barrette ou m'tako, petite barre de fil de laiton de quinze centimètres environ, jusqu'à trente centimes, tandis que sa valeur réelle ici n'est que de dix centimes à peine. Les commerçants prétendent qu'ils en ont besoin pour eux, et que chaque objet qu'on leur prend peut leur enlever un kilogramme d'ivoire! Et quelquefois avec un objet valant quelques centimes en France, ils peuvent avoir des vingt et quarante francs d'ivoire.

29 avril. — Je suis allé voir hier les comptes de la Société anonyme belge à Kinchassa, mais je n'ai approuvé que les comptes de détail seulement. Je ne pourrai me prononcer que sur l'exactitude du nombre des charges transportées, faisant mes réserves sur la question du prix de quarante-cinq francs qui ne me paraît pas être celui des conventions. Il faudrait vous assurer du prix des conventions.

Pour les charges descendantes, il faut aussi payer quarante-cinq francs, ce qui me semble un abus, puisque le facteur, du moins par Loango, touche en une seule fois le prix d'aller et du retour; mais je vous fixerai mieux sur tout cela, quand je serai en Europe. Toutes ces choses dépendent, d'ailleurs, des conventions passées par M. X..., et que je n'ai jamais eues sous les yeux.

Je crois que vous aurez du mal à me reconnaître, puisqu'à Brazzaville même on dit que je suis très changé. Je porte une barbe splendide, mais, hélas! les cheveux ont peu repoussé, et le plus grand nombre est tombé sur les rives de l'Oubanghi.

JACQUES.

LE CARNET DE JACQUES

INACTION FORCÉE

A partir de la dernière lettre qu'on vient de lire, le duc d'Uzès n'écrivit plus à sa famille. Comme il était sur le chemin du retour, les lettres devenaient inutiles, puisqu'elles l'auraient accompagné, et qu'il serait arrivé en même temps qu'elles. Mais au milieu des souffrances qui le torturaient il continua à tenir à jour son carnet de notes quotidiennes. Voici ces notes. Elles complètent ses lettres. Jacques les écrivit fidèlement jusqu'au moment où il se coucha pour mourir. Ce carnet portait en exergue : *Ferro, non auro.*

12 janvier.

Commencement du séjour aux Abiras. Grand poste bien établi comprenant deux cases pour les blancs, de nombreuses cases pour les Sénégalais et une factorerie hollandaise. Les villages yakomas indigènes cessent tout auprès.

La rivière a environ dix-huit cents mètres de large, avec une grande île dans le milieu. Derrière, s'étend le pays des Nzakkaras, plat et broussailleux, aux nombreux marais, actuellement secs (saison sèche). Jardins avec ignames.

Visite à notre futur campement situé à environ deux cent cinquante mètres du poste, comprenant (quand il sera terminé) une case pour Pottier et moi, avec salle à manger — cette case est à peu près terminée, — un magasin avec deux chambres (Julien et Riollot) et des gourbis indigènes (dix) pour les Arabes et Sénégalais. Cuisine derrière et grande place avec jardin devant. Grande route menant du poste au campement. Installation des Arabes dans un gourbi, et activement des préparatifs pour nos Sénégalais de poste. Bonne tenue; un vol de fusil et la question des Banzyris et de leurs payements.

Les vivres; assez grandes difficultés qu'on a pour en trouver ici. Les poules et les cabris, les cabris gardés précieusement par les Yakomas avec lesquels ils achètent des femmes. Les sacrifices de bestiaux pour manger et Idée de Dieu?

Le poste belge situé à deux ou trois kilomètres sur la même rive. La route de la rivière moralement barrée.

Temps assez frais, un peu de fièvre et mal de dents. Les sauterelles.

Vendredi 13 janvier.

Quelques revisions des bagages. Nous venons de charger nos caisses; on active un peu l'organisation de notre gourbi; rien de bien nouveau. Enrôlement de Banzyris comme travailleurs, pour faire les travaux du camp.

Temps gris et menaces de tornade. Vent du sud-est assez violent pendant une partie de la journée.

Du poste on aperçoit à environ cinq ou six kilomètres le confluent du Mbomou avec l'Ouellé.

Baromètre à trois heures, 735.5. Thermomètre, 27 degrés. Le soir, éclairs.

Samedi 14 janvier.

Travaux dans les réserves de pharmacie. Discussion sur la politique belge. L'ivoire et les cadeaux offerts par les chefs nzakkaras à M. Liotard.

Visite d'un des frères de Bangassou à M. Liotard. Les instruments qui l'accompagnent, flûtes, sablier et corne d'ivoire aux bruits extraordinaires. Entrevue entre le chef et le directeur de l'Oubanghi.

Les histoires contées par les Belges aux indigènes; leur manière de raconter l'arrivée des Européens et les discussions entre eux. La reconnaissance de la suprématie de la France sur la rive droite de l'Oubanghi. Différences de cours et d'importance du Mbomou et de l'Ouellé, qui est bien le véritable Oubanghi, d'après nos idées. Noms différents donnés par les indigènes à la rivière. Pour tous les indigènes riverains : Banzyris, Yakomas, c'est la « rivière », et ils ne donnent des noms qu'aux affluents secondaires, voire à de simples ruisseaux, grossis dans la saison des pluies. Le massacre de l'expédition de M. de Poumayrac et de ses Sénégalais raconté par M. Liotard. Imprudence de prendre fait et cause pour un chef indigène. L'endroit où, d'après les racontars, se trouvent les crânes de M. de Poumayrac et de ses Sénégalais. Un Yakoma seul s'est sauvé du massacre et est actuellement au poste comme interprète nzakkara (prononcez *nzac-kara*).

15 janvier.

Repos du dimanche. Visite au poste du commandant Hanslé, chef belge du Haut-Oubanghi. Julien et les Belges; conversation un peu froide; ils affectent d'être très aimables avec les Français, mais débitent aux indigènes le plus de mensonges possible sur leur compte. Exemple : ceux qui ont été racontés hier à M. Liotard par le frère de Bangassou. Le poste provisoire. Reconnaissance implicite des droits de la France sur le Nord-Oubanghi (rive). Les premiers arrivés. Politique avec les indigènes. Le massacre du lieutenant Liégeois dans l'Oubanghi.

16 janvier.

Julien toujours assez souffrant; travaux au camp et réfection de caisses. Itinéraire probable et séjour que nous devons faire ici. Expédition chez les Boubous remise à quelques jours. Diarrhée. Pottier un peu souffrant. Conséquences du repos après une période d'activité. Assez beau temps.

17 janvier.

Temps gris et froid toute la journée. Le thermomètre, qui a eu un minimum de 21 degrés dans la nuit, ne monte guère au-dessus de 22 degrés.

Visite de M. Liotard au poste belge.

Diarrhée continue. Arrivée vers cinq heures de MM. Augier et Trainès, agents français de la Société anonyme belge.

La Société anonyme belge et l'État indépendant du Congo dans l'Oubanghi ; rivalité de commerce ; un roi négrier. Rapport de M. Augier ; les exploits des soldats de l'État indépendant du Congo. Ceux-ci n'ayant pas de ration de perles, et les villages sur la gauche étant extrêmement peu nombreux, grâce à l'habile politique suivie par l'État, les soldats sont obligés pour vivre d'aller piller sur la rive française et massacrent même, lorsque les indigènes leur résistent, comme le cas se présentait cette fois-ci. Terreur des indigènes riverains à la seule vue du n'gomalé, ou fusil, qui paralyse en eux tout moyen de défense et ne les laisse même pas résister à un seul esclave noir, armé d'un fusil. Fuite du soldat chez les Boubous, lorsqu'il a été surpris par M. Augier. Importance de ces faits, au point de vue français, à cause de l'influence morale qu'ils exercent en Europe.

La politique de M. Liotard. Julien toujours souffrant. Froid assez grand le soir. Même temps gris toute la journée.

Mercredi 18 janvier.

La température est descendue, la nuit, à 17° centigrades. A sept heures, le thermomètre ne marque encore que 18 degrés. Brume dans la matinée, beau temps ensuite.

Visite du docteur belge, revenant de l'Ouellé. Commencement de l'influence arabe dans cette rivière. Les travaux du camp continuent. Diarrhée, suite et fin. Journée assez chaude (30 degrés). Menaces d'orage, le soir, mais de peu de durée. Pas de vent.

Sur les étapes que l'on peut faire en une journée ; étapes chez les Nzakkaras et routes inondées à la saison des pluies. Marches pénibles à travers des marais où l'on entre jusqu'à la poitrine.

19 janvier.

Beau temps, légère brume sur la rivière ; revision et réfection des caisses. Température à dix heures, 26 degrés. Julien toujours souffrant avec mieux. Saison sèche continue, interrompue simplement par quelques orages et tornades qui rafraîchissent l'atmosphère et rendent certaines nuits froides. Maximum ordinaire de 30 à 32 degrés.

20 janvier.

Les travaux du camp avancent tout doucement. Projets pour l'expédition chez les Boubous. Tous les jours, arrivée de chefs nzakkaras, venant voir ce qui se passe, constater nos forces et tâcher de deviner nos projets. Les deux Zanzibarites espions belges et leur fuite précipitée en se voyant reconnus. Les Belges ont encore plus envie que les Nzakkaras de savoir nos intentions. La dysenterie et les vers; le malade actuel est Mohammed-Ben-Ali, perruquier, très gravement atteint.

Minimum de température de la nuit précédente : de 18 à 20 degrés. Diarrhée guérie.

21 janvier.

Toujours à peu près le même temps. Maladie aggravée de Mohammed-Ben-Ali. La dysenterie. Julien assez fortement atteint.

Encore de nouvelles histoires sur le compte des Belges. Leur système de dénégation.

Pluie et tornade légère, le soir vers trois heures jusqu'à cinq heures.

22 janvier (dimanche).

Température minima de la nuit, 17 degrés. Matinée grise et fraîche. Latitude des Abiras, 4° 7' 30" nord, et longitude 20 degrés. Observations de 27 k^m, 4° 55' 52"?

Mort à trois heures et demie du tirailleur Mohammed-Ben-Ali, enterré presque immédiatement dans la brousse, à peu de distance du camp et derrière.

Temps assez beau dans l'après-midi, saison sèche.

23 janvier.

Travaux du camp et installation de Pottier. Position des chambres et du campement, les décorations, plafonds étant invention de bon goût. Les water-closets et leur porte. Contemplation et admiration des indigènes. Influence possible sur leur architecture future.

Les constructions se font en musique. Instruments yakomas : double cloche en fer forgé, tam-tams; ils sont inférieurs comme musiciens aux Nzakkaras, possédant des flûtes à deux et quatre trous, des trompes en ivoire dont ils tirent cinq notes et cherchent même à imiter le clairon (instrument essoufflant), ensuite le xylophone, composé de touches comme les instruments similaires éthiopiens, mais dont la résonance est donnée par des courges suspendues à la partie inférieure. Ils frappent sur ces touches au moyen de quatre petites baguettes munies de tampons de caoutchouc qu'ils tiennent deux à chaque main. Le chef d'orchestre joue de la flûte à deux trous et bat la mesure au moyen d'un hochet (petite courge remplie de sable).

Les Nzakkaras sont soumis au pouvoir d'un chef, Bangassou, lequel a l'autorité effective ou au moins nominale sur tous les autres chefs de la région. Ceux-ci ont pouvoir absolu sur leurs hommes, et les sacrifices humains ne leur coûtent guère. Les Yakomas et les peuples riverains sont beaucoup plus indépendants.

24 janvier.

Aux Abiras, Julien toujours très souffrant et retard de l'expédition des Boubous. Préparatifs et exercices. Renseignements sur leurs actes et leurs essais de résistance. Les pièges à loups qu'ils doivent nous tendre. Jamais battus. L'oligarchie chez les Boubous. Difficultés offertes pour le ravitaillement des hommes. Établissement au poste provisoire de N'ganda. Quelles seront nos forces? Plans de campagne, multiples et variés.

25 janvier.

Rien de bien nouveau; suis un peu malade de la bile. Lenteurs de l'installation et de l'établissement du camp. Commencement de travaux d'histoire naturelle par Pottier et rétablissement rapide de Bibi. Toujours la petite opération des Belges.

26 janvier.

Installation dans ma chambre au camp. Toujours assez beau temps et saison sèche persistante. Temps brumeux dans la matinée et fraîcheur assez grande; journée assez chaude et belle. Arrivée, le soir, d'un blessé, victime de l'État indépendant, ou plutôt de ses esclaves déguisés en soldats.

27 janvier.

Visite de M. Hanslé, qui reste à déjeuner. Constatation de la blessure faite par une arme à feu (poignet traversé). La blessure a eu lieu le 19. Mort du blessé, fils d'un chef. Ce chef réclame comme indemnité un fusil, qui lui est immédiatement accordé par le commandant de l'État. M. Hanslé a sur les indigènes des opinions peut-être exactes, mais très brutalement exprimées. Les idées de M. Liotard sont beaucoup plus douces, pour ne pas dire trop douces. En somme, il est très difficile de traiter les indigènes en hommes civilisés. Ce qui me frappe surtout, ce sont les énormes différences qui existent entre les différentes races noires, sans parler encore de celles qui sont musulmanes.

Le soir, arrivée d'un fils de Bangassou qui vient chercher un pavillon français pour nous accompagner avec un millier d'hommes auxiliaires contre les Boubous.

28 janvier.

La faiblesse et la maladie de Julien persistent et m'inquiètent. Cependant il est impossible de reculer l'expédition contre les Boubous, et une action commune avec M. Liotard est possible, nécessaire même.

Les nuits sont froides. Le thermomètre, abrité sous une véranda, marque 15 degrés. La différence entre les températures minima et maxima est de 12 ou 13 degrés, d'où pour les hommes de nombreuses bronchites et autres maladies. Peu de vivres; en dehors des pâtes de farine de manioc et de l'huile de palme, presque rien. Monnaie d'échange, la perle ou la kinja. Distribution aux hommes des rations et de la solde.

29 janvier.

Pendant la nuit, le thermomètre, abrité, descend à 14 degrés. Vers cinq heures du matin, à l'air, il marque 9°,05. Ciel toujours très pur. Temps brumeux au lever du soleil et brouillard sur l'Oubanghi. Véritable temps de saison sèche comme à Brazzaville.

Nous faisons des plans pour la guerre aux Boubous et aussi pour nos explorations futures. Il faut que nous barrions la route aux Belges, autrement ils nous la barreront. M. Liotard nous promet tout son appui.

Lundi 30 janvier.

Séjour aux Abiras. Exercices de tir pour habituer les hommes au maniement du fusil. Préparatifs du départ qui doit avoir lieu dans trois ou quatre jours. Julien toujours assez souffrant.

31 janvier.

Mêmes exercices de tir que la veille. Répartition des hommes en sections et en escouades. Chaque escouade comprend sept hommes et un caporal. Deux escouades forment une section commandée par un sergent. Il y a en plus le fourrier et le clairon. Nous irons nous établir à un petit village situé sur la rive près de N'ganda.

1er février.

Le départ est fixé à demain matin. Nous prenons nos dernières dispositions. Tout le monde est en bonne santé, sauf un tirailleur qui va mal et qui restera avec quatre autres à la garde du camp.

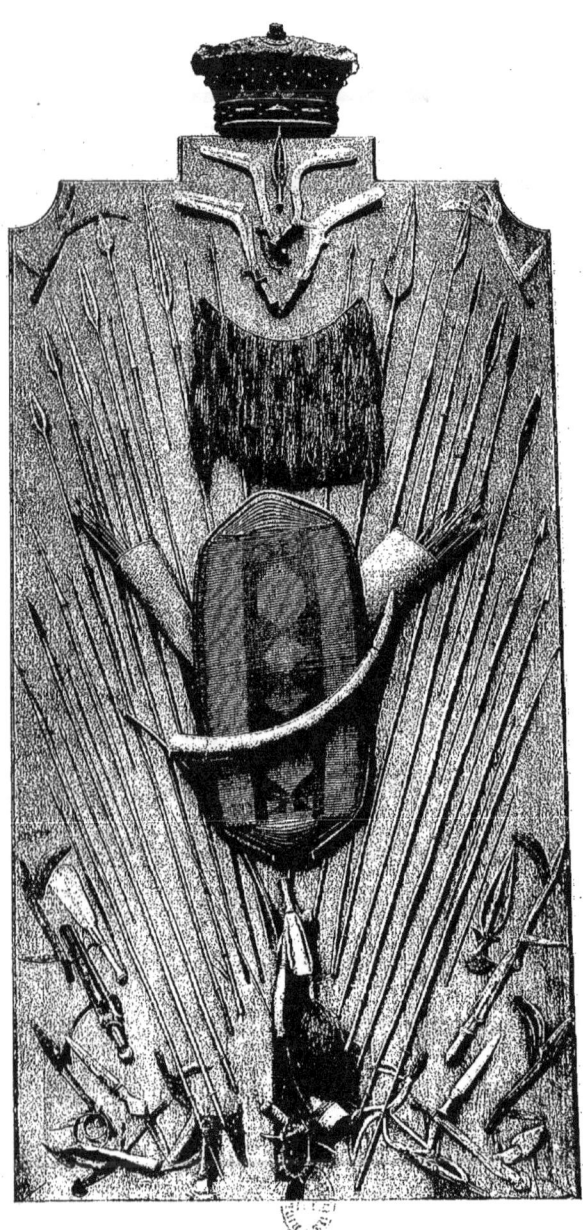

ARMES CONGOLAISES. — COLLECTION DU DUC D'UZÈS

2 février.

Le départ donne lieu à une légère confusion, qui met Julien un peu en colère. Il a lieu à sept heures quarante-cinq. Ma colonne se compose de trente-deux tirailleurs, six Sénégalais et quatre blancs. Le convoi comprend dix pirogues.

Navigation assez tranquille. A dix heures quarante-cinq, nous passons devant le village belge de Mobili. A une heure, par un temps assez chaud, nous passons devant l'embouchure de la rivière Bandou ou Kotto, et nous débarquons chez Touramba pour y déjeuner. Nous ne trouvons guère que le chef et quelques hommes armés, le reste s'étant sauvé dans la brousse. Nous en partons quelques minutes après deux heures, longeant la rive droite de la rivière Bandou, passant devant quelques petits villages, et à trois heures quarante-cinq devant le village de Béda, qui, ayant quelques reproches à s'adresser sur sa façon de traiter les Français, s'est prudemment éclipsé. A cinq heures, nous arrivons chez Zinga. Bien que le village soit allié, notre déplacement de forces a épouvanté les habitants, qui se sont enfuis. Nous couchons dans leurs cases. Le soir, pourtant, ils viennent nous vendre quelques poules, mais de très loin.

3 février.

Le matin, les noirs reviennent un peu, et quelques-uns nous demandent même le prix de la location de leurs cases. Ils ont quelques vivres à vendre. La rivière en cet endroit offre un très joli aspect, large de deux cents à deux cent cinquante mètres; elle est bordée de petits bois entrecoupés de petites plaines de brousse verte. On dirait presque un coin de Normandie.

L'eau est beaucoup plus claire et meilleure à boire que celle de l'Oubanghi, qui est lourde et sale. Nous quittons Zinga à six heures trente et suivons la rive gauche. Le territoire occupé par les Boubous commençant peu après, à sept heures quarante-cinq, nous passons devant le premier marché boubou. Derrière s'élèvent quelques collines qui viennent mourir perpendiculairement à la rivière. Nous apercevons des Boubous à grande distance qui poussent leurs cris de guerre et font leurs simagrées. Nous passons sans y faire attention, et à neuf heures nous atteignons l'endroit où débarqua M. de Poumayrac, lorsqu'il fut massacré. Vers dix heures, nous passons devant un second marché boubou où s'est établi un petit village. Nous voyons là un grand nombre de Boubous qui gesticulent et nous injurient. On s'arrête un instant devant eux. Mais on les laisse tranquilles, pour ne pas leur montrer la portée des fusils. Et, à dix heures vingt, on débarque sur la rive gauche, à quinze cents mètres du marché, à un petit village yakoma. A vingt-cinq minutes de marche se trouve le village de N'ganda ou Bagou. D'ailleurs, il est très difficile de mettre un nom de village sur la carte, car les indigènes abandonnent leur village dès que leur chef est mort et en construisent un autre qui prend immédiatement le nom de son successeur. N'ganda étant mort et ayant été pleuré environ trois mois, son fils Bagou, proclamé chef, s'occupe à reconstituer son village. Près de là est établi un poste français, confié à la garde de trois Sénégalais. Nous bivouaquons au village yakoma. Pendant que nous passions devant le village boubou, sur l'autre rive les Boubous criaient à nos pagayeurs que les Français sont de bons petits poulets et qu'ils les voient venir avec joie, pour les manger avec du sel dont ils ont fait expressément provision pour cette circonstance.

Demain commencera l'expédition. Julien prendra le commandement général. Mes Arabes sont divisés en deux sections, commandées, l'une par Riollot, l'autre directement par moi. Chaque homme porte deux cents cartouches. Les Sénégalais sont aussi divisés en deux sections, commandées, l'une par MM. Liotard et Fraisse, l'autre par M. Juchereau. Les hommes portent chacun cent cinquante cartouches. Décapitation d'un voleur de fusil, yakoma.

EXPÉDITION CONTRE LES BOUBOUS

4 février.

Réveil à trois heures et demie. Départ vers cinq heures et quart. Débarquement à cinq heures et demie au deuxième marché et prise du village enlevé par deux feux de salve de Juchereau. Une légère brume gêne les opérations. On établit dans le village un poste d'une douzaine d'hommes commandés par un Sénégalais. Le brouillard se lève, et nous marchons en bataille sur le village de Palza, que nous devons rencontrer d'abord. Le guide qui nous conduit est un des rares hommes échappés au massacre de M. de Poumayrac. Il est resté depuis aux Abiras, dans l'espoir de retourner le venger. C'est un Yakoma, allié des Nzakkaras. Nous traversons une légère brousse, puis quelques buissons dans une ligne de thalweg; nous arrivons bientôt au village de Palza, qui se trouve sur un plateau. On s'empare immédiatement de la droite du village (droite, étant donnée notre marche), et nous avons alors aperçu d'assez loin quelques Boubous qu'on disperse par quelques feux de salve. Le village de Palza s'étend à notre gauche; nous l'enfilons également, en mettant le feu aux cases successivement. Nous pouvons remarquer en même temps la propreté du village, balayé le matin même. Des champs de patates, des plantations de manioc, beaucoup de palmiers et de bananiers. Le village de Palza est brûlé, sans que nous apercevions de Boubous; mais nous les entendons dans la brousse pousser leurs *aou-aou*.

Arrivés au village de Banga, nous mettons le feu aux premières cases. Le village s'étend dans l'intérieur. La chaleur commençant, nous entamons le mouvement de retraite vers les pirogues. Les Boubous saisissent l'occasion pour nous entourer ou plutôt l'essayer. Ils s'approchent jusqu'à une cinquantaine de mètres de nous; mais les dégâts que nos feux de salve ou à volonté font sur eux les effrayent un peu, et ils s'écartent, se contentant de harceler les flancs de l'arrière-garde. Cette dernière est la plus inquiétée et reçoit des flèches et deux couteaux. Curieuse manière de lancer les couteaux par les Boubous. Un Sénégalais de l'arrière-garde est légèrement blessé par une flèche, et un Banzyri plus grièvement dans le dos.

Nous arrivons à la rivière à environ trois kilomètres en aval du marché brûlé, et remontons le long de l'eau sans attendre les Boubous; tout à coup on entend le poste resté au village brûlé tirer des coups de feu. Le guide yakoma manque de tomber dans un trou. Retour au poste à dix heures et demie; celui-ci n'avait repoussé qu'une légère attaque. En face de nous sur l'autre rive se trouve un millier de Nzakkaras, hommes, femmes et enfants, venus pour voir si nous sortons réellement du pays boubou. Quelques braves ont cependant traversé le fleuve. Nous nous rembarquons et allons bivouaquer chez eux.

Nous avons fait dans la journée nos quatorze kilomètres. Nous avons eu affaire à sept ou huit cents Boubous. Nous en avons tué une trentaine, blessé au moins autant. Aussi ce soir-là les Boubous se taisent-ils. La rive droite reste silencieuse. Soirée tranquille.

Dimanche 5 février.

Repos au village yakoma. Journée chaude. Charrier a la dysenterie. Nous concertons notre plan de campagne pour le lendemain. Les indigènes racontent des choses extraordinaires sur les projets de résistance de nos ennemis. Les Boubous sont toujours silencieux.

Dans l'après-midi, je vais visiter le village de Bagou. D'abord, arrêt au poste français, pour prendre une consommation qui consiste en un excellent verre d'eau de source. Puis je vais voir M. Bagou, homme très poilu, avec une moustache effilée et une barbe en collier. Il porte un chapeau orné d'une dragonne d'officier, un veston bleu qu'il déboutonne de temps à autre pour se rafraîchir, un pantalon. C'est un gentleman. A côté de sa case, il a son sérail composé de trois cases entourées d'une palissade de feuillage avec une petite porte.

Nous le laissons bientôt en grande conversation avec M. Liotard et nous allons voir le tam-tam, admirer les danses de Nzakkaras qui ressemblent beaucoup à une gigue anglaise et se rapprochent des danses européennes. Ce qui n'empêche pas quelques danseurs de se livrer à des cavaliers seuls plus ou moins excentriques, au milieu du cercle formé par les autres. Dans ce cercle se tiennent aussi les musiciens. Leurs instruments sont le tam-tam, la double cloche à deux sons, le piano nzakkara c'est-à-dire le xylophone. Quelquefois on y joint des flûtes, des castagnettes et des sabliers.

Les marchandises que préfèrent les Nzakkaras sont les fusils, les capsules, la poudre, et pour les chefs les vieux habits, pantalons, vestons de couleur bleue. Vers quatre heures et demie, retour au village yakoma par la route, vrais sentiers de noirs, en tire-bouchon, traversant des bois de haute futaie, encombrés de lianes et coupés par d'autres sentiers. A la saison des pluies, tout cela doit être inondé.

6 février.

Réveil à quatre heures, embarquement à cinq heures et demie, pour descendre la rivière et débarquer au premier marché boubou. Pendant le trajet, on entend les sentinelles ennemies pousser leurs cris d'alarme le long de la rivière. Les Boubous croient que nous descendrons jusqu'au point où M. de Poumayrac a été tué. Ils y ont fait, dit-on, des travaux de défense.

Arrivés au premier marché, nous débarquons sans encombre. Les dispositions de combat sont les mêmes que la veille. On laisse un poste sous les ordres d'un Sénégalais pour surveiller les pirogues. On monte sur le plateau et on arrive au village banzi qu'on commence aussitôt à incendier. A la première salve exécutée par les hommes de Riollot, un Boubou tombe. On le décapite immédiatement. Arrivée de sept ou huit cents auxiliaires nzakkaras qui se suivent en longue file, la lance à la main et en assez bon ordre. Ceux qui ont des fusils cherchent à imiter nos soldats. Quelques-uns esquissent un semblant d'alignement, et l'un d'entre eux commande : « Feu! » Pas mal de cabris et de poules succombent sous leur fer. Nous continuons notre promenade militaire en brûlant le village, sans apercevoir les Boubous. Au moment du retour, on les voit de fort loin et on leur envoie quelques feux de salve à sept ou huit cents mètres. Les auxiliaires nzakkaras massacrent quelques femmes et quelques enfants, et font trois prisonniers, qu'ils amènent à M. Liotard.

Nous revenons à la rivière. Notre petit poste a été attaqué. Mais il a repoussé l'ennemi et lui a tué cinq hommes.

Rembarquement à dix heures et demie par une grosse chaleur. Spectacle très pittoresque offert par les traversées successives des Nzakkaras, qui, après avoir déchargé une dernière fois leurs fusils, sautent légèrement dans les pirogues et retournent rapidement vers la rive opposée, sans oublier toutefois les corps des hommes et des femmes qu'ils ont tués. Rentrée au bivouac à une heure et demie. Dans la soirée, les Nzakkaras se livrent à un grand festin anthropophagique que nous n'avons pas les moyens d'empêcher. Ils font griller les corps de leurs ennemis, enlèvent la peau, envoient leurs enfants laver les tripes à la rivière, mettent ensuite les morceaux de viande dans leur marmite, en y ajoutant des épices, et s'en régalent.

Arrivée bizarre de Bagou, qui amène aux populations émues les femmes de son père.

Trois coups de feu pendant la nuit.

7 février.

Réveil à quatre heures, on traverse la rivière et on débarque en face, un peu avant le jour. On prend immédiatement le sentier qui mène au village de Palza. On détache un poste qui doit aller nous attendre au deuxième marché boubou. Une demi-heure de marche rapide nous amène aux cases de Palza, dont quelques-unes n'avaient pas flambé. Nous complétons la razzia. Mais les cabris et les poules ont été enlevés par les Boubous, devenus plus prudents. Nous prenons ensuite par le nord et nous passons en dehors du village de Banga, dont la plus grande partie flambe. Là, nous commençons à apercevoir les Boubous et à leur envoyer quelques feux de salve. Suivant leur tactique, dès que nous commençons à battre en retraite, ils cherchent à nous harceler et à empêcher notre mouvement. Quand nous retraversons l'extrémité du village, ils s'approchent même assez près de nous. Mais nous sommes en plaine, on forme le carré, et les Boubous tombent en grand nombre sous nos salves, qui se succèdent rapidement. Dans un fond plein de palmiers et situé dans un village que les Sénégalais couvrent de feu et où l'on entend beaucoup de cris de guerre, un Nzakkara, voulant, avec quelques-uns de ses camarades, enlever un cadavre boubou, reçoit un coup de zagaie et bat en retraite.

Le retour aux pirogues s'effectue en assez bon ordre ; mais les Boubous, poussant leurs cris de guerre, s'approchent encore assez près, quoique moins audacieux que les premiers jours. Après la traversée assez dangereuse d'un petit bois, où deux hommes de l'arrière-garde sont légèrement blessés par les flèches, on atteint les pirogues vers dix heures et demie et on se rembarque. On peut estimer ce jour-là les pertes des Boubous à cent hommes tués ou morts de leurs blessures, plus une cinquantaine de blessés. Un Nzakkara a été assez grièvement blessé par une flèche. Le chef du village boubou de Banga a été tué. Les ennemis se sont enfuis au loin dans la brousse.

Nous avons fait environ quinze kilomètres. Effet moral considérable sur les populations avoisinantes pour lesquelles les Boubous étaient invincibles. Les fils de Bangassou nous ont accompagnés tout le temps. Journée moins chaude, temps couvert, orage pendant la nuit.

8 février.

Journée de repos au village yakoma. Dans l'après-midi, Julien et M. Liotard vont au village de Bagou et font un cours d'histoire à Bagou et au jeune Barouka. Ce dernier est un des fils de Bangassou, âgé d'environ quinze à seize ans, paraissant assez intelligent et envoyé par son père pour demeurer avec nous et nous demander de venir faire un poste chez lui. Il serait possible d'amener en Europe Bangassou et peut-être plus facilement un ou deux de ses fils.

Le départ définitif est fixé à demain. Julien est très souffrant.

9 février.

Départ vers six heures. Stoppé à sept heures et demie au-dessous du premier marché boubou. On doit aller au village yakoma de Banzyri, à quelques kilomètres dans les terres où les Boubous ont, paraît-il, envoyé leurs femmes et leurs cabris. On traverse successivement des bois et des marigots. On aperçoit des endroits où ont dû coucher les indigènes ; mais, comme notre marche est éventée, nous n'apercevons qu'un indigène, probablement une sentinelle, qui reçoit une vingtaine de balles à quelques mètres. Marche pénible. Arrivée au village de Banzyri. Les indigènes se sont sauvés, sans songer à se défendre, bien que leur village soit fortifié et entouré de marigots. On le brûle, ainsi que plusieurs autres cases qu'on rencontre.

Il est onze heures et demie. On marche encore quelque temps sans rien voir. Julien a un peu de fièvre cérébrale Le tirailleur Ben-Aïssa laisse maladroitement partir son fusil et se blesse grièvement à l'aisselle. Nos auxiliaires confectionnent un brancard et le portent.

Julien a pris les devants et marche sur Touramba. En route, les Yakomas massacrent une vieille femme, prétendant qu'elle les insultait. Voilà bien la bravoure des noirs du Congo, à l'exception des Boubous, qui se sont bravement comportés. Nous trouvons un petit village yakoma dont les habitants se sont sauvés. Nous le respectons.

A une heure et demie, on envoie chercher des pirogues chez Touramba, et, à trois heures, nous débarquons à son village situé entre les rivières Bandou et Oubanghi. Il est désert. Nous campons dans les cases et nous reposons, après une journée très fatigante et moins féconde en résultats que les autres.

Les Sénégalais ont montré plus de tenue et de résistance à la fatigue que les Arabes, et surtout beaucoup plus d'entrain. Julien avoue qu'il s'est trompé sur la valeur respective des deux troupes.

Nuit tranquille, troublée seulement par les réclamations des Yakomas, auxquels leurs camarades, les pagayeurs, ont dérobé bien des choses.

RETOUR AUX ABIRAS

10 février.

Nous quittons Touramba à sept heures cinquante. Notre pirogue, très lourde, reste en arrière du convoi. A dix heures, nous passons devant Mobili et nous constatons que, pendant notre expédition, les Belges l'ont brûlé.

Un indigène se détache de la rive et nous apprend que les Yakomas des Abiras veulent nous apporter des vivres. En effet, deux heures et demie plus tard, nous rencontrons des pirogues avec des drapeaux qui viennent jeter du manioc dans notre pirogue; leurs équipages nous saluent, poussent des cris et des chants en l'honneur du retour de M. Liotard.

A deux heures quarante-cinq, nous accostons au premier village yakoma, et, après une marche interrompue par une bolée de vin de bananes, nous arrivons à quatre heures et demie au poste des Abiras.

Tout le monde est fatigué. Julien est malade. Pottier a une fièvre légère, ainsi que Riollot. Un de nos tirailleurs est mort pendant notre absence; un fusil a été volé. Repos de bonne heure.

Température lourde toute la journée.

11 février.

Repos et contre-coup des fatigues. Tout le monde a mal quelque part. Julien : diarrhée et fièvre, suite de dysenterie. Pottier : embarras gastrique et fièvre. Riollot : fièvre. M. Fraisse : fièvre et mal au foie. M. Juchereau : fièvre et rendement de bile. M. Liotard : légère indisposition. M. de Kerraoul : forte gastralgie. Moi : fièvre et diarrhée. Joli tableau !

Le soir, orage et tornade assez violents vers sept heures et demie.

12 février.

Légère fièvre. Tout le monde est énervé. Dans la soirée, Julien a un accès de folie furieuse qui se calme vers dix heures.

13 février.

Tout le monde souffrant. On nous apporte la tête de l'infortuné M. de Poumayrac. (Envoyé détails par lettres.)

14 février. (Mardi gras!)

Comme la veille. On nous annonce le décès de M. Delcommun, directeur de la Société anonyme belge, et le départ de M. Dolisie pour la France.

15 février.

J'ai la dysenterie. Clôture du courrier pour la France. La température se relève, et le thermomètre marque des minima de 23 degrés. Le temps est toujours beau et sec.

Notre victoire sur les Boubous a produit une bonne impression sur les Nzakkaras.

Julien est toujours très malade et sombre. Un nuage considérable de criquets passe au-dessus de la rivière et ne s'arrête heureusement pas ici.

16 février.

Dysenterie. Diète forcée. Maladie bien ennuyeuse. Julien malade de corps et d'esprit. Départ de MM. Augier et de Kerraoul par courrier extradirect et rapide.

17 février.

Encore la dysenterie. Julien demande à retourner en Europe. J'ai un

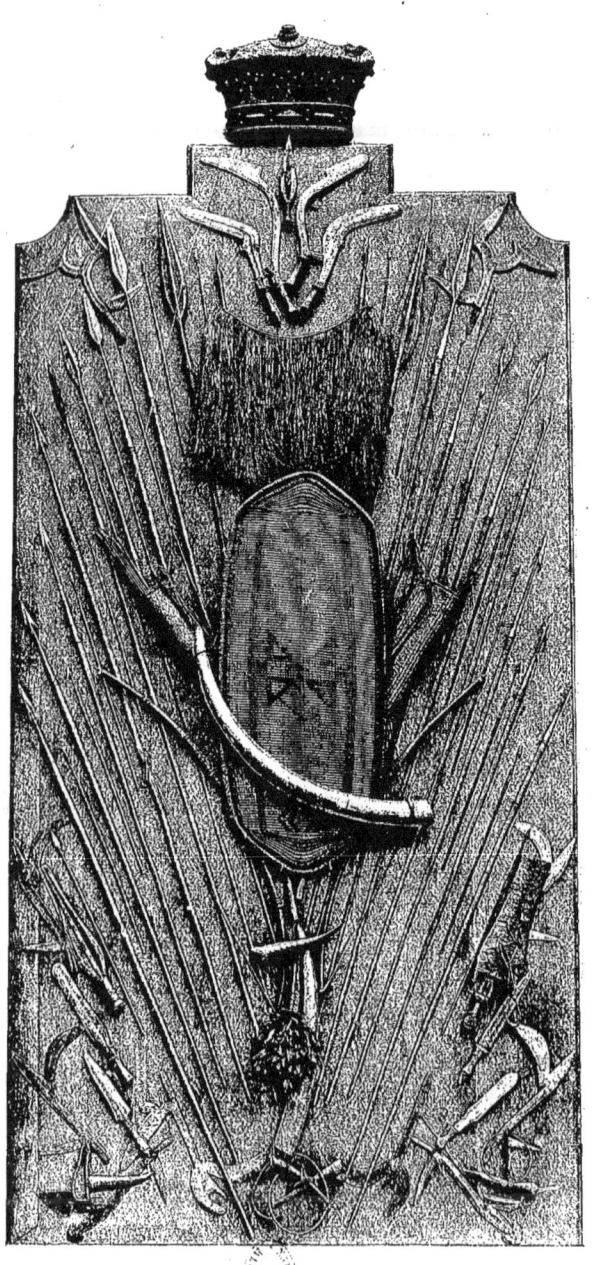

ARMES CONGOLAISES. — COLLECTION DU DUC D'UZÈS

léger mouvement de découragement. Adieu les grands projets! Il est certain pourtant que dans les conditions où il était et où il nous mettait, son départ était nécessaire. Comme le climat africain avarie les hommes et les caractères!

18 février.

Je vais mieux. Julien et Riollot préparent leur départ. Les Boubous font demander la paix à M. Liotard. Ils nous ont rendu le crâne de M. de Poumayrac, qui a été emporté par M. de Kerraoul. Ils rendent peu à peu ceux des Sénégalais massacrés. Grande influence de M. Liotard sur les Nzakkaras.

19 février (dimanche).

Vers huit heures, Julien part pour l'Europe dans une pirogue, avec trois tirailleurs pour escorte. Tristes réflexions que me suggère ce départ. La faute que nous avons commise en engageant des Arabes.

A dix heures, Riollot part avec six hommes pour Banghi, afin de ramener le restant des charges. Il ne sera de retour que dans un mois et demi, car les transports ne sont pas rapides dans ce pays-ci.

20 février.

Aggravation de la dysenterie. Maladie très grave de M. Albrechts, sous-gérant de la factorerie hollandaise des Abiras. Commencements de travaux au camp. Organisation du jardin. Pottier travaille ferme.

21 février.

La maladie suit désagréablement son cours. Diète obligatoire, sauf le lait et les œufs. M. Albrechts est mort ce matin à quatre heures vingt-cinq d'une hématurie bilieuse, à l'âge de vingt-huit ans.

22 février.

A huit heures et demie, enterrement de M. Albrechts, auquel viennent assister deux Belges : un lieutenant et un docteur. Ce dernier me donne un traitement à suivre : naphtol et santonine. Rêves d'avenir !

23 février.

Toujours faible et dysentérique. Les journées s'écoulent, ternes. Je n'ai aucun goût pour rien faire. Quand le corps est fatigué, l'âme et le cœur s'en ressentent. Il ne faudrait pas que ça continuât trop longtemps, car tout se détraquerait.

Ciel couvert toute la matinée. Le soir, léger halo lunaire assez commun dans ce pays où l'atmosphère est saturée de vapeurs d'eau. Basse pression fatigante.

24 février (vendredi).

Toujours fatigué et malade. Observation sur la langue des indigènes, dont l'accent porte principalement sur l'ultième et plus rarement sur la pénultième. Cela fait une sorte de chant parlé qui s'exagère sous le coup d'une émotion quelconque.

25 février.

Nos travaux continuent au jardin, à la route, au débroussement. Obligé de rester couché.

26 février.

Dysenterie, suite et malheureusement pas fin. Déjeuner au poste et dîner dans notre petite installation définitive au camp.

27 février.

Visite du docteur belge et de quelques Nzakkaras, dont l'un, émissaire de Bangassou, dit-on, est habillé en général anglais, avec des souliers jaunes, un pantalon, des chaussettes et une veste rouge galonnée.

28 février.

Nous avons des nouvelles de Julien et de Riollot. Ils sont en bonne santé. Visite de Labassou, frère de Bangassou, chef assez important qui apporte à M. Liotard de belles pointes d'ivoire. Discussion politique avec ce personnage qui est impotent, ne peut marcher et va à califourchon sur les épaules d'un de ses esclaves. Il a l'éléphantiasis ou la lèpre.

Mercredi 1er mars 1893.

Départ de M. Liotard pour la rivière. Descente. Une petite réquisition aux Abiras.

Mieux sensible pour moi. Le mât du pavillon est hissé. Orage menaçant.

2 mars.

Temps orageux presque toute la journée, couvert et assez maussade. Menaces de tornade à l'horizon.

Amélioration sensible dans mon état de dysentérique. Tempête et vent faible, le soir.

3 mars.

Le matin, vers six heures, léger orage, et pluie jusque vers huit heures. Grosses averses et vent du nord-nord-est. Température de 17 degrés.

Toujours dans l'impossibilité de rien faire, même à peine la force d'aller au poste.

4 mars.

Vie renfermée et légèrement découragée, la guérison se faisant attendre trop longtemps et toute espèce d'exercice interdite. Régime aux œufs et au lait peu fortifiant.

5 mars.

Inauguration du pavillon de notre camp et petite revue passée le matin. Déjeuner au camp offert à MM. Juchereau, de Brégeot, Fraisse et Trainès.

Toujours tourmenté par la dysenterie. Décidément, ce n'est pas folichon d'être à poste fixe sur l'Oubanghi. Malgré le grand nombre de vivres qu'on a dans le haut, on est ici sur un territoire malsain. Hélas! pourquoi ne peut-on avancer?

6 mars.

Déjeuner du docteur Roussen au camp. État toujours stationnaire, c'est-à-dire peu agréable. Visite du nouvel agent de la maison hollandaise remplaçant M. Albrechts. Visites de quelques Nzakkaras assez fréquentes ces jours-ci, se disant presque tous envoyés par Bangassou pour attirer M. Liotard et lui faire former un poste dans ce dernier endroit.

Le soir, projets bizarres et un peu désespérés. Découragement.

7 mars.

Toujours la même vie. Dysenterie et peu d'espoir de guérison immédiate. Retour, dans la soirée, de M. Liotard qui a trouvé la rivière extrêmement tranquille et qui, d'après les demandes des hommes de tout le pays nzakkara, doit partir chez Bangassou dans trois ou quatre jours.

9 mars.

Préparatifs de départ de M. Liotard. Visite du docteur belge qui veut me remettre au régime du lait. Opposition violente.

Conversation avec M. Liotard, à la suite de laquelle il est convenu qu'il vaut mieux pour moi retourner à Linzolo ou Brazzaville me soigner que de traîner indéfiniment sans pouvoir rien faire. Je laisse le commandement à Pottier et confie dix hommes et un sergent à M. Liotard pour faire plus d'impression en allant chez Bangassou.

M. Liotard arrête son départ au 11.

10 mars.

Toujours le même état; incapable de faire un mouvement sans avoir envie de rendre du sang. Vie intenable, fièvre presque continuelle. Fatigue augmentant beaucoup. Traitement à la morphine. Il est évident que le changement complet d'air est absolument urgent si je ne veux pas jouer le squelette dans peu de jours, perspective qui, d'ailleurs, ne me sourirait guère.

11 mars.

Départ de M. Liotard, à sept heures du matin, avec vingt Sénégalais et dix Arabes. Préparatifs de mon propre départ. Maladie maudite!

12 mars (dimanche).

Pottier est souffrant. Il se donne un mal extraordinaire pour mes préparatifs. J'ai beaucoup souffert. Je mets en Dieu tout mon espoir, car lui seul peut me permettre d'atteindre la Mission. Je partirai demain de bonne heure.

Temps orageux. Je dis adieu à mon petit camp. Tous mes beaux projets sont écroulés. A l'impossible nul n'est tenu!

RETOUR

13 mars.

Adieux à Pottier et au poste des Abiras. Le départ s'effectue à sept heures cinquante. Il me cause une émotion profonde.

Temps gris et pluie, avec menaces de tornade. Je suis dans une pirogue avec M. de Brégeot, et M. Van der Handel est seul dans une autre. Les eaux sont tout à fait basses. Pas de courant.

Nous passons à trois heures devant l'embouchure du Bandou et le village de Touramba. Couché à cinq heures chez Dambani, vieux chef yakoma.

Le soir, joli tableau : les pêcheurs à la ligne, dans l'eau jusqu'à la ceinture, font des taches noires mouvantes sur l'eau dorée par le crépuscule.

14 mars.

Départ à sept heures. M. Van der Handel, qui fait le commerce de l'ivoire, reste en arrière. Arrivons à dix heures et demie au village de Dondouta, dont le chef est mort et où M. Liotard fait établir un sanatorium. Vin de palme en grande quantité. Nous partons à onze heures quarante-cinq par une chaleur désagréable. Franchissons sans encombre les rapides de Cétéma, d'ailleurs peu dangereux dans cette saison, et arrivons à sept heures et demie chez Kamboua, où nous couchons dans la même case qu'en montant.

15 mars.

Départ à sept heures quinze. Les pagayeurs ne marchent pas. Arrivons à une heure à Mobaï. Suis un peu mieux qu'hier. Repos.

16 mars.

Pas d'amélioration. Les rapides de Mobaï ont une légende qui rappelle celle des sirènes antiques. Ils sont hantés, dit-on, par des poissons à tête humaine qui entraînent les hommes au fond et ne les laissent jamais remonter.

17 mars.

Fatigué de la journée d'hier, je me repose. J'ai une pirogue avec des pagayeurs sangos. Mieux sensible.

18 mars.

Départ à sept heures quarante-cinq. Temps agréable. De l'air et ciel couvert. M. de Brégeot nous accompagne et ramène le chef mangari qu'il a gardé quinze jours aux fers. Les pagayeurs sont mous, et nous n'arrivons qu'à six heures et demie chez Mangari. On nous reçoit bien. Il était temps de débarquer, car une tornade violente nous prend à sept heures avec pluie, vent, éclairs et tonnerre. Bien abrité dans une case banzyri, je n'en souffre pas.

19 mars.

Départ à sept heures. Adieux à M. de Brégeot qui remonte à Mobaï. Couché dans un petit village banzyri.

20 mars.

Départ à six heures quarante-cinq. Bon temps et mieux sensible. Rencontré à huit heures M. Hanslé qui remonte à Yakoma avec trois pirogues. A trois heures, le convoi de Riollot qui remonte aux Abiras. Nouvelles : Julien est malade aux Ouaddas ; probabilités de trouver un vapeur à Banghi-Zongo ; les charges sont restées à Lirranga. Il faut absolument que je descende pour les faire remonter le plus vite possible.

Nous arrivons à quatre heures et demie au Kwango, et nous passons la nuit dans le poste de plus en plus délabré. Moustiques et menaces de tornade.

21 mars.

Départ à sept heures quarante-cinq. Temps agréable, navigation lente et fatigante mais sans danger. Stoppons vers cinq heures et campons avec M. Van der Handel sous la tente à cloison. OEufs.

22 mars.

Parti à sept heures et demie; aux Ouaddas vers trois heures. Julien est parti depuis deux jours. Le vapeur *Antoinette* est à Zongo. Je le rattraperai facilement. Mieux sensible. La dysenterie semble se transformer en diarrhée.

23 mars.

Départ à neuf heures. Passé heureusement la moitié des rapides les plus dangereux. Stoppé vers cinq heures au petit village du chef Bironga où se trouve maintenant un garde-pavillon.

24 mars.

Départ à sept heures et demie. Passage du dernier rapide. Arrivée à trois heures au poste de Banghi, bien changé à cause de la baisse des eaux et commandé par M. Jullia, chef du poste et de la zone. Je trouve Julien très malade. Je trouve aussi le courrier apporté par l'*Antoinette*. Vais beaucoup mieux. Couché à la résidence.

25 mars.

Nous partons avec Julien en pirogue pour Zongo, où se trouve l'*Antoinette*. Temps très chaud. Stoppé à six heures et demie et passé la nuit sur un banc de sable.

26 mars.

Départ à six heures et demie. Température fatigante et chaude. Arrivée au steamer à quatre heures. Capitaine blanc, mécanicien noir. Julien s'installe dans la seule cabine libre. Je m'installe sur le pont.

27 mars.

Embarquement de quinze cents kilos d'ivoire provenant du Haut-Oubanghi et départ de Zongo à midi et quart par une très forte chaleur. Adieu au gros Allemand Hulst qui a admirablement soigné Julien. Stoppé vers deux heures et demie, à cause d'une tornade, et définitivement à quatre heures et demie, à cause d'une autre.

Nuit froide. Mauvaise journée. Je suis repris de la dysenterie. Il pleut, des tornades nous arrêtent à chaque instant. On stoppe à quatre heures et demie en plein fleuve pour faire du bois. Tout se passe, d'ailleurs, à bord, avec ordre et silence.

29 mars.

Meilleure journée. Marché depuis six heures et demie jusqu'à quatre heures.

30 mars.

Descente tranquille de six heures à quatre heures. Vivons de conserves.

31 mars.

Départ à six heures et demie. On arrête à midi pour faire du bois en face d'un village sur la rive belge où l'on peut acheter deux poules et un canard. Temps très chaud. Soleil très fort. Un caïman vient effleurer le bateau.

1ᵉʳ avril.

Parti à six heures et demie. Une descente rapide nous amène à Lirranga à midi. Nous y retrouvons nos deux cent quarante charges qui seraient bien mieux aux Abiras. Nous couchons au poste français. Julien est toujours très souffrant.

2 avril.

Dimanche de Pâques. Messe solennelle à la Mission. Grande amélioration dans mon état.

3 avril.

Séjour; légère fièvre. Vers cinq heures du soir arrive le steamer de la Société anonyme belge, l'*Archiduchesse Stéphanie*, qui a des avaries à son gouvernail et nous apporte des nouvelles des Falls. La situation de l'État belge est précaire. C'est une cigarette enflammée sur un baril de poudre. M. Demeure, un Belge, traite ses compatriotes, les officiers, de marchands d'esclaves et d'ivoire. Il nous raconte les exactions du lieutenant Lothaire à la station de Bangala, les indigènes obligés de cacher dans la brousse leur ivoire et leur caoutchouc pour les soustraire aux déprédations de l'État. « Et partout, dit-il, c'est la même chose. Un honnête homme ne revient pas à l'État belge du Congo. »

4 avril.

On répare le gouvernail de l'*Archiduchesse*, et l'*Antoinette* repart pour les Falls. Toujours les tornades et les pluies.

5 avril.

On répare toujours le gouvernail. Déjeuner à bord, dîner au poste, coucher à bord.

6 avril.

Resté à bord, dans l'espoir de voir finir les réparations.

7 avril.

Départ à six heures. Au bout de vingt-cinq minutes, le gouvernail casse. Tout est à refaire. Cependant on marche à petite vapeur. Stoppé vers cinq heures et demie dans une île pour faire du bois.

8 avril.

Départ à six heures. Navigation bonne. On couche dans les îles, en face de Bolobo, vers quatre heures quarante-cinq. Chasse à l'hippopotame. J'en blesse un au front sans pouvoir le retrouver. M. Demeure en tue deux. Une de ces intéressantes bêtes manque de faire chavirer la pirogue en passant dessous.

9 avril.

Temps très chaud. Navigué de six heures et demie à quatre heures. Rencontré le vapeur *Oubanghi*.

10 avril.

Départ à sept heures. Passé devant N'Gantchou. Rencontré le steamer *Frédérick* de la N. A. H. V. qui redescend avec nous. Sur la navigation des agents hollandais voyageant à notre bord.

Arrivé dans le Pool à quatre heures et demie. Aperçu le vapeur *le Léon XIII* stationné au banc du docteur Ballay. Stoppé à quatre heures et demie aux environs, à quelque distance de Kimpoko.

11 avril.

On démarre à six heures, pour apercevoir au bout de quelques minutes Kinchassa et Brazzaville dont je revois l'église avec une vive émotion. Arrêté à la douane vers neuf heures. Revenu à Kinchassa pour déjeuner. Je ne suis pas un buveur d'absinthe, cependant un verre de la liqueur aux reflets d'émeraude fait plaisir quand on en a été privé pendant plusieurs mois. Il y a maintenant soixante-quinze blancs à Léopoldville. A six heures nous arrivons, au milieu d'un orage menaçant, à la Mission. Coucher et mieux sensible.

12 avril.

Visite au docteur Cuneau, délégué administratif pour Brazzaville et dépendances. Mes lettres de France sont parties dans le Haut-Oubanghi. Chaleur. A huit heures, 23 degrés. Fin de la saison des pluies.

13 avril.

Je suis parti des Abiras depuis un mois. Rentrerai-je ou remonterai-je? J'ai toujours la diarrhée. Je suis certain si je remonte d'attraper encore la dysenterie. Julien est impatient de partir. Pourquoi resterais-je? Oui, mais Pottier?...

14 avril.

Pluie légère dans la nuit. Journée lourde et orageuse. 21°,8 à six heures et demie. Toujours cette atroce maladie. Lutte entre le *pour* et le *contre*.

15 avril.

Que je serais heureux à la Mission, sans cette obsession continuelle, et si j'avais une occupation qui m'attachât! Je crois que mon plus secret désir est de rentrer. La maladie me le conseille. Mgr Augouard et le docteur Cuneau me le conseillent aussi. Que faire?

Il a plu légèrement toute la nuit. La journée est belle, mais chaude. A huit heures, 28 degrés.

16 avril.

Départ définitif de Julien pour la côte. Mieux sensible. Je fais mes pâques. J'essaye avec succès de marcher un peu.

17 avril.

Pluie et orage pendant la nuit. Je vais à Kinchassa pour régler le départ des charges et accomplir les formalités de la douane. Je me pèse : 67 kilogr. et demi.

18 avril.

Déjeuner au poste avec le docteur. Légumes et viande. Mgr Augouard nous rappelle une curieuse réplique du boy de M. Dolisie à qui il avait dit de moi : « C'est un Français riche qui vient ici pour se promener », et qui répondit : « Oh! pas possible ; s'il était riche, il ne viendrait pas ici pour voler de l'ivoire avec des soldats. »

Temps lourd et chaud. Première marche un peu longue.

19 avril.

Pluie dans la matinée. Journée couverte et orageuse. Toujours beaucoup de moustiques. Diarrhée continuelle et inquiétante, et malgré cela appétit excellent.

20 avril.

Il a plu toute la nuit, avec tornade hier soir. Ciel couvert. Visite au poste et longue conférence avec le docteur : *De utilitate* de remonter ou de redescendre.

21 avril.

Grande lutte entre le *pour* et le *contre*. Le *pour* dit de remonter : 1° pour ne pas laisser Pottier tout seul et ne pas paraître tout abandonner ; 2° pour essayer de faire une nouvelle tentative d'initiative personnelle ; 3° pour ne pas avoir l'air de trembler devant la maladie. Le *contre* dit : 1° remonter là-haut pour retrouver des hommes malades et incapables de marcher ; 2° risquer un échec qui nuira peut-être au prestige de la France ; 3° attraper définitivement la dysenterie pour rien ; 4° n'avoir pas de second ; 5° être au pouvoir d'une bande qui ne m'inspire plus aucune confiance. Rien que des ennuis.

La fatigue physique n'est rien, comparée aux tracas moraux qui m'amollissent. Et puis, pour remonter dans l'Oubanghi, il faudrait partir dans deux jours, ce qui n'est pas possible, ou attendre trois mois, et je ne puis pousser l'indiscrétion jusqu'à rester tout ce temps ici. Enfin la solitude me pèse horriblement. C'est décidé, je redescends.

Je fais part de ma résolution à Mgr Augouard et au docteur Cuneau, qui l'approuvent.

Tous les soirs, des éclairs autour de la Mission, mais pas d'orages sur la Mission elle-même.

22 avril.

Pluie légère dans la nuit et très beau temps dans la matinée. Déjeuner au poste et explications sur le retour en France. Lettre à Pottier.

23 avril.

Un peu mieux. Excursion à Kinchassa sur le *Djoué*. Conversation avec le major Parminster, qui ne paraît pas animé de bons sentiments envers son souverain, le roi Léopold.

24 avril.

Décidément nous sommes encore dans la saison des pluies. Il a plu toute la nuit et toute la matinée. Néanmoins, à six heures et demie, la température est à 28°,5. Je ne puis pas me rétablir. J'ai un peu de fièvre pendant presque toute la journée.

25 avril 1893.

Un an depuis le départ de Marseille. Que de choses depuis ce départ émouvant! Mais que de déceptions aussi, que d'ennuis! Et souvent aussi quelle malechance! Décidément, l'Afrique est loin d'être un paradis rêvé, mais elle devient un enfer, quand on y va dans les circonstances où je me suis trouvé. Depuis Matadi, que de désagréments! Pour ne citer que les principaux : la conduite de X... à Matadi, la dispute entre Julien et X... sur la route des caravanes, la suite de la route avec deux messieurs qui ne se parlent pas, l'arrivée à Brazzaville, la radiation de X... et de Y..., les emportements et les maladies de Julien, la dysenterie pour moi, les hommes qui ne voulaient rien faire, et toutes les illusions tombant une par une et n'étant remplacées par aucune espérance. Enfin le départ de Julien et, par suite, le mien; puis encore, souffrances de la fièvre, de la veille.

Repos à la Mission. Temps gris et nuageux. Beau temps la nuit.

26 avril.

Toujours la diarrhée; beau temps toute la matinée; soleil et ciel aux trois quarts couvert. Légère fièvre dans l'après-midi. Le soir, des orages menaçants sont autour du Pool, principalement du côté de Linzolo, côté ouest-sud-ouest. Vers neuf heures, commencement de la pluie et de l'orage.

27 avril.

Toute la nuit, l'orage et la pluie continuent presque sans interruption et ne s'arrêtent même que vers sept heures du matin. La traversée est remise ; état un peu meilleur, temps assez chaud, repos à la Mission, j'ai le pied à moitié en compote et ne puis guère marcher. Les cran-crans ont l'air de vouloir reparaître.

28 avril.

Un peu mieux. Temps couvert et brumeux dans la matinée.

Traversée à Kinchassa. Déjeuner avec le major Parminster et règlement de comptes ; retour en boat ; dîner à la Mission française. Le chef de station légèrement excité.

Beau temps dans la soirée. Après-midi de saison sèche. Légère fièvre vers onze heures du soir.

29 avril.

Brouillard sur le Pool dans la matinée, assez beau temps dans la journée. Tornade ou orage vers deux ou trois heures, avec pluie et tonnerre très fort. Clôture du courrier pour France.

Été le soir au poste dîner avec le docteur. Départ probable dans le courant de la semaine prochaine.

30 avril (dimanche).

Légère pluie par giboulées dans la matinée. Le matin, pluie assez forte vers dix heures et demie. Uniformité assez désespérante de la vie à Brazzaville et isolement. Amélioration cadencée de mon état, rétablissement sérieux seulement en France.

Messe et salut comme d'habitude. Vie tranquille, mais un peu monotone.

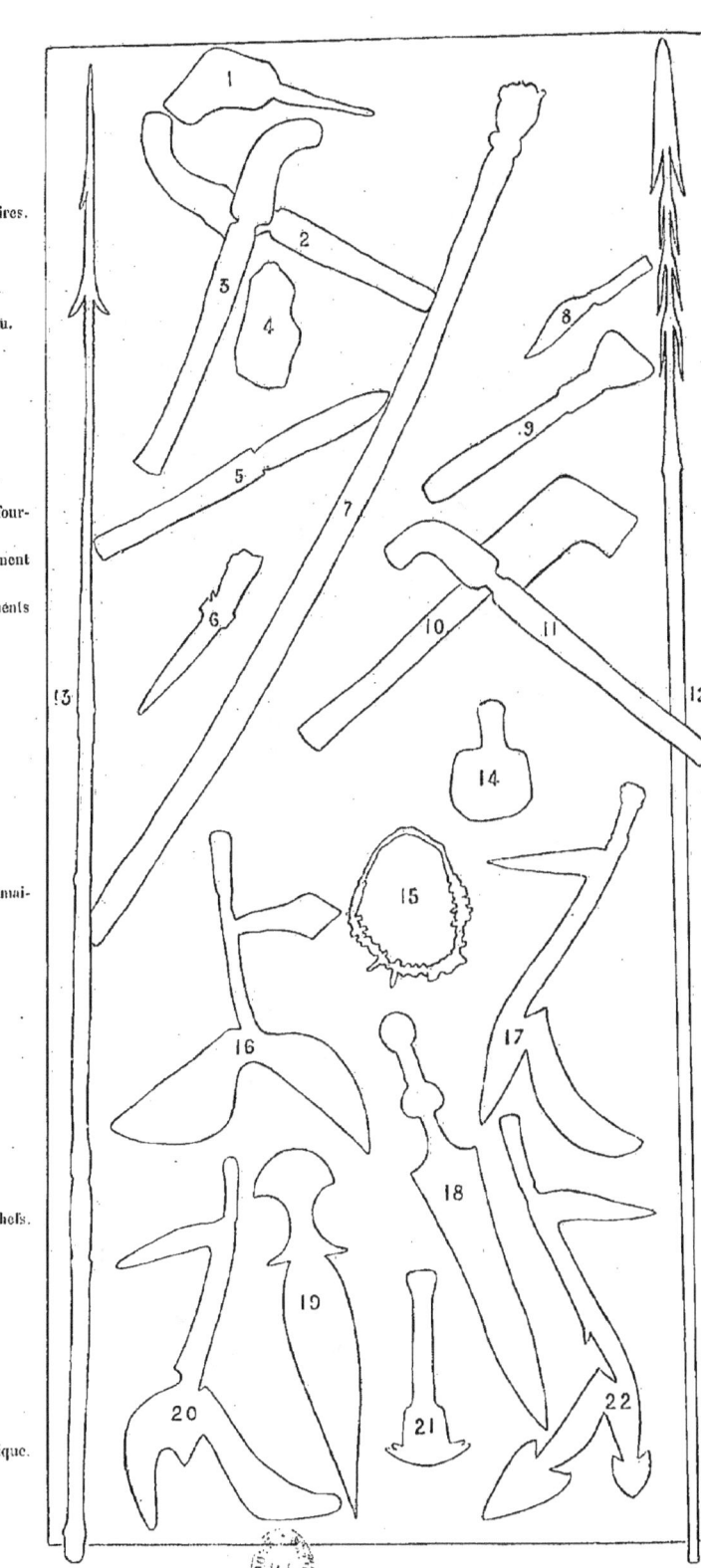

1, 2, 3. — Instruments agraires.

4. — Bois pour faire le feu.

5. — Instrument agraire.
6. — Poignard dans son fourreau.
7. — Bâton de commandement d'un chef.
8, 9, 10, 11. — Instruments agraires.

12, 13. — Lances de chefs.

14. — Fer de pelle.

15. — Collier de dents humaines.

16, 17. — Armes de jet.

18, 19. — Couteaux de chefs.

20. — Arme de jet.
21. — Instrument de musique.
22. — Arme de jet.

1er mai.

Date qui a peut-être fait quelque bruit en France, mais journée essentiellement tranquille à Brazzaville. Encore la saison des pluies. Prenons arrangements de départ. Le docteur Simon déjeune avec nous.

2 mai.

Amélioration très sensible. Durera-t-elle? Les fatigues de la route ne me rendront-elles pas un peu malade? Arrivée d'un courrier peu important de France. Heureusement tout le monde est en bonne santé. Le docteur est venu hier. Bonnes relations entre les protestants et les catholiques du Congo. Maladie du gérant de la Mission hollandaise. Série à la noire que semble traverser en ce moment la N. A. H. V. Lisez : *Niewe Afrikannsche Handels Vengutschap*. Temps gris et couvert se rapprochant un peu du temps de la saison sèche.

3 mai.

Brouillard épais vers sept heures. Arrivée de l'administrateur Vittu de Kerraoul. Préparatifs de départ pour le lendemain. Dîner au poste. Temps de saison sèche. Le gérant de la factorerie hollandaise de Brazzaville mort dans la nuit et enterré en ce jour. Adieux à la Mission française.

4 mai.

Fièvre assez forte. Préparatifs de départ et chargement de la caravane de cinquante-quatre hommes. Déjeuner au poste, après avoir fait les adieux à la Mission et à Mgr Augouard, qui nous a bien hébergés. Pris congé du docteur et mise en route des hommes vers midi trente. Beau temps, mais assez forte fièvre.

La route se passe sans incident. Passage du Djoué en pirogue, ainsi que de la Sona. Les herbes sont bien hautes et donnent un aspect assez différent de celui de la saison sèche, quand les herbes sont brûlées. Arrivée vers quatre heures au village de Molakala chez les Ballilis et campé. Fièvre très forte.

5 mai.

Un orage assez fort dans la nuit, mais pas de pluie. Parti à six heures et demie. Léger retour offensif de dysenterie. Temps gris et assez agréable. Stoppé vers onze heures pour déjeuner! (Euphémisme.) Arrivé au village de Monment (?) pour y camper, vers quatre heures; plusieurs villages le long de la route qui est peu accidentée. Orage dans la nuit, mais assez loin. Pluie dans la nuit.

6 mai.

Parti à six heures quarante-cinq. Stoppé vers neuf heures et demie pour déjeuner. Appareillé de nouveau à dix heures et demie; descente assez raide et arrêté à un autre petit village vers une heure et demie. Orage qui ne nous atteint pas.

Arrêté à quatre heures et demie dans un village (village de marais) très propre et avec des palmiers en grand nombre. Cases bien construites; logé dans une case.

7 mai.

Parti à sept heures et demie. Traversé le marais, assez profond. Traversée, vers onze heures, d'une rivière où l'on a de l'eau jusqu'aux aisselles. Déjeuné à ladite rivière, reparti à midi. Arrivé à quatre heures et demie dans un village assez joliment perché en haut d'une colline. Temps gris presque toute la journée, menace d'orage le soir.

Chef de village aveugle. Achat de quelques vivres moyennant étoffes. Le m'tako de Brazzaville n'a presque plus cours. La route, traversée de nombreux ruisseaux et mérigots, assez détrempée.

8 mai.

Retenu au campement par la pluie qui commence à tomber, depuis cinq heures jusqu'à neuf heures et demie, avec tonnerre et éclairs. Mise en route à neuf heures et demie, marché jusque vers midi et demi. Arrêté pour déjeuner au bord d'une rivière peu profonde. Resté environ une heure, passé de nombreux cours d'eau. Rencontré vers trois heures M. Decaux se rendant à Brazzaville.

Assez bon temps. Stoppé vers six heures au village de N'ouffo. Les indigènes y mangent de la terre. Logé dans une case; prix de la location de la chambre pour la nuit : quatre m'takos. Pluie orageuse le soir.

9 mai.

Départ à huit heures environ; retardé un peu par une légère pluie, qui est tombée une grande partie de la nuit; route accidentée. Arrivé vers midi au poste de Komba, appelé par les indigènes Kinyoyo, sur les bords de la rivière Komba. Poste construit en brique et chaux. M. Driomont, chef de poste. Repos au poste, le restant de la journée. Visite du poste, assez gentil, mais petit. Nombreux villages indigènes tout autour; derniers échos du massacre de M. Laval : destruction de Bassoundi et du chef qui a ordonné le massacre. Les communications entre Komba et Manyanga : deux jours de marche entre les deux postes.

10 mai.

Séjour au poste de Komba; visite du poste. Son but : vérification des caravanes; entouré par la rivière Komba qui en fait presque le tour. Nécessité d'un port. Temps brumeux, léger orage le soir vers sept heures.

11 mai.

A une heure de l'après-midi, départ du poste de Komba, par une gorge à travers les collines qui barrent la route à l'ouest. La route est ensuite assez plate. Stoppé à quatre heures. Assez beau temps, chaud.

12 mai.

Parti à six heures quarante-cinq, traversé le pays bassoundi où tous les villages situés sur la route et autour ont été brûlés. Arrêté pour déjeuner dans un grand village, vers dix heures et demie. La route est dans une plaine avec de hautes herbes; passé à onze heures et demie à un village assez ombragé.

Arrêté vers cinq heures au village de Mobili. Sliman s'est trompé de route en suivant par derrière et n'arrive pas le soir à l'étape. Assez bonne case mise à la disposition de *usted*.

12 mai.

Orage une partie de la nuit; très forte pluie; je ne pars qu'à sept heures et quart. A onze heures, la caravane est arrêtée par une rivière transformée par l'orage de la nuit en un véritable torrent (affluent du Niari). Obligé d'aller passer la journée dans un village situé à près de deux kilomètres de la route. Les indigènes, qui ne paraissent pas avoir vu souvent des blancs au milieu d'eux, font cercle autour de moi, une partie de la journée, comme de vulgaires Parisiens autour d'un Fuégien ou d'un représentant quelconque de la race simiesque. Sliman arrive dans l'après-midi.

14 mai (dimanche).

Ce qu'on peut penser des cadeaux d'un noir, et stupide manière de vendre acceptée par les blancs.

Traversée de la rivière, à sept heures, en ayant de l'eau jusqu'aux épaules. Le courant n'est pas très violent; route assez facile. A onze heures, arrêté encore par une autre rivière à courant très violent. On attend une pirogue quelque temps. Impossible de lui faire remonter le courant; couché au village près de la rivière en attendant la baisse des eaux. Éclairs à l'horizon. Invocations et fétichismes pour écarter l'orage.

15 mai.

Les eaux se trouvent avoir suffisamment baissé, et grâce à un contre-maître on peut passer facilement. Courant très rapide; le départ du village a eu lieu vers sept heures. Arrêté au village de Msomdo Nigoudou vers dix heures et demie pour y déjeuner. Case pour blancs et nombreux vivres à vendre; marché ensuite sur terrain plat et suivant un plateau assez élevé, et arrivé à trois heures à la nouvelle et provisoire installation des Pères de Bouanza, installation située dans une assez jolie situation dominant le Niari. Très beau temps.

16 mai.

Repos à la Mission, avec légère reprise de diarrhée. Les mésaventures des Pères de Bouanza dans l'ancien poste; presque une année de travail perdue; nouvelle installation dans une position plus saine, presque au centre des populations balembés, beaucoup plus sauvages et fières que les autres. La vallée du Niari, grandes collines de l'autre côté, ouvre une route menant à Manyanga, mais coupant la frontière belge. Le Père Sang, Luxembourgeois naturalisé Français.

17 mai.

Quitté la Mission vers huit heures, arrêté vers onze heures pour déjeuner, après avoir rencontré plusieurs petits villages. Beau temps. Route plate, mais avec de grandes herbes bien ennuyeuses; passé vers trois heures une rivière où l'on a de l'eau jusqu'aux aisselles; terrain marécageux, ensuite route en tippoï.

Arrêté vers trois heures et demie à un petit village très peu important; couché; encore des éclairs.

La nouvelle lune et les Loangos.

18 mai.

Départ vers six heures quarante-cinq; beau temps. Nombreux villages tout le long de la route plate, et grandes herbes. Rencontré à huit heures et demie, dans un très grand village, l'inspecteur général des colonies, M. Verrier, montant à Brazzaville; pris un verre d'eau-de-vie d'ananas.

Continué et déjeuné à onze heures et quart dans un petit village.

Temps chaud; reparti à une heure et quart et marché jusqu'à quatre heures et quart pour s'arrêter dans un assez petit village. Rencontré plusieurs autres villages sur la route, dans de véritables petits îlots de verdure. Palmiers et bananiers, manioc et autres divers : route très ennuyeuse dans les grandes herbes; les graines nous piquent de partout et me donnent presque la fièvre du foin; les indigènes sont maintenant des Bakambas.

19 mai.

Assez fort orage avec pluie toute une partie de la nuit; temps gris et couvert le matin, et pluie jusque vers dix heures et demie. Parti seulement à cette heure et marché à pied jusqu'à midi dans les herbes mouillées, chose éminemment suave. Remis en marche vers une heure; traversé plusieurs brousses et villages. Les villages, situés au milieu de la plaine herbeuse, font de-ci de-là des tâches énormes dont on aperçoit plusieurs d'un seul coup à l'horizon, le terrain étant extrêmement plat; beaucoup de bananiers.

Arrêté vers cinq heures au village de Kaï, dont le chef est une femme d'une amabilité douteuse et dont le village est fort mal entretenu.

A sept heures, pluie torrentielle avec orage; la pluie continue dans la soirée.

20 mai.

Toute la matinée, le temps est gris et couvert. Route à mi-côte et à travers le plateau, toujours longeant le Niari. Nombreux villages sur la route ou à peu de distance. Arrêté dans un village situé dans un fond pour y déjeuner, de midi à midi quarante-cinq. Jolis points de vue le long de la route sur la vallée du Niari.

Arrivé au poste de Loudima. En arrivant au poste, j'apprends que la pirogue qui fait le service sur la Loudima a été enlevée, et que la route est coupée du côté de Loango. Depuis quelques jours, de nombreuses caravanes attendent des deux côtés de la rivière.

21 mai.

M. Arrivet, chef de poste, Parisien, assez fatigué. Le poste de Loudima, ses bœufs, ses ânes et sa jument vivant tous là dans une parfaite béatitude, mais dans une inutilité parfaite. Le poste, qui a été assez bien, a besoin d'une réfection complète. Le chef de poste a envoyé un caporal chercher une pirogue. Faux espoir de départ demain.

22 mai.

Visite du poste situé au confluent de la Loudima et du Niari. Les eaux baissent un peu, mais impossibilité de passer. Les caravanes s'accumulent; peut-être pourrait-on essayer le passage par le Niari, dont le courant est beaucoup moins violent que celui de la Loudima.

23 mai.

Retour du caporal vers midi et achat d'une pirogue. A cinq heures, la circulation est rétablie. Beau temps.

24 mai.

Quitté le poste à huit heures du matin. Il manque, au départ, un contremaître et quelques hommes qui avaient été chercher des vivres.

Route assez plate, avec grandes herbes. Beau temps chaud. Mangé près d'un petit ruisseau entre onze heures et demie et midi et demi. Arrêté à deux heures définitivement dans un village bakongais, pour y coucher.

Retour du contremaître et des hommes vers la nuit. Orage dans le lointain qui ne vient heureusement pas.

25 mai.

Départ à six heures quarante-cinq. Beau temps; la saison sèche paraît définitivement établie. Rencontré aucun village. Arrêté à dix heures quarante-cinq pour déjeuner; reparti à onze heures et demie; traversé plusieurs petits cours d'eau. Arrivé vers quatre heures et demie dans un grand village de Bakongais où je couche. La route, dans la seconde moitié de la journée, commence à devenir plus accidentée, et la vue s'étend jusqu'au Bayoumbé ou Mayoumbé. Le village est dans une plaine très nue. Beau temps.

26 mai.

En route vers sept heures. Le chemin commence à devenir un peu plus accidenté. On voit maintenant très bien le Bayoumbé. Les hommes poussent différentes exclamations à sa vue. Il est plus agréable d'apercevoir un peu de montagnes que des plaines interminables et couvertes d'herbes.

Déjeuner à neuf heures et demie dans une espèce de halte de caravanes où les indigènes viennent vendre du manioc, ainsi que cela se fait en plusieurs endroits. Repos à une heure et demie. Premiers commencements de grimpettes et de brousses.

Campé sur une petite butte située à l'entrée du Bayoumbé, qu'on aperçoit nous dominant avec les sections nettement tranchées de ses limites et de celles de la brousse herbeuse. Vent sud-ouest assez violent.

27 mai.

Départ à sept heures quinze; entrée dans la forêt de Bayoumbé et ascension du Bamba. Auparavant, traversé quelquefois la même rivière. La descente du Bamba avec ses nombreux échelons est, je dois l'avouer, plus pénible que la montée. Déjeuner près d'un clair ruisseau; une heure après, encore quelques montées et quelques descentes. Ensuite, retraversé quelquefois la même rivière, puis arrivé au village de Vanti à trois heures. Chef, Vantila, absent. Le village est en pleine brousse. Population de Bayoumbés.

28 mai.

Parti à sept heures quarante-cinq. Beau temps, route assez dure et très glissante au début, où elle suit un cours d'eau à flanc de coteau au milieu des racines, vrai chemin de chèvre. Passé de nombreuses fois le même cours d'eau et ensuite d'autres moins importants. Un peu de tippoï. Passé devant l'agglomération des villages de Poungo, perdus au milieu du Bayoumbé. Après déjeuner, de onze heures à midi, ascension du Kaba, une seule grande montée, mais dure, moins cependant que le Bamba. Encore quelques cours d'eau à traverser et des petits raidillons. Mes pauvres pieds!

Arrivé vers six heures à un village abandonné dont le nom est Bondaminzi. Journée trop fatigante et très dure.

29 mai.

Départ à sept heures; route moins accidentée que les jours précédents. Rencontré à huit heures Mgr Carrié, évêque de Loango, se rendant en tournée pastorale à Bouanza et Linzolo. Court entretien dans une montée; reparti et arrêté à midi pour déjeuner près d'une petite rivière. Très beau temps, mais un peu chaud. Nombreux arbres tombés en travers de la route et qu'avec peu de frais on pourrait enlever, tous les ans, en envoyant une équipe de Loangos avec des haches. Reparti vers une heure, route relativement meilleure. Arrivé à quatre heures au village de Kaï Laemba, et y couché; fièvre et diarrhée, reprise.

30 mai.

Encore la fièvre. Départ à six heures quarante-cinq en tippoï; puis, vers huit heures et demie, ascension du Foungou, la dernière des grandes montées et la plus petite de celles que l'on rencontre dans le Bayoumbé. Déjeuner à onze heures au village de Titinlunga (?) ; suis assez fatigué ; reparti vers une heure et arrivé vers quatre heures à la sortie de la forêt de Bayoumbé. Joyeuses exclamations et cris de joie des porteurs à la vue de la plaine. Contentement universel.

Campé sur une halte de caravanes, juste à la lisière de la forêt. Beau temps et vent d'ouest.

31 mai.

Départ à six heures vingt-cinq ; route d'abord en plaine, puis traversée de nombreux petits bois rappelant vaguement le Bayoumbé avec, encore, quelques petits cours d'eau, montées et descentes. Stoppé à la lisière d'un de ces petits bois pour y déjeuner, de dix heures trente-cinq à onze heures et demie. Très longue route (en hamac) heureusement assez plate. Arrivé à quatre heures quarante-cinq au village de M'boukou Sibomali ; place assez propre et case pour les blancs relativement très supérieure, avec lit et fermant à clef.

Jeudi 1er juin 1893.

Quitté le village de M'boukou Sibomali à cinq heures cinquante-cinq. Les tippoïeurs marchent grand train. A sept heures et demie, aperçu la mer... Enfin !

Arrêté à huit heures et demie pendant demi-heure pour charger. Arrivé à la résidence de Loango à neuf heures et demie. M. Fouden, administrateur par intérim. Logé chez Destephen, commerçant à la côte. Déjeuné et pris pension (?) là avec M. Chauveau, nouvel administrateur principal de Brazzaville et dépendances, et le docteur Audibert, médecin de la marine.

Temps de saison sèche ; pas de bateau à espérer d'ici quelque temps par la voie portugaise.

2 juin.

Loango, tête de ligne des transports du Haut-Congo, aspect d'une petite ville de la côte d'Afrique, la factorerie du S. A. B. A. H. V., maisons Ancel, Seitz, Parke et portugaises, les deux missions, la résidence et les magasins; la lagune et la barre. Visite au gérant de la Société anonyme belge.

3 juin.

Déjeuner avec *toutes les huiles* à la factorerie de la Société anonyme belge. Gérant un peu excentrique.

Visite dans la matinée aux Pères de la Mission : l'imprimerie, la chapelle, et, le soir, visite à la Mission des Sœurs : Mme Fouendeau, la Mère supérieure qui a trente années de colonie.

4 juin (dimanche).

Messe solennelle à la Mission des Pères : la chapelle presque complètement remplie et pourtant assez grande. Suis toujours assez fatigué. Décidément partirai par Landana et Kabinda, d'ici en tippoï et après en vapeur jusqu'à Lisbonne.

La cortade comme monnaie de payement. Procession solennelle, le soir.

5 juin.

Repos à Loango en attendant le départ. Rien de bien nouveau. Temps de saison sèche; les femmes à la pêche dans le bassin et la lagune. Curieux effet vu d'en haut.

6 juin.

Grand déjeuner à la Mission des Pères. Le R. P. Gaëtan et sa gracieuse manière d'accueillir le docteur Audibert et M. Carrières. Une heure de philosophie en latin, chants et musique après le repas. Visite le soir à Mme Carrières. Retenu son mari à dîner.

Reprise de dysenterie, assez fortement pendant la nuit.

7 juin.

Suis souffrant une assez grande partie de l'après-midi et obligé de rester à peu près impotent dans ma chambre. C'est toujours la dysenterie.

8 juin.

Visite à M. Fourneau, administrateur de première classe, dans l'après-midi, de retour pour quelques jours de travaux de délimitation. On attend avec impatience l'arrivée d'un steamer français. Visite du Père Gaëtan.

9 juin.

Déjeuner dans la matinée chez M. Fourneau ; rien de bien extraordinaire. Départ probable pour dimanche matin, en tippoï, jusqu'à Massabi et de là à Landana.

10 juin.

Vers neuf heures du matin, les indigènes crient : « Sailo ! » Un navire est en vue, c'est la *Ville de Macéïo* de la compagnie des Chargeurs réunis. Embarquement rapide avec le boat de la santé, déjeuner à bord avec le capitaine Decœur (commandant), qui vient à Loango chercher des hommes pour une expédition qui doit partir de Grand-Popo.

Quelques nouvelles de France. Je change mon projet et irai à Landana avec la *Ville de Macéïo* et de là, comme je pourrai, à Kabinda.

Adieux à Loango.

11 juin.

Messe le matin, chez les Pères. Adieux au brave Père Gaëtan, dernier déjeuner chez Destephen. Pris congé de tout le monde, dans toutes les règles, et embarqué sur la *Ville de Maceïo* pour Landana, à quatre heures du soir.

Le commandant Tanquerez, l'agent des postes Roland, le docteur et le commissaire. Dernier coup d'œil sur Loango. Débarquement des dernières marchandises, mais, suivant l'habitude de la côte, il en reste encore quelques-unes à bord, lorsque le bateau lève l'ancre. Mouillé au bout d'une demi-heure de marche un peu plus loin en vue de Loango. Beau temps.

12 juin.

On repart dans la nuit et on arrive vers sept heures en vue de Landana. Brume assez épaisse. Mouillé assez loin de terre. Le *Cameroun* mouillé à côté de nous. Sur ce paquebot sont le prince de Croÿ et Demesse, le premier allant à Loango, le second en Europe directement.

Débarquement à Landana. Landana et Tchiloango. Les nombreux papiers demandés par les Portugais. Le *Susô* et le Père Campana.

Départ précipité. Passage de la barre, descendus à terre sans être mouillés. Allé coucher avec M. Roland à la Mission des Pères. Ravissante allée couverte qui y mène. Mission très grande et très belle, mais obligé de partir en tippoï d'ici à Kabinda, le *Susô* ayant filé. Moustiques nombreux.

13 juin.

Séjour à la Mission de Landana. Diarrhée très forte. Jolie Mission, rangée d'arbres le long des allées, fruits de toutes sortes, palmiers, cocotiers, orangers, citronniers, mandariniers, papayers, etc., etc. Une des plus anciennes Missions de la côte ; l'installation est très belle, et ils ont, avec la maison des Sœurs, environ trois cents enfants, nombre assez considérable de mulâtres, un prêtre mulâtre.

Passé la journée à me reposer à la Mission. Le soir, taquiné par les moustiques.

14 juin.

Les porteurs n'étant pas arrivés, je ne puis partir que vers dix heures. Route un peu accidentée à l'intérieur pendant les deux premières heures et demie. Puis on suit le long de la plage, ce qui ne manque pas de charme, surtout en tippoï. Passé devant quelques factoreries portugaises.

Arrivé à Kabinda vers huit heures du soir. Les porteurs sont tous à moitié pochards et ne peuvent avant la nuit arriver à la Mission des Pères. Je couche à la maison hollandaise.

Le paquebot n'arrivera que dans deux ou trois jours; la route est assez difficile, vers le soir, avant l'entrée à Kabinda.

LA MORT

AGONIE

Jacques arrivait à Kabinda dévoré en quelque sorte par quatorze mois d'Afrique et ne ramenant de tous ses compagnons de départ qu'un noir et un Arabe du Sénégal qui ont été d'ailleurs des modèles de fidélité et de dévouement. Pour lui l'embarquement, l'air salin de la mer, les soins donnés à bord étaient le salut. Il allait, hélas! être pour ainsi dire frappé en vue de la terre promise, car il fut terrassé par un accès de fièvre cérébrale au moment où il mettait le pied sur le canot qui devait le conduire au paquebot. Le navire sauveur partit sans lui. La parole est ici laissée aux témoins de ses derniers moments, à qui grâces soient rendues ici-bas et dans l'autre monde pour les soins dont ils ont entouré l'explorateur expirant et pour les larmes qu'ils ont versées sur son cercueil.

LE DERNIER TÉMOIN

Mission de Kabinda, 26 juin 1893.

Madame,

Permettez-moi de venir m'entretenir un moment au sujet de votre cher fils, le duc d'Uzès. Si les fils sont chers au cœur d'une mère, quand ils ont le bonheur de vivre ensemble, cet amour réciproque se multiplie en raison de la distance qui les sépare. Votre cœur de mère, à en juger par celui de votre fils, ne rejettera pas les quelques mots de consolation que j'essaye de vous faire parvenir. Je ne puis guère vous offrir, Madame, que des consolations, mais il me semble que votre cœur maternel, en apprenant la mort de celui que nous pleurons, sera un peu fortifié, sachant que votre fils a vécu et est mort en vrai chrétien.

Votre regretté fils, en descendant le Haut-Congo, a été successivement abandonné par les Européens, et c'est surtout en ce moment-là qu'il aurait eu besoin de quelque ami. Ils l'ont abandonné. Un mahométan et un bouddhiste ont été ses seuls compagnons de retour. Après avoir successivement frappé à la porte des Missions de l'Oubanghi et de Landana, votre fils vint enfin à Kabinda pour s'embarquer pour l'Europe.

C'est dans la soirée du 16 juin que M. le duc voulut se présenter dans ma Mission de Kabinda. Comme il était environ neuf heures du soir, M. le duc, dans sa délicatesse, ne voulut pas nous déranger et se dirigea sur la maison ou factorerie hollandaise protestante. Le 17, il fit un effort pour venir nous visiter à la Mission. Le R. P. Campana, préfet apostolique du Bas-Congo, se trouvait alors ici et fut charmé de le revoir. La dysenterie l'avait bien réduit. Comme j'étais absent en cette circonstance, je me fis un devoir d'aller le voir à la maison hollandaise le lendemain, 18 du mois, veille de son départ projeté. J'ai eu le bonheur de causer avec lui pendant une demi-heure environ. Je l'ai trouvé bien fatigué. Je lui dis que mon confrère s'en allait également en Europe. « Merci, me dit-il. Je pars content maintenant que j'ai un Français comme compagnon de route. » Le 19, je fus à bord d'un vapeur qui devait vous ramener votre fils, qui s'était montré si fort dans les épreuves et toujours digne de son nom et de son pays. Je pensais encore lui serrer la main, et je fus étonné de ne pas le voir à bord.

Le 20, vers huit heures et demie du matin, le mahométan à son service me remit une lettre dans laquelle je pus lire avec surprise la raison du retard de votre digne fils : « M. le duc se meurt et serait heureux de vous voir; hâtez-vous. » Je vole, et au bout d'une demi-heure je me trouvais à son chevet. Pauvre duc! Il restait là, faisant des efforts pour me comprendre, mais déjà je sentis sa main à moitié glacée, la sueur ruisselait de tout son corps, et il n'y avait plus d'espoir. Je pus encore lui donner les derniers sacrements, et, en achevant, je vis avec plaisir un scapulaire du Mont-Carmel à son cou. Une chaînette soutenait trois médailles : l'une du Sacré-Cœur de Montmartre, l'autre de Notre-Dame de Lourdes et une troisième de saint Christophe.

Je restai là impuissant auprès de votre cher fils et je pensai à vous, Madame, dont il prononça si souvent le nom. Je pensai aux douleurs que devait vous causer une perte si cruelle. Mes occupations ne me permettant pas de rester plus longtemps auprès de lui, et pensant y retourner dans l'après-midi, je dus m'éloigner de son lit de douleurs. A peine étais-je revenu à la Mission que le mahométan, serviteur vraiment fidèle et attaché à M. le duc, vint en courant m'apporter une lettre de la part du gérant de la maison hollandaise. Je pâlis et je vis bientôt que le sacrifice était consommé. Votre regretté fils est décédé dans la paix du Seigneur le 20 juin, à neuf heures vingt du matin. Paix à son âme, et courage au cœur d'une mère éplorée!

Comme M. le duc était estimé de tous ceux qui avaient eu le temps de l'apprécier, nous essayâmes de lui faire un enterrement digne de son nom. Le R. P. Campana voulut lui-même lui rendre ce dernier devoir, et tous les dignitaires et fonctionnaires de Kabinda se firent un devoir de l'accompagner et de rendre un témoignage de regret et d'amitié au regretté défunt.

Le prince de Croÿ, ami intime de votre fils, après lui avoir serré la main pendant leur commun séjour à la Mission de Landana, se hâta de rejoindre votre fils à Kabinda, pour lui souhaiter encore un bon voyage, avant son départ pour l'Europe. Quelle ne fut pas sa douleur d'apprendre un si triste dénouement! Votre digne fils, au moment de mettre le pied dans l'embarcation qui devait le conduire au vapeur *le Portugal*, fut frappé subitement d'une fièvre cérébrale qui le conduisit au tombeau.

De concert avec M. le prince de Croÿ et Mme Souza de Continha, nous ornâmes la tombe de votre cher fils, et le 26 de ce mois je pus célébrer un petit service funèbre à la Mission. M. le prince de Croÿ s'est fait un devoir d'y assister. Plusieurs bouquets de fleurs ornent la dernière demeure de votre fils, et le mahométan fidèle se fait un devoir d'aller les arroser tous les jours et de rester quelques mois près de la tombe de votre fils, jusqu'à ce qu'il lui soit permis de venir auprès de vous et de vous donner des nouvelles de vive voix. Ce noir est vraiment extraordinaire et a eu un attachement à toute épreuve pour votre fils, qui se proposait de vous l'amener en Europe. C'était le seul ami et soutien de M. le duc pendant sa maladie. C'est ce noir qui m'a dit que le cher défunt avait l'habitude d'être revêtu du saint scapulaire et de quelques médailles. « Dans une malle, me disait-il, il y en a plusieurs autres de rechange, mais il tenait davantage à celles-ci comme venant de sa bonne mère. »

Votre fils était un vrai héros et un martyr de souffrances et de privations. Le bon Dieu l'aura récompensé pour sa foi vive et sa piété vraiment sincère. Sur sa tombe, j'ai fait placer, de concert avec de pieuses personnes amies de la France, une croix haute de deux mètres et portant ces mots : « Je sais que mon Rédempteur est vivant et que je ressusciterai au dernier jour, etc. — M. le duc d'Uzès, décédé à Kabinda, le 20 juin 1893, à l'âge de 24 ans. R. I. P. »

Dans les archives du gouvernement, la tombe est désignée par le numéro 325.

Vous me pardonnerez, Madame, de rouvrir dans votre cœur les plaies causées par la dépêche qu'on a dû vous envoyer, pour vous annoncer la mort de votre fils. Si nos moyens nous l'avaient permis, nous aurions orné sa tombe et honoré sa mémoire par un monument plus digne de son nom et de ses souffrances. Nous nous contenterons de prier, pour que le bon Dieu lui donne le repos éternel et à vous, Madame, la résignation digne d'une mère et d'une chrétienne.

J'ai l'honneur d'être, Madame, votre tout dévoué

P. Wieder.

UNE FEMME A UNE MÈRE

Mission de Kabinda, Congo portugais (voie Lisbonne),
Afrique occidentale.

Kabinda, Congo portugais, le 28 juin 1892.

Madame,

Permettez-moi de vous dire la part bien sincère que je prends à la perte irréparable que vous venez de faire. Le bon Dieu vient de vous éprouver bien cruellement. C'est presque plus que le cœur humain puisse souffrir. Votre pensée m'accompagne sans cesse, et je voudrais trouver dans mon cœur un mot qui vous dise bien tout mon chagrin et la profonde sympathie que vous m'inspirez. Que vous dirai-je sur les derniers moments de votre cher fils? Vous aurez, certainement, des détails, mais malheureusement sa fin a été si prématurée qu'on ne sait même pas ce qui l'a déterminée. A mon avis, ce fut le résultat du fatigant voyage de Landana à Kabinda, qu'il a été forcé de faire moitié à pied, moitié en hamac. Le duc souffrait, paraît-il, depuis quatre mois, d'une dysenterie, ce qui, nécessairement, l'affaiblissait. Je regrette bien de n'avoir pas eu le plaisir de faire la connaissance de votre fils. Il était à Kabinda seulement depuis deux jours, pour s'embarquer pour l'Europe. Mais mon mari, qui a eu l'honneur de le voir, me parlait de lui avec le plus vif intérêt et le chagrin que lui causait la vue de ces souffrances. Si notre logement eût été un peu moins exigu, je me serais fait un devoir de prier le duc de venir faire halte chez nous. Aujourd'hui, je le regrette du fond de mon âme, car il aurait eu au moins la main d'une femme pour lui fermer les yeux et un cœur pour lui faire sentir qu'on compatissait à son isolement. Je me serais rendue tout de même près de lui si, comme je vous l'ai dit, le dénouement n'eût pas été si rapide. Le 19, à trois heures de l'après-midi, le duc s'est embarqué pour se rendre au steamer qui devait le ramener dans sa patrie; mais une syncope l'a pris, dont malheureusement il n'est plus sorti. Naturellement, on l'a de nouveau descendu à terre, et le lendemain, à dix heures du matin, il a rendu l'âme à son Créateur. Il est mort en vrai chrétien; un bon Père du Saint-Esprit, de la Mission portugaise de Kabinda, l'a assisté jusqu'à ses derniers moments, et, en recevant l'Extrême-Onction, le Père assure que, sans pouvoir parler, il comprenait ce qui se passait autour de lui, car, à deux différentes reprises, il a senti un léger pressement de main. Son agonie n'a été ni longue ni douloureuse. J'espère que le bon Dieu lui aura épargné l'amertume de se sentir loin de sa mère adorée, et qu'il aura adouci ses derniers moments.

Je ne saurais vous dire, Madame, le sentiment de douleur que toute la population de Kabinda a éprouvé en apprenant la triste nouvelle. Tout le monde l'a accompagné jusqu'à sa dernière demeure, et tous les yeux se sont remplis de larmes en quittant ce charmant jeune homme à qui tout souriait dans la vie !

Les deux domestiques que M. le duc avait à son service se sont montrés d'un dévouement dont personne n'a jamais cru un noir susceptible. Il paraît que l'un d'eux (le Sénégalien), au moment de la descente du cercueil, a été pris d'un affolement qui faisait mal à voir. J'ai désiré faire la connaissance de ce pauvre garçon, d'autant plus que je tenais à recueillir quelques détails sur la maladie du duc. Il m'assure qu'il ne souffrait pas, seulement il se plaignait souvent d'avoir des crampes aux jambes. Je ne saurais vous dire avec quel accent du cœur ce pauvre noir me disait : « M. le duc était trop bon. Je n'ai pas perdu un maître, mais un excellent père. Oh ! non, jamais je ne retrouverai ce que j'ai perdu. » Ces deux domestiques devaient partir en Europe avec votre fils.

J'espère que vous recevrez un peu des cheveux du duc. J'ai fait demander à ces messieurs chez qui votre fils était descendu de lui en faire couper. Ces petits riens sont beaucoup pour nous autres. Que j'aurais désiré, Madame, entourer la tombe du pauvre cher mort de quelques fleurs ! J'en ai fait placer dans son cercueil. C'est une habitude portugaise. Je me ferai un devoir de soigner sa tombe tout le temps que je serai à Kabinda. Je compte sous peu de jours y placer une modeste croix avec le nom de votre fils, le jour de son décès et puis quelques paroles tirées de l'Écriture sainte. Ce travail se fera à la Mission, où votre fils était apprécié autant qu'il le méritait. Le Révérend Père Campana, préfet apostolique du Bas-Congo et supérieur de toutes les Missions portugaises, compte vous écrire. Il vous parlera de votre fils qui a passé quelques jours à la Mission de Landana. C'est cet excellent Père qui a procédé à la cérémonie des funérailles. Son émotion ne peut se décrire.

Hier, à la chapelle de la Mission, à Kabinda, a eu lieu un petit service funèbre, commandé par M. le prince Henri de Croÿ, venu exprès à Kabinda pour serrer la main de votre fils avant son départ. Il ne se doutait guère du malheur survenu, et son désespoir est vraiment navrant. La cérémonie religieuse, dans sa simplicité, dans une pauvre chapelle de Mission, était bien touchante. Les Sœurs de la Mission, moi et ma famille, nous n'avons pas manqué d'y assister. Voici, Madame, une pauvre petite feuille cueillie sur la tombe de votre enfant; qu'elle vous dise qu'au loin, dans un petit coin perdu de l'Afrique, il existe un cœur de femme qui compatit à votre douleur! Que Dieu vous donne la résignation qui ne peut venir que de lui! Je ne veux pas vous laisser ignorer que le cimetière de Kabinda est tout ce qu'il y a de plus déplorable. Il n'est guère fait pour consoler ni le cœur d'une mère ni la foi d'une chrétienne.

Mon mari vous présente ses plus respectueux hommages et, baisant votre main, vous assure combien votre douleur le touche. Comme secrétaire général du Congo portugais, il se met à votre disposition en tout et pour tout.

Ma lettre devient trop longue; vous excusez, n'est-ce pas? la liberté que j'ai prise de m'adresser à vous; mais je crois que l'on sait toujours gré à ceux qui nous montrent de l'intérêt quand le malheur nous frappe.

Permettez, bonne Madame, que je vous presse la main très respectueusement, mais aussi très affectueusement, en vous présentant mes compliments très empressés.

Mme DE SOUZA-CHICHORO, née DE SOUZA-CONTINHA.

DEUX LETTRES DE Mgr AUGOUARD

VICARIAT APOSTOLIQUE DE L'OUBANGHI
(HAUT-CONGO FRANÇAIS).

Brazzaville, le 1er août 1893.

MADAME LA DUCHESSE,

Le courrier de la côte m'apporte à l'instant une douloureuse nouvelle, et je m'empresse de venir vous offrir l'expression de mes plus respectueuses condoléances. Votre cher Jacques est mort à Kabinda, par suite d'un accès pernicieux, juste au moment où il allait prendre le paquebot portugais pour rentrer en Europe.

Cette nouvelle a vivement affecté tous les Européens de Brazzaville qui avaient pu apprécier rapidement les hautes qualités de cœur et d'esprit de M. le duc d'Uzès.

Ayant une mission de notre société à Kabinda, je me suis empressé de demander au Supérieur des renseignements sur la fin prématurée de celui que je pleure avec vous. J'ai pensé, Madame la duchesse, qu'il vous serait agréable d'avoir quelques renseignements sur le dernier séjour de votre cher Jacques à Brazzaville, et je m'empresse de satisfaire ce légitime désir de votre cœur maternel.

M. le lieutenant Julien a dû vous raconter les détails du retour du Haut-Oubanghi à Brazzaville, où tous deux étaient arrivés bien exténués par la dysenterie. Après quelques jours de repos et de soins assidus, M. le lieutenant Julien put repartir pour la côte, où il arriva en bonne santé, m'a-t-on dit.

En ce moment, M. le duc d'Uzès voulait, après quelques semaines de repos, aller reprendre le commandement de son expédition dans le Haut-Oubanghi. Extérieurement, le lieutenant Julien paraissait plus exténué que M. le duc. Mais, au bout de quelques jours, je ne tardai pas à constater que notre cher hôte était encore plus fatigué que le lieutenant, et je crus de mon devoir de combattre l'idée de son retour dans le Haut-Oubanghi.

Son courage le fit encore hésiter pendant quelques semaines, car, grâce à une médication énergique que nous lui fîmes subir, sa dysenterie avait à peu près disparu. Toutefois les forces ne revenaient que lentement, et, au bout d'un mois, je le décidai à partir pour la côte, voyant bien que l'air seul de la patrie pourrait lui rendre ses forces épuisées. M. le duc voulut prendre la route de Brazzaville à Loango pour se rendre à la côte. Elle était un peu plus longue que celle du Congo belge, parallèle au grand fleuve; mais votre cher Jacques ne voulait manquer aucune occasion de s'instruire, et il suivit cette route qu'il ne connaissait pas encore.

Nous lui fournîmes une tente et les conserves qui lui manquaient, car son matériel et ses provisions se trouvaient dans l'Oubanghi. En outre, je lui donnai un hamac, de sorte qu'il put accomplir assez facilement le trajet de 550 kilomètres qui sépare Brazzaville de la côte.

M. le duc arriva en assez bonne santé à Loango, d'où il m'écrivit une charmante lettre, pour me dire qu'il n'oublierait pas en France notre affectueuse hospitalité de Brazzaville et les soins que nous lui avions prodigués.

Un malheureux retard de quatre jours sur la route des caravanes, encore mal assurée, lui fit manquer le paquebot français de Loango, de sorte qu'il fut obligé de franchir par terre une nouvelle route de plus de 200 kilomètres pour aller rejoindre le paquebot portugais à Kabinda, un peu au nord de Banane. C'est là que la terrible fièvre l'a frappé, et j'attends avec impatience les détails que je ne manquerai pas de vous communiquer.

En effet, pendant les deux séjours que votre cher Jacques fit à la Mission de Brazzaville, nous pûmes apprécier ses nobles qualités, et tous nous lui étions sincèrement attachés. Pour moi en particulier, qui avais causé plus intimement avec lui, j'avais pu l'apprécier encore davantage et j'avais pu constater chez lui une étonnante maturité, lors de son retour du Haut-Oubanghi. Nous nous aimions comme deux frères et nous nous étions bien promis d'être fidèles à nous écrire quand la distance nous séparerait de nouveau. Dieu en a jugé autrement. Nous devons nous incliner sous la main qui nous frappe et ne pas oublier qu'après tout c'est nous qui restons encore sur cette terre d'exil et de douleurs.

Oh! que j'aurais voulu l'assister à ses derniers moments, pour lui parler de sa chère famille dont il me parlait si souvent et que je me serais efforcé de remplacer dans cette terrible Afrique où le pauvre voyageur se trouve si isolé! Il ne vous aura certes pas oubliés, car il vous portait, à tous, une si vive affection! Je l'entends encore me parler de sa tendre mère, à laquelle il portait une si affectueuse vénération; de Mlle Mathilde, de laquelle il s'entretenait avec une tendre complaisance; de Mme la duchesse de Luynes et de son frère Louis, dont il ne parlait pas sans émotion.

Enfin, en ma qualité d'ancien volontaire de l'Ouest, il me parlait volontiers de M. le duc de Luynes et des souvenirs de son glorieux père. Je garderai longtemps le souvenir de ces deux entretiens, et surtout je garderai la douce consolation de lui avoir vu mettre ordre aux affaires de sa conscience et accomplir son devoir pascal avant son départ pour la côte. Ce sera aussi une consolante satisfaction pour M. l'abbé son précepteur, et dont il aimait à me lire les lettres si chaudes et si intéressantes.

Dès la première réunion à la chapelle, tous mes missionnaires se sont joints à moi, afin de prier pour le cher défunt, et, demain, tous mes petits noirs prieront pendant la messe que je célébrerai à son intention. Daigne le Seigneur exaucer les prières que nous lui adressons pour le repos de l'âme du cher Jacques et pour la consolation de sa mère désolée dont nous ressentons vivement la douleur! Vous pouvez être assurée, Madame la duchesse, que votre nom ne sera pas oublié à Brazzaville, et qu'on y priera longtemps pour vous et pour le cher défunt, dont le souvenir nous sera sans cesse rappelé par vos armoiries qui figurent dans les vitraux de notre nouvelle chapelle.

M. le duc d'Uzès n'a pas été la seule victime de son expédition, car je viens d'apprendre la mort de M. Riollot, emporté, lui aussi, par un accès pernicieux à Yakoma (ou Abiras). En outre, au mépris du droit des gens, un Algérien de l'expédition vient d'être tué en face de Banghi par un officier belge qui lui a traversé la tête d'une balle, pendant que le pauvre malheureux se sauvait à la nage.

M. Pottier, aux dernières nouvelles, était encore au poste français des Abiras, mais il ne va pas tarder à descendre avec le reste de l'expédition, car il doit être en possession de l'ordre de retour donné par M. le duc au commencement de mai, de Brazzaville.

Daignez agréer, Madame la duchesse, l'expression des plus sincères condoléances et l'assurance du profond respect de votre très humble serviteur en Notre-Seigneur.

† Prosper Augouard,

Évêque de Sinita, vicaire apostolique du Haut-Congo français.

VICARIAT APOSTOLIQUE DE L'OUBANGHI (HAUT-CONGO FRANÇAIS).

Brazzaville, le 13 septembre 1893.

Madame la duchesse,

Les journaux qui viennent d'arriver à Brazzaville nous ont appris la vive émotion ressentie en France et les nombreuses marques de sympathie qui vous ont été témoignées, à la nouvelle de la mort de votre regretté fils.

Si vous aviez été ici, ce matin, vous auriez pu vous convaincre que le Haut-Congo n'est point resté en arrière sur l'Europe, et l'unanimité des regrets aurait, j'en suis convaincu, apporté un adoucissement à votre grande douleur.

M. Pottier est arrivé il y a trois jours à Brazzaville, ramenant du Haut-Oubanghi le reste de l'expédition. Aussitôt je lui ai dit que j'attendais son retour pour célébrer ici un service solennel auquel M. de Brazza avait déjà donné son affectueux assentiment. M. Pottier, qui a conservé pour votre cher Jacques une bien vive affection, me répondit que j'allais au-devant de ses désirs, et immédiatement nous fîmes les préparatifs, afin de donner un grand éclat à la cérémonie.

Tous les Européens de Brazzaville, sans exception, répondirent à notre invitation et furent heureux de montrer combien cette mort inattendue avait excité chez eux de sincères regrets. Notre chapelle provisoire ne pouvait même contenir tous les blancs, et les noirs qui se pressaient en foule à la porte admiraient les décorations funèbres qui n'avaient encore jamais eu un pareil éclat. Tout le personnel de la Mission, ainsi que celui des Sœurs, assistait, au grand complet, à la cérémonie, que je tins à accomplir moi-même intégralement.

M. de Brazza, en grande tenue, ainsi que tous les officiers de l'Administration, tenait la première place avec M. Pottier qui représentait votre famille en cette douloureuse circonstance. A l'issue de la cérémonie, M. de Brazza voulut bien se joindre à moi pour déplorer la perte de celui que nous pleurons avec vous, et tous les assistants chargèrent

M. Pottier de vous porter personnellement l'expression de la plus respectueuse sympathie de toute la colonie européenne du Haut-Congo.

Pour moi, personnellement, je n'oublie pas votre cher Jacques, qui m'avait promis une correspondance suivie et pour lequel je prie maintenant, chaque jour, au saint autel. J'ai été heureux d'apprendre que le préfet apostolique du Bas-Congo avait présidé lui-même aux funérailles qui furent faites à Kabinda, et j'espère que bientôt une lettre détaillée m'apprendra que votre cher fils a été assisté par nos missionnaires avant de mourir. Je vous ai déjà dit que le regretté duc avait fait ses pâques à Brazzaville avant de partir pour Loango.

J'ai aussi appris que M. Nunez Quériol, gouverneur du Congo portugais (un de mes bons amis, Français par le cœur et par sa grand'mère), s'occupait activement de faire revenir en Europe la dépouille mortelle de votre cher Jacques, que vous aurez la consolation de voir près de vous. Je vous demande pardon d'entrer dans tous ces petits détails, mais je sais que le cœur d'une mère est toujours heureux d'apprendre les moindres faits qui regardent ceux qui lui sont chers, et, d'un autre côté, cela nous prouvera que désormais votre nom restera, au Congo, environné d'une respectueuse vénération.

M. Pottier, qui se trouve à la mission depuis son retour, ne manquera pas de vous donner tous les détails qui vous intéressent. Il liquide, au mieux de vos intérêts, les objets qui ne peuvent retourner en Europe sans grands frais, et il vous prépare soigneusement des collections qui vont partir pour la côte avec nos caravanes et qui vous feront vivre un peu de cette vie africaine où votre cher Jacques s'était jeté avec tant de courage.

M. de Brazza déclarait, ce matin, que votre expédition avait singulièrement favorisé les intérêts français dans le Haut-Oubanghi, et tous, ici, nous vous avons une vive reconnaissance. Du fond de l'Afrique, je joins ma voix à celles qui vous ont déjà porté tant de marques de douloureuse sympathie, et mes missionnaires me prient également de vous transmettre l'expression de leurs plus sincères condoléances.

En terminant, Madame la duchesse, voudriez-vous me permettre une petite réflexion? J'ai vu dans les journaux certains détails fort inexacts, au sujet de la mort du cher Jacques. Ils ne peuvent émaner que de personnes jalouses ou mal renseignées. Votre fils a été partout très bien soigné : les soins des docteurs ne lui ont pas fait défaut, et le dévouement de M. Pottier valait, certes, toutes les consultations officielles.

Daignez agréer, Madame la duchesse, l'expression des très respectueux sentiments de condoléance de votre tout dévoué serviteur en Notre-Seigneur.

† Prosper AUGOUARD,
Évêque de Sinita, vicaire apostolique du Haut-Congo français.

ADIEUX D'UN COMPAGNON

A Madame la duchesse d'Uzès — Paris.

Brazzaville, le 8 novembre 1893.

Madame la duchesse,

Jusqu'au 3 de ce mois, jour du dernier courrier qui me soit parvenu, je n'avais pris aucune décision au sujet de la remise de la mission que M. le duc d'Uzès m'avait confiée. N'ayant reçu aucun ordre de vous, Madame, je me suis fait un devoir d'exécuter les volontés de M. le duc d'Uzès. Toutefois, j'étais fort embarrassé, craignant de ne pas agir selon vos idées. Vous savez, Madame la duchesse, que la répartition du matériel, des vivres, etc., n'était pas chose facile. Aussi ai-je pris conseil des deux hommes auxquels je pouvais me confier.

Voici ce qui fut convenu entre M. de Brazza, Mgr Augouard et moi :

1° On ne pouvait songer à mettre en vente les objets provenant de la mission du duc d'Uzès.

2° Il était impossible de songer à rentrer en France ces objets.

3° M. le duc d'Uzès ayant dit dans une lettre en date du mois de mai, adressée à M. Liotard : « Je vous prie d'accepter ces neuf à dix caisses de fer, contenant des marchandises de prix, convaincu que vous les emploierez pour la gloire des intérêts français que j'eusse tant désiré servir davantage », chacun se conforma à mon avis, qui était de répartir en trois parts les objets existants :

1° La mission Monteil,
2° La mission de Brazza,
3° La mission catholique.

M. le capitaine Derasze, fondé de pouvoirs de M. Monteil, choisit d'abord tout ce qui pouvait lui être utile. M. de Brazza choisit ensuite. Puis Mgr Augouard eut le reste. J'avais toutefois réservé pour la mission catholique tous les vivres, en remboursement des frais d'hospitalité que M. le duc d'Uzès et moi nous avions si généreusement reçue. De même, un tapis pour le pied de l'autel et une pièce de drap d'or pour la chapelle.

Voici, en quelques mots, Madame la duchesse, comment j'ai cru devoir agir. Je ne vous cacherai pas que j'eusse de beaucoup préféré me mettre à vos ordres; mais une telle distance est entre nous que je ne pouvais plus attendre.

M. de Brazza se charge de faire conduire les Arabes à Oran. Je vous envoie copie détaillée des sommes qu'ils ont reçues. Vous devez savoir que la solde a été interrompue au 1er novembre 1892. J'y joins les punitions par eux encourues. Par mes lettres des 6 mai et 2 juin, adressées à M. le duc d'Uzès, vous comprendrez qu'il serait bon de les maintenir.

Quatre hommes restent au service de M. de Brazza. Je règle leurs comptes au 1er novembre 1893.

Par le plus prochain courrier, j'aurai l'honneur de vous remettre les comptes de l'expédition, gardant devers moi les pièces justificatives. Je pense qu'il me restera de douze à quinze mille francs que je déposerai à Brazzaville. Il n'y a pas de trésorerie ici, ni de banque, et il est très difficile de faire voyager cet or. Je pourrai le redescendre, lors de mon retour.

Il était resté au service de l'expédition trois Sénégalais, un cuisinier et deux domestiques. Je règle le compte de ces gens; mais je ne puis leur donner le montant du prix du paquebot, vu qu'ils ne rentreraient sans doute pas dans leurs foyers, ce qui pourrait amener des réclamations. Je prie donc l'administrateur de Loango de les expédier au Sénégal.

Je crois avoir fait tout ce que l'honneur et le devoir me commandaient. Vous voudrez bien me pardonner, Madame la duchesse, si je m'attarde dans ces régions, mais deux raisons m'obligent à laisser les beaux jours revenir : la première est que je crains fort la basse température d'Europe; la seconde est aussi fort impérieuse; vous comprendrez mon cas. L'expédition de M. le duc d'Uzès n'a pu atteindre son but. Tant qu'un espoir me resta, je n'ai pas quitté, mais aujourd'hui je songe à mon avenir.

M. de Brazza m'a offert de l'accompagner dans la rivière Sanga afin d'y faire des photographies et des collections (1). Me trouvant libre, j'accepte avec empressement; mais veuillez croire, Madame la duchesse, que jamais je n'oublierai que c'est grâce à votre généreuse entreprise que je dois l'amitié que m'avait vouée monsieur votre fils et celle dont m'honore aujourd'hui M. le commissaire général de Brazza.

Veuillez recevoir, Madame la duchesse, l'assurance de mon respectueux dévouement.

Aug. POTTIER.

Brazzaville, par Loango.
(Faire suivre.)

---

(1) Une dépêche officielle du gouverneur du Gabon, reçue par le Ministre des Colonies le 9 novembre dernier, annonce que cette reconnaissance sur la rivière Sanga a failli se terminer d'une manière tragique devant le village de N'Tchoumbiri, situé sur la rive gauche du Congo, entre Lirranga et Brazzaville. Voici d'ailleurs le texte de cette dépêche :

« M. de Brazza est arrivé en bonne santé à Brazzaville le 30 septembre, venant de « Koundé.

« Le *Courbet* qui l'amenait s'est heurté contre un rocher en face de N'Tchoumbiri, à « trois cents mètres de terre, et a coulé à pic en deux minutes. Le mécanicien Latreille, « l'instituteur algérien Sliman et son fils, ainsi que trois Sénégalais, ont été noyés.

« M. Pottier, de l'*Illustration*, et le patron de la *Vedette*, qui accompagnaient M. de « Brazza, ont été sauvés, mais les papiers de M. de Brazza, le courrier de Clozel et les « clichés de Pottier sont perdus. »

LES FUNÉRAILLES

SUR LA TOMBE

Le 20 septembre suivant, un paquebot portugais amenait à Lisbonne la dépouille mortelle de Jacques d'Uzès dans le cercueil où il avait reposé à Kabinda, et, le mercredi 27 septembre, le treizième duc d'Uzès était enterré auprès de ses ancêtres, à Uzès, au milieu des témoignages d'une douleur générale de toutes les populations de la contrée, qui entouraient sa famille, ses proches et ses amis.

Le gouvernement lui rendait ce dernier honneur, d'envoyer aux funérailles, comme représentant officiel, un de nos plus vigoureux soldats, un de nos plus illustres explorateurs africains, M. le commandant Monteil, qui fit entendre sur la tombe les paroles suivantes :

DISCOURS DU COMMANDANT MONTEIL.

Le Gouvernement de la République, en m'envoyant pour le représenter en cette triste circonstance, m'a chargé de vous apporter, Madame la duchesse, ainsi qu'à votre famille, le témoignage de la part très vive qu'il a prise à votre douleur, et de vous exprimer, en son nom et au nom de tous les Français de cœur, les regrets unanimes qu'a provoqués au milieu de ses concitoyens la mort de celui qui fut le duc Jacques d'Uzès.

De toutes parts et sous toutes formes, je le sais, les marques de la sympathie publique ont afflué vers vous ; en me donnant l'occasion d'en faire entendre ici même l'expression, le souci du Gouvernement a été d'honorer d'une manière spéciale celui qui, rendu aujourd'hui à sa demeure dernière, a sacrifié sa vie à la noble mission d'étendre toujours plus loin les bornes de la patrie française.

Lourde tâche que celle qu'il avait assumée, mais combien grande et généreuse !

Le dévouement à la patrie ne vaut que par les sacrifices que l'homme s'impose pour accomplir son œuvre. Or, pour une telle entreprise il fallut au défunt une grande force d'âme pour renoncer en un instant à tout ce qui avait été sa vie jusque-là : vie des heureux de ce monde, avec jouissance de la fortune, de l'éclat d'un grand nom, joies de la famille, cortège d'amis nombreux; telle, en un mot, que la rêvent les ambitieux de cette terre lorsqu'ils peuvent donner corps au summum de leurs aspirations.

Ce que d'autres acquièrent pour le conserver avec un soin jaloux et se contentent, l'ayant atteint, de veiller auprès de leur trésor, le duc d'Uzès l'avait trouvé dans son berceau.

Un jour vint où, à peine au sortir de l'adolescence, il trouva ce rôle au-dessous de lui-même; l'inaction lui pesait; il rêva d'entreprises plus dignes d'illustrer son nom. Lorsqu'il vous fit part, Madame, de ses projets, ses vues furent avec enthousiasme accueillies par vous. Ses aspirations étaient si bien celles de votre propre nature. Votre seul adieu fut de lui dire : « Va, et reviens un homme. »

Et alors commença pour lui cette terrible lutte où tout est privation, où les facultés morales et physiques sont obligées de se développer sous leur plus grande tension.

Pas un instant il ne fut au-dessous de sa tâche. Ce fut d'abord cette route pénible jusqu'aux Abiras, le long de l'immense fleuve africain, le Congo, avec les nuits d'insomnie, les soucis multiples de chaque jour pour la conduite d'une troupe nombreuse, le transport d'un nombreux matériel, dans une région où les moyens font presque défaut.

Puis, plus tard, la chevauchée de guerre dans les halliers vierges de tout passage d'Européen, la poursuite et le châtiment des Boubous qui avaient lâchement attiré pour l'assassiner un des nôtres, de Poumayrac. La vengeance fut éclatante, la victoire complète, et pendant ces cinq journées de combat, Jacques d'Uzès accomplit dans toute leur plénitude ses devoirs de soldat valeureux.

Combien d'autres je connais qui se fussent déclarés satisfaits et n'eussent eu que le souci, après plus d'un an d'absence, de revenir au foyer ! Telle ne fut point sa conduite : l'œuvre était ébauchée seulement, il resta. Et cependant déjà la maladie l'avait atteint.

Son camarade et ami Julien, beaucoup plus robuste que lui, fut terrassé et dut regagner la côte. Il crut pouvoir attendre encore. Mais bientôt, le mal empirant, il dut à son tour prendre le chemin de Brazzaville. Pour rentrer? Non, pour se soigner quelques jours et repartir à nouveau rejoindre ceux qu'il avait laissés en arrière et qui impatiemment attendaient le retour du chef.

Il avait trop présumé, il ne put exécuter son projet. Il dut alors revenir, cette fois pour tenter dans un suprême effort de rentrer au foyer demander à sa mère sa dernière bénédiction. Hélas! il ne lui fut point donné d'accomplir ce désir si cher : la mort implacable le saisit au moment où il allait mettre le pied sur le navire qui devait le ramener dans sa patrie.

Honneur à celui qui a su dévouer sa vie à une grande cause! Comme beaucoup aujourd'hui, le duc Jacques d'Uzès avait compris les vraies destinées de la France contemporaine. Il faut que la France se retrempe dans les entreprises extérieures pour agrandir le champ de son action civilisatrice et colonisatrice.

A la tâche il a succombé, ayant jusqu'au bout accompli son devoir, tout son devoir.

Paix à ses cendres qui vont entrer dans leur demeure dernière. Jacques d'Uzès est mort au champ d'honneur!

Le maire d'Uzès a prononcé ensuite quelques paroles pleines de tact et de cœur.

DISCOURS DU MAIRE D'UZÈS

Messieurs,

Le conseil municipal de la ville d'Uzès, dans sa séance du 27 juillet, vota, à l'unanimité de ses membres, une adresse de sympathie à Mme la duchesse d'Uzès, à l'occasion de la perte douloureuse qu'elle venait de faire dans la personne de son fils aîné le duc d'Uzès, mort à l'âge de vingt-quatre ans, pour étendre sur le sol africain l'influence de la

France. Mon devoir en ce jour, comme maire de la ville d'Uzès, est de dire en ces quelques mots, sur cette tombe prématurément et si douloureusement ouverte, les sentiments de la population tout entière de notre cité, sans distinction de parti, sur cet enfant d'Uzès, mort au service de son pays.

Nous savons tous, en effet, que lorsqu'il s'agit de la patrie française, il n'y a plus de parti : toutes les opinions politiques s'effacent; nous l'avons vu en 1870, où tous les Français, sans exception, ont concouru à la défense du territoire envahi par l'étranger. Nous le reverrions encore si, ce qu'à Dieu ne plaise, nous étions dans l'obligation de défendre l'honneur de la France et son intégralité.

Aussi, sans crainte d'être démenti par aucun de mes concitoyens, en présence de ce cercueil, j'adresse, au nom de la cité tout entière, à Mme la duchesse d'Uzès, la vive part que nous prenons à la cruelle épreuve qui vient de la frapper, et, tout en manifestant les vifs regrets que nous cause la fin précoce de ce jeune homme enlevé, à la fleur de son âge, à l'affection de sa famille, nous sommes heureux et fiers, comme Français et comme Uzétiens, que le duc d'Uzès, issu de la plus ancienne famille du pays, soit tombé loin des siens et de sa patrie, au service de la France, en vaillant pionnier de la civilisation.

Les zouaves pontificaux vinrent à leur tour adresser à Jacques un dernier adieu par la voix de leur colonel le comte d'Albiousse.

DISCOURS DU COLONEL COMTE D'ALBIOUSSE.

Messieurs,

Les gloires de la maison d'Uzès font partie du patrimoine national, mais à Uzès, plus qu'ailleurs, chacun de nous a le droit d'en être fier. C'est dans ce sentiment bien légitime de fierté locale que le maire et les conseillers municipaux républicains de la ville ont voulu apporter ici leurs généreuses condoléances, et, avec nous, rendre hommage à la mémoire du duc d'Uzès. Devant le patriotisme du fils et la douleur de la mère, l'unanimité s'est faite dans les cœurs, et, en ce jour de deuil, c'est la ville d'Uzès tout entière qui dépose sur le cercueil de son jeune duc le tribut de ses regrets.

Eh bien! messieurs, admirons ensemble ce noble enfant d'Uzès. Sa vie et sa mort nous donnent la mesure de sa valeur. Jacques-Marie-Géraud de Crussol d'Uzès, duc d'Uzès, était, par son nom et son titre, l'héritier du premier duc et pair de France.

C'est dire, messieurs, qu'il fut bercé dans l'héroïsme. A l'âge d'homme, il se sentit attiré vers cette terre d'Afrique, où, en 1370, un de ses ancêtres, Algran, vicomte d'Uzès, avait été tué au siège de Tunis dirigé par Louis II de Bourbon.

Et, à vingt-trois ans, le duc d'Uzès a sacrifié sa grande situation, ses grandes espérances, et, sacrifice plus méritoire encore, un jeune homme a renoncé à son luxe et à ses joies pour aller porter au fond du continent noir le bon renom de notre pays.

Là, pendant plus d'un an, au milieu de difficultés, de dangers de toutes sortes, il a déployé des qualités exceptionnelles de sang-froid, de hardiesse et d'organisation.

Il s'arrête dans le Haut-Oubanghi, aux Abiras, dernier poste français.

L'entente fut vite faite entre le duc et le lieutenant Liotard, commandant du détachement. Il fallait venger la mort de M. de Poumayrac, l'explorateur tué et dévoré par les cannibales, faire respecter le nom de la France, agrandir notre domaine colonial, et surtout assurer le passage de l'Afrique de l'ouest au nord-est, par l'Égypte, but de l'expédition préparée par le duc d'Uzès.

Les ressources furent mises en commun, ainsi que les espérances de victoire.

Quel honneur pour nous, messieurs, et quelle joie pour le duc d'Uzès, d'unir au drapeau de l'armée le fanion de sa famille, avec lequel ses ancêtres avaient associé les Uzétiens aux gloires militaires de la vieille France!

Après huit jours de combats acharnés, le pays fut conquis par quatre-vingt-deux hommes, luttant contre cinq mille noirs, et, en signe de soumission, les vaincus apportèrent au duc d'Uzès le crâne de M. de

Poumeyrac, lugubre trophée de guerre conservé par les féticheurs comme une assurance de supériorité sur les blancs.

Le petit corps expéditionnaire se trouvait à peu de distance des sources du Nil. Encore un effort, encore quelques jours, et le but de l'expédition était atteint. Mais dans ce pays mystérieux, le climat est meurtrier pour l'Européen. Miné par la fièvre, le jeune et hardi explorateur se rendit à Brazzaville pour se reposer et guérir.

C'est alors qu'un de ses meilleurs compagnons, le lieutenant Julien, plus éprouvé que lui, dut le quitter et revenir en France. Hélas! pourquoi le duc d'Uzès ne l'a-t-il pas suivi? C'est qu'il avait l'âme vaillante et fière. Il lui en coûtait trop de laisser son œuvre inachevée, et surtout d'abandonner ses compagnons d'armes. Il voulait revenir auprès d'eux et reprendre à leur tête sa place de combat. Terrassé de nouveau par le mal, les entrailles brûlées par cette terre de feu, il put à grand'peine gagner le port de Kabinda. C'est là qu'il est mort, loin de son pays, loin de sa mère et de tous les siens, mais avec les consolations supérieures que l'Église, cette autre mère, porte à ses fils mourants.

A peine la mort du jeune duc fut-elle connue, qu'un sentiment unanime de tristesse étreignait tous les cœurs. De tous les points du globe furent adressés à la famille désolée des témoignages de douloureuse et sympathique admiration. Les chefs de la Maison de France, oubliant les amertumes de l'exil, s'unirent au deuil de la maison d'Uzès, et la mère de ce jeune prince chevaleresque tué au Zululand, celle qui régna sur nous, et qui, aujourd'hui, est respectée de tous, dans la triple majesté de son deuil d'épouse, de mère et de souveraine, l'impératrice Eugénie, voulut prendre part à cette grande infortune, et, sans se connaître, les deux mères ont uni leurs deux cœurs brisés par une catastrophe identique.

Enfin, messieurs, je le dis avec un sentiment de vive gratitude pour l'honneur qui m'est fait, un soldat vieilli dans la fidélité et, de l'aveu de tous, bon juge en patriotisme et en courage, le général de Charette, m'a chargé de saluer, en son nom et au nom des zouaves pontificaux, les restes de notre cher et bien-aimé duc. Certes, après tous ces témoignages, après les honneurs rendus par les pouvoirs publics et si bien constatés par la présence du valeureux commandant Monteil, la duchesse d'Uzès peut être fière de son fils.

Messieurs, elle reste inconsolable, parce qu'une mère ne veut jamais être consolée de la mort de son enfant. Les consolations des mères, Dieu se les réserve. Qu'il les prodigue à notre bonne duchesse, qu'il la garde et la soutienne. Et, je le demande, au nom de mes compatriotes, que Dieu garde aussi, et pour sa mère et pour nous, Louis de Crussol, duc d'Uzès et frère de cet héroïque dont la mort est une nouvelle gloire pour la maison d'Uzès.

M. Coste, conseiller général, prend aussi la parole pour exprimer les regrets de la région; puis M. Mariéton, au nom des félibres, prononce l'éloge du défunt.

DISCOURS DE M. MARIÉTON.

Voici un abrégé du discours de M. Paul Mariéton :

C'est au nom du félibrige, c'est-à-dire au nom des traditions et de la race de la petite patrie et de l'histoire du félibrige, hautement accueilli en cette demeure, que je viens saluer le jeune héros mort en glorifiant le grand nom méridional d'Uzès.

Après quelques mots sur l'Afrique, meurtrière aux pionniers de la civilisation chrétienne, et sur l'esprit de hardiesse des races méridionales, fréquent dans la maison d'Uzès, M. Mariéton parle de l'expédition du jeune duc et de sa ténacité à la poursuivre.
Il conclut ainsi :

Le ferment héréditaire s'étant réveillé en lui, il aima mieux mourir que de renoncer à son rêve. Salut, jeune mort plein de gloire! Je t'ai connu; tu fus simple, loyal et bon, avant de devenir simplement héroïque. Rejoins au sein de Dieu l'âme immortelle des ancêtres, celle dont nous vivons tous, mais dont toi tu as su mourir !

Enfin, M. Deloncle, député, dit les dernières paroles d'adieu au milieu de l'émotion générale.

DISCOURS DE M. DELONCLE,

DÉPUTÉ, ANCIEN SOUS-SECRÉTAIRE D'ÉTAT.

Messieurs,

Le vœu de Mme la duchesse d'Uzès m'invite à rendre un dernier hommage à ce jeune héros au nom du groupe colonial de la Chambre. J'obéis. Sa mort a été pour nous un deuil profond, comme celle de Crampel, de Ménard, de Crozat. Nous l'avions vu partir avec tant d'enthousiasme, il avait tant de vaillance, sa tâche était si noble, si grandiose, que nous ne doutions pas de son succès. Notre confiance le suivait au delà de l'Oubanghi, sur ce Haut-Nil, prêchant notre civilisation et notre diplomatie, et nous armant fortement pour des luttes prochaines, au seuil du Soudan égyptien.

Et il nous apparaissait déjà ceint de l'auréole triomphale des Brazza, des Binger, des Maistre, des Monteil. Hélas! le mirage s'est évanoui et la réalité est là, terrible, impitoyable. La terre d'Afrique a voulu une nouvelle victime. Quand se lassera-t-elle de nous faire pleurer?

Consolez-vous, madame, tout n'est pas perdu. Ce n'est pas seulement son nom qui restera impérissable dans notre mémoire; son œuvre restera, elle aussi. Elle engendrera dans cette jeunesse de France, fille des pionniers africains de saint Louis et de Louis XIV, ce puissant esprit d'émulation qui, réveillant les initiatives séculaires, jettera les plus nobles missionnaires vers ce centre africain où il ne s'agit plus seulement de conquérir des territoires, mais surtout d'assurer de précieuses garanties pour la politique méditerranéenne. Et je dirai toute ma pensée : peut-être qu'une Uzèsville naîtra, un jour prochain, sur cette terre où est tombé si bravement, là-bas, le fils de tant de preux de France.

Ce livre est achevé. Il n'est pas seulement, on a pu le voir, l'hommage rendu par une mère au fils qu'elle pleurera toujours ; il est aussi l'hommage rendu par une femme de France au jeune Français qui risqua sa vie et la perdit pour la gloire et la grandeur de la patrie bien-aimée.

Duchesse D'UZÈS,
née Mortemart.

PETIT VOCABULAIRE BANZYRI

QUELQUES MOTS RECUEILLIS AU PASSAGE EN 1892.

1° LE CORPS HUMAIN.

La tête, *N'dzo*.
Le nez, *Mô*.
L'œil, *Déla*.
Cheveux, *Zoungo* (pour *Dzoundgo*).
Oreille, *Dzégué*.
Dents, *Obé*.
Menton, *Banya*.
Lèvre, *Samo*.
Langue, *Miri*.
Barbe, *Soubanga*.
Moustache, *Soumo*.
Front, *Bando*.
Cou, *N'ko*.
Torse, *Gala*.
Téton, *Ka*.
Épaule, *Kirikoua*.
Bras, *Bá*.
Main, *Tambakouá*.
Doigt, *Dékoué*.
Ongle, *Koutchoubo*.
Ventre, *N'sá*.
Aine, *Mou*.
Jambe, *Bagadza*.
Pied, *Tambânou*.
Doigt de pied, *Dénou*.
Salive, *Gaissomo*.
Cuisse, *Kou*.
Femme, *Mokó*.

2° ANIMAUX.

Poule, *Kemo*.
Chèvre, *Bété* ou *M'bété*.
Chien, *Dangui*.
Œuf, *Placoco*.
Escargot, *Kômou*.
Puce, *Bé*.
Viande, *Nyama*.

3° LÉGUMES ET FRUITS.

Banane, *N'dón* (*ó* très long ou deux *o*).
Arachide, *Kalako*.
Maïs, *Koundó*.
Patate, *Badro*.
Noix de palme, *M'bété* (*m* très doux).
Vin de palme, *Sokro* ou *Samba*.
Fève noire, *Kola* (haricot).
Manioc (farine), *Ganga* ou *Karanga*.
Fève jaune, *Kondé*.

4° ÉLÉMENTS ET DÉPENDANCES.

Eau, *N'gó*.
Terre, *Tó*.
Feu, *Oud*.
Ciel, *Dakoue*.
Soleil, *Nna* (mieux, *N'na*).
Vent, *Pysa*.
Rivière, *Mbâli*.
Pierre, *Tchimi* (*ch* très doux).
Paille ou herbe de brousse, *M'benzé*.
Fleur, *M'bossé*.
Cendre, *Sui* ou *Soui*.
Liane, *Kousse* (pour pagnes).

5° MÉTAUX, MATIÈRES PRÉCIEUSES.

Fer, *Mpei* ou *Mbei*.
Cuivre, *Boukou*.
Ivoire, *Nambri* (prononcez *Nán nbri*, ou mieux *Nann'bri*) ou *Douri*.

6° ORNEMENTS ET OBJETS USUELS DU NOIR

Collier, *Malenghélenghé* ou *Lenghé lenghé*.
Bracelet en ivoire, *Taïre*.
Couteau, *M'bé* (Maggyar couteau).
Fourreau, *M'poko*.

Pipe, *N'sambo* (l'*n* prononcé un peu comme le *d*).
Tabac, *Mangá*.
Pirogue, *Goua*.
Pagaie, *Kaï* (d'où *Kaïr*, pagayer).
Perle, *Krissi* (les deux *s* légèrement mouillés).
Étoffe, *Bongo*.
Pelle en fer (monnaie d'échange), *Gouänza*.
Pointe de cristal que les femmes ouaddas se mettent sous la lèvre inférieure, *Bangri*.
Perche pour passer les pirogues, *N'Tommbó*.
Lit en bambou, *Kikona*.
Caurie, *Kiva*.
Bouclier, *N'gó*.
Marmite, *Tabo*.
Pilon (en bois), *M'bala*.
Planche (pour dormir), *Conqué* (prononcez *Conquerié*).
Rond en feuilles pour porteurs (tête), *Kati*.
Sac, *Bókó*.
Carquois, *Bogbo*.
Flèche, *Kólá*.
Porte de case, *Moringouélé*.
Tambourin, *N'djouma*.
Ornement ouadda de la lèvre supérieure, *Toúgo* (signifie à peu près bouton).
Entraves pour esclaves, *Songo*.
Lance, *Dó*.
Boîte, *Goukou* ou *Sangoukou*.
Panier, *Siké* ou *Sikoné*.
Petite coupe pour boire, *Dzambo*.
Calebasse coupée en deux, *Solo*.
Écharpe, *Kio*, ou pagne indigène (sert à porter ou soutenir le sac).
Ficelle (petite), *Kassa*.

7° QUELQUES OBJETS PARTICULIERS AU BLANC.

Papier, *Bikanda*.
Glace, *Tatra*.
Chapeau et tout ce qui couvre la tête, *Boto*.
Soulier, *Tába* (?).
Bouteille en verre, *Kañga*.
Sabre, *Maggja*.
Fusil (cartouche), *N'gommbe*.

8° VERBES EXPRIMANT DES ACTES USUELS.

Dormir, *Dá*.
Évacuer (matières fécales), *Djipa*.
Uriner, *Kisso*.
Pagayer, *Kaï*.
Rire, *M'zozo* (z comme en français).
Pousser, *Tommbo*.
Battre, *Bobo*.
Regarder, *Dili*.
Venir, *Youkou*, *Dodo* (vieux).
Couper du bois, *Déná*.
Courir, *Doumbi*.
Pleurer, *M'ba*.
Marcher, *Nono*.
Chanter, *Si* (?).
Voir, *Yéré*.
Arrêter, rester, *Yéké*.
Tuer, *Kongorongo*.
S'en aller, *Tcha* (Ex.: Va-t'en! *Nat'cha!*).

9° NUMÉRATION.

Un, *Bonka*.
Deux, *Bissi*.
Trois, *Bota*.
Quatre, *Dékona*.
Cinq, *Bóna*.
Six, *Setta*.
Sept, *Voue*.
Huit, *Sana*.
Neuf, *N'soka*.

10° ADJECTIFS.

Bon, *Foufou* ou *M'bété*.
Mauvais, *Loufou nini*.
Grand, *Gaga*.
Petit, *Ngikini*.

11° MESURE DU TEMPS.

Demain, *Cocoriko* ou *Kikeriki*.

12° PRONOMS.

Moi, *Mi*.
Toi, *Mo*.

13° INTERJECTION, AFFIRMATION, NÉGATION.

Non, *Pépé*.
Pas ou plus, *Goni*.
Oui, *Yo* ou *Him him*.
(Ex.: *M'na yéré pépé*, je ne vois pas. — *Bombo goni*, la perche ne va plus.)

TABLE DES MATIÈRES

	Pages
Préface	5

LETTRES DE JACQUES

I
DÉPART.

Espérances. — Le devoir du sang. — Reptiles 11

II
EN MER.

Collaborateurs. — Dakar et Conacri. — Behanzin 13

III
AU DAHOMEY

Relâche. — Kotonou. — Anarchie coloniale. — Noirs et requins. — Une réclame... 17

IV
AU CONGO.

A terre. — Les tirailleurs. — Mizon et Dybowski. — A l'hôtel 22

V
A BOMA.

Un hôtel en tôle. — Une ville qui sort de terre. — Petits oiseaux. — Chez le gouverneur général. — L'État libre du Congo 24

VI
EN MARCHE.

Les charges. — A la messe 28

VII
AU CAMPEMENT.

Matadi. — Le « Prince Baudouin ». — Le chemin de fer. — Une ancienne capitale. — Les porteurs. — Le chêne de Stanley. — Menu. — Photographies............ 30

VIII
PREMIÈRES ÉTAPES.

En file indienne. — Une Suisse africaine. — Discussion. — Les capitas. — La monnaie d'échange. — Saison insalubre... 39

IX
HALTE.

A Manyanga. — Mesures de rigueur. — Le 14 juillet. — Revue et réjouissances. — Bousculade... 48

X
SÉJOUR.

Difficultés de recruter des porteurs. — Les noirs voleurs...................... 53

XI
A BRAZZAVILLE.

Une route. — Potagers français. — Un arbre géant. — Poules et œufs. — Une noce. — Accès de fièvre. — Cinq cent mille pieds d'ananas. — Arrivée à Brazzaville... 55

XII
UNE MISSION CATHOLIQUE.

Honneurs funèbres. — Fâcheuses nouvelles. — Les Arabes soulevés. — Mgr Augouard. — Les missionnaires. — Prêtres, maçons et instituteurs. — Petits anthropophages.. 62

XIII
LE CONGO BELGE.

Fonctionnaires. — Vitraux. — Un mot du roi des Belges. — Mgr Augouard et Jules Ferry. — Mort d'un sergent. — Envois.. 70

XIV
CHANGEMENT D'ITINÉRAIRE.

Nouveau plan de campagne. — Soldats réformés. — Nous séchons. — La quinine. — M. Dolisie. — Messe et salut. — Voici les pluies. — Histoire de cigares. — Peuplades anthropophages. — Inattendus...................................... 78

XV
UNE LETTRE DE Mgr AUGOUARD.

Dissensions et départs. — Un ancien zouave pontifical. — Adieux............... 96

XVI
SUR LE CONGO.

Départ de Brazzaville. — Nos deux vapeurs. — Le Pool. — Vie à bord. — Le riz. — Un lézard. — Missionnaires protestants. — Le fard des négresses. — Chasses. — Provisions. — Tornades. — Les moustiques. — Un cerf. — Du bois. — Villages noirs. — Les Congolais. — Les îles du Congo. — Un concert. — La mission de Lirranga. — En avant... 100

XVII
NAVIGATION.

Chez les Pères. — Sur l'Oubanghi. — Naturels. — L'échange du sang. — Ciel bleu. — Toujours du bois. — Les piquets à décapiter. — Un hippopotame. — Humidité. — La pluie. — Élégantes négresses. — Pottier. — Un grand chef. — Les rapides. — Le poste de Banghi. — Bonne année !.. 126

XVIII
A BANGHI.

Accueil charmant. — Les pirogues. — Les Belges et l'ivoire. — La question de l'esclavage. — Mes vingt-quatre ans.. 167

XIX
SÉJOUR PÉNIBLE.

Adieux à Banghi. — Guerres indigènes. — Tribu de nains. — Voyage de Julien. — Indisposition générale... 177

XX
EN PIROGUES.

Ce que c'est qu'une pirogue. — Prix des denrées. — Les Banzyris. — A coups de flèche. — Nos pagayeurs. — Aux Ouaddas. — La pêche. — Dictionnaire banzyri. 184

XXI
LE KWANGO.

Demande de médicaments. — Tâche facilitée. — Tout marche bien............... 202

XXII
CHEZ LES BANZYRIS ET LES BANGAKAS.

Bembé. — Marché. — En route pour les Abiras. — Le 1er janvier 1893. — Au milieu

Pages.

des sauterelles. — Une tornade. — Le poste de Mobaï. — Dans les brumes. — Arrivée aux Abiras...... 204

XXIII
AUX ABIRAS.

M. Liotard. — La conquête de l'Oubanghi. — Les Boubous. — Expédition. — La colonne. — A coups de fusil. — Au bivouac — M. de Poumayrac est vengé. — Une lettre de Mgr Augouard...... 224

XXIV
MAUVAISES NOUVELLES.

Départ de Julien. — Dépérissement. — Faiblesse. — Retour au Pool...... 236

XXV
MALADE.

Dans un fauteuil. — Il faut changer d'air. — En retraite. — A bord d'un vapeur hollandais. — Retour à Brazzaville. — Les tirailleurs. — Triste expérience. — Les Belges en Afrique...... 238

XXVI
IL FAUT REVENIR.

Sur la route de l'Europe. — Impossible de résister. — Vérification des comptes. — Hospitalité à la Mission de Brazzaville...... 249

LE CARNET DE JACQUES

Inaction forcée...... 255
Expédition contre les Boubous...... 265
Retour aux Abiras...... 270
Retour...... 278

LA MORT

AGONIE.

Le dernier témoin...... 305
Une femme à une mère...... 308
Lettres de Mgr Augouard...... 314
Adieux d'un compagnon...... 317

LES FUNÉRAILLES

SUR LA TOMBE.

	Pages.
Discours du commandant Monteil	323
Discours du maire d'Uzès	325
Discours du colonel comte d'Albiousse	326
Discours de M. Mariéton	329
Discours de M. Deloncle	330

PETIT VOCABULAIRE BANZYRI

Quelques mots recueillis au passage en 1892	333

TABLE DES GRAVURES

HORS TEXTE

Portrait du duc Jacques d'Uzès	Frontispice
Fac-similé d'une lettre du duc Jacques d'Uzès	12
L'expédition à bord du *Taygète*	14
La végétation à Conacri	16
Nous avons vu beaucoup de crocodiles	30
Entrée dans la forêt	40
Une marchande de poterie à Nsékélobo	42
Campement au bord de la Loufou	44
Passage d'une rivière à dos d'homme	46
Le 14 juillet au poste de Manyanga-Nord	50
Arrivée à Brazzaville	60
Itinéraire du voyage sur le Congo et le haut Oubanghi	78
Plan général de Brazzaville	92
Départ de Brazzaville	100
Les noirs débarquent pour faire le bois nécessaire	102
Poste de Lirranga sur l'Oubanghi	122
L'embarquement par l'orage	132
Ils étaient stupéfaits de nos gants	140
Arrivée au poste de Banghi inondé	160
Départ de Banghi	184
Nous longeons la rive française sous de grosses branches	186
Passage des rapides	188
Navigation à la perche le long des bancs de sable	204
Le poste de Kwango	208
M. Riollot tue plusieurs canards	212
A notre approche, ils arborent le drapeau tricolore	214
Un immense nuage de sauterelles passa au-dessus de nos têtes	216

La *Duchesse Anne* franchissant les rapides de Céléma	222
Nos alliés les Nzakkaras	226
Le carré se forme rapidement	228
Les Boubous en nombre considérable essayent de nous envelopper	232
Jacques d'Uzès trouve les crânes de M. de Poumayrac et de ses huit hommes	234
Armes congolaises — collection du duc d'Uzès	262
Armes congolaises — collection du duc d'Uzès	272
Armes et instruments divers du Congo — collection du duc d'Uzès	288

PARIS

TYPOGRAPHIE DE E. PLON, NOURRIT ET Cie
Rue Garancière, 8.

www.ingramcontent.com/pod-product-compliance
Lightning Source LLC
Chambersburg PA
CBHW051830230426
43671CB00008B/909